ALTE ROSEN

Ute Bauer (Text) • Ursel Borstell (Fotos)

ALTE ROSEN

Geschichte • Verwendung
Gestaltung • Pflegepraxis

Alle wichtigen Arten und Sorten
Mit neuen romantischen Züchtungen

blv

Entwicklungs- und Kulturgeschichte

Brandneu ähnelt uralt

Wer in den vergangenen Jahren die Entwicklungen der Rosensortimente etwas mitverfolgte, sei es in den Katalogen der Züchter, auf Gartenausstellungen oder im Angebot von Baumschulen und Gartencentern, der wird beobachten: viele der ganz aktuellen Züchtungen ähneln den alten, historischen Rosensorten vergangener Jahrhunderte.

Das ist kein Zufall. Bereits in den achtziger Jahren vollzog sich eine Trendwende. Nachdem in den Sechzigern und Siebzigern des 20. Jahrhunderts hauptsächlich moderne Edelrosen, Polyantha- und Floribunda-Sorten gepflanzt wurden, häufig in großflächigen Monokulturen, besonnen sich einige Rosenliebhaber und Gartengestalter wieder der üppigen, nostalgischen Alten Strauchrosen.

Gefüllt und duftend

Dicke, stark gefüllte Blüten und betörender Duft prägen deren zauberhaft romantische Ausstrahlung. Ihr Strauchwuchs prädestiniert sie zur Unterpflanzung und Kombination mit dekorativen Stauden, Gehölzen und Sommerblumen, nach dem Vorbild englischer Cottagegärten. Ein bunter Hofstaat an Begleitpflanzen unterstreicht die majestätische Wirkung der »Königin der Blumen«. So wandelte sich der Geschmack, sowohl was das Aussehen als auch den Umgang mit der Rose im Garten betraf.

Die allgemein einsetzende »Nostalgiewelle« Ende der siebziger und das wachsende Umweltbewusstsein Anfang der achtziger Jahre unterstützte diese Entwicklung noch. Naturnahe Gartengestaltung lag voll im Trend. Der Einsatz von chemischen Pflanzenschutzmitteln bekam immer mehr Kritiker. Viele moderne Teehybriden hatten jedoch von der eingekreuzten Chinarose, als kleine Zugabe zur Dauerblütigkeit, auch eine gewisse Anfälligkeit für Pilzkrankheiten mitbekommen. Eine Rosenkultur ohne behandelnde oder vorbeugende Spritzungen schien gar nicht mehr möglich.

Die Alten Gartenrosen erweisen sich dagegen als widerstandsfähiger und robuster. Besonders die Super-Oldies Gallica- und Alba-Rosen, die seit Jahrtausenden in europäischen Gärten gedeihen, sind in dieser Hinsicht und auch in puncto Frosthärte unschlagbar. Sonst hätten sie auch kaum bis in unsere Tage überlebt. Bei so viel Pflegeleichtigkeit gepaart mit Schönheit ist es kein Wunder, dass historische Sorten auch bei Hobbygärtnern an Popularität gewannen und die Nachfrage beständig stieg.

Unten: Die Alte Bourbon-Rose 'Mme Ernest Calvat' (links) und die moderne Romantikrose 'Home Garden' gleichen sich in Form und Ausstrahlung.

Die Rosen dieses Buches

Natürlich ging dieser Gesinnungswandel nicht an den Züchtern vorüber. Seit jeher beeinflussen Moden, Trends und sich wandelnde Schönheitsideale auch die Entwicklung neuer Pflanzensorten. So hat sich die Rose, als älteste Kulturpflanze der Menschheit, im Laufe ihrer Geschichte schon sehr vielen verschiedenen Erwartungen angepasst und entsprechend groß ist heute ihre Vielfalt. Doch da Züchtung und Sortenentwicklung viel Geduld erfordern, vergehen in der Regel etliche Jahre, bis die Erfolge der Bemühungen marktreif sind. Dies ist wohl der Grund, dass erst in den letzten Jahren auffällig viele Neuzüchtungen in den Handel drängten, die sich mit der Ausstrahlung und dem Flair Alter Rosen schmücken.

Nostalgie-Trend

Die trendigsten Sorten nähern sich den uralten wieder an. Nachdem Krankheitsresistenz und Frosthärte in der Reihe der wichtigsten Züchtungsziele heute ganz oben rangieren, überzeugen die Neuen nicht nur durch Duft und Blütenfülle, sondern auch in dieser Hinsicht. Mehr noch: Einigen der im 19. Jahrhundert entstandenen historischen Sorten sind sie in puncto Gesundheit sogar überlegen. Für alle Anhänger romantischer, nostalgischer Rosen lohnt es sich also, bei der Sortenwahl für den eigenen Garten auch diese Newcomer in Betracht zu ziehen. Neben den beliebten Eigenschaften der Alten Rosen bringen sie sogar einige wertvolle neue Qualitäten mit. Deshalb stellt dieses Buch neben den bewährten und historischen Sorten auch lohnenswerte hochmoderne vor. Die neue Vielfalt führt eine allzu enge zeitliche Eingrenzung ad absurdum, wonach eine Rose nur dann als »alt« gilt, wenn die Klasse, der sie angehört, bereits vor 1867 (dem Geburtsjahr der ersten Teehybride) in Kultur war. Es geht inzwischen vielmehr um eine Stilrichtung, um ein charakteristisches Erscheinungsbild, für das folgende Merkmale typisch sind:

- **Der Duft:** Während bei den Modernen Rosen durch das Züchtungsziel Dauerblüte leider das Parfum weitgehend verloren ging, überzeugen Alte und neue romantische Sorten mit betörendem Duft. Ganz wenige Ausnahmen bestätigen diese Regel.
- **Die Blütenform:** Im Gegensatz zu den hochgebauten, spitzen Blüten der modernen Teehybriden, zeichnen sie sich durch breite, flache,

Alte Strauch- und Kletterrosen lassen sich hervorragend zusammen mit Stauden und Gehölzen in gemischte Rabatten integrieren.

meist dichtgefüllte Schalen- oder Becherblüten aus. Oft ist die Mitte geviertelt. Auch Ballon- oder Rosettenformen treten auf, unter den alten Sorten auch halbgefüllte, die im Zentrum noch die Staubgefäße erkennen lassen.

Typisch für Alte Rosen ist außerdem:

- **Der Blührhythmus:** Historische Sorten blühen in aller Regel nur einmal im Juni/Juli. Häufig verausgaben sie sich dann jedoch in verschwenderischer Fülle über viele Wochen hinweg. Nur vereinzelte Sorten sowie die Alten Rosen des 19. Jahrhunderts sind in der Lage, im Herbst nachzublühen. In dieser Hinsicht sind die modernen, romantischen Züchtungen eine echte Bereicherung. Sie alle tragen Gene der öfterblühenden Chinarosen in sich und sind daher in der Lage, während der ganzen Saison Blüten zu öffnen.
- **Die Farbpalette** der Alten ist geprägt von Rosatönen in allen Varianten, von silbrig hellen Pastellnuancen bis zu den kräftigen Karmin- und Purpurtönen. Daneben gibt es Reinweiß. Dieses kühle, zurückhaltende Spektrum trägt zur romantischen Wirkung im Garten wesentlich bei. Warme Blütenfarben gelangen den Züchtern, bis auf wenige Ausnahmen, erst im 20. Jahrhundert. Vor allem strahlendes Gelb und feuriges, leuchtendes Rot findet man fast nur bei modernen Sorten. Auch hier bringen einige Neuzüchtungen eine echte Bereicherung, indem sie die romantische Blütenform mit den »neuen« Farben kombinieren. Ganz besonders den seit einigen Jahren zu beobachtenden Trend zu Bernsteingelb, Apricot-, Lachs- und Orangetönen bedienen in erster Linie Newcomer, etwa viele Austin-Rosen sowie so bezaubernde Neuschöpfungen wie 'Felidaé' (2001) oder 'Sangerhauser Jubiläumsrose' (2003).
- **Der Wuchs:** Alte Rosen wachsen zu mehr oder minder stattlichen Sträuchern heran, manche können auch klettern. Dieses Erscheinungsbild prädestiniert sie für exponierte Stellungen im Garten, wie es der Königin ja auch gebührt. Dennoch erscheint es manchmal wünschenswert, besonders in kleineren Gärten, die Stilrichtung »Alt« in kompakterer Form zu verwenden. Dieses Anliegen lässt sich inzwischen durch die romantischen Neuen leichter erfüllen. Etliche Sorten bilden nur niedrige Sträucher oder gehören in die Klasse der Beetrosen.

Sinnvolle Unterteilung

Wozu überhaupt noch nach alt und modern unterscheiden? Diese Frage mag man sich stellen. Aber angesichts der zigtausend Rosensorten, die bis heute entstanden sind, macht eine Untergliederung des Sortimentes allein zur besseren Überschaubarkeit schon Sinn. Im Allgemeinen unterscheidet man heute nach Wuchsform und Verwendungszweck mehrere Rosenklassen, nämlich Strauch-, Kletter-, Beet-, Bodendecker-, Edel- und Miniaturrosen. Die Alten Rosen gehören fast ausschließlich den ersten beiden Klassen an. Ob alt oder modern, orientiert sich an der Entstehungsgeschichte. Diese Untergliederung ist keineswegs überflüssiger Luxus oder übertriebene Systematik, sondern gibt wertvolle Hinweise auf Eigenschaften und Pflegeansprüche. Das Wissen darum erleichtert Planung, Auswahl und Pflege und bewahrt vor mancher Enttäuschung. Deshalb gehen die folgenden Seiten zunächst auf die Historie der Rosen ein, begleiten sie auf ihrem Weg vom Wildgehölz zur modernen Hybride und erläutern, welche Eigenschaften im Lauf der Zeit erworben wurden. Dabei vermittelt die facettenreiche Vergangenheit nicht nur Fachwissen. Sie liest sich an vielen Stellen spannend wie ein Märchen. Schließlich ist die Rose aufs Engste mit der Kulturgeschichte der Menschheit verknüpft und in fernen Epochen und versunkenen Reichen verwurzelt.

Die Englischen Rosen bereicherten das Sortiment der Romantikformen um neue Farben. Oben: 'Jane Austin', unten: 'William Shakespeare 2000'.

Am Anfang war die Wildrose

Angesichts der schier unüberschaubaren Sortenfülle, in der sich die Gartenrosen heute präsentieren – manche Fachleute sprechen von 30 000 Varietäten –, vergisst man leicht, dass am Anfang dieser Erfolgsgeschichte ein einfacher Wildstrauch stand, der vermutlich noch relativ unspektakulär ausgesehen hat. Die Ursprünge der Rose verlieren sich in den Tiefen der Erdgeschichte. Sicher ist nur: sie ist älter als der Mensch. Man datiert ihr erstes Auftreten auf das Tertiär. Dies belegen fossile Funde in uralten Gesteinsschichten, die Blätter, Stacheln und Triebteile enthielten, die man der Rose zuschreibt. Danach besiedelten Wildrosen bereits vor 25 bis 30 Millionen Jahren die Erde. Einige Wissenschaftler gehen sogar von 40 oder 60 Millionen Jahren aus.

Man vermutet, dass die Urform in Zentralasien zu Hause war und von dort aus weitere Regionen erobert hat. Ihr natürliches Verbreitungsgebiet beschränkt sich allerdings auf die Nordhalbkugel der Erde: Asien, Europa, Nordamerika und Teile von Nordafrika. Nur in diesen Gebieten entstanden wilde Rosen ohne menschliches Zutun.

Bei den Germanen waren Wildrosen bereits Bestandteil von Brauchtum und Tradition. Sie nutzten Wildrosen als Einfriedung ihrer Kult- und Festplätze. Die stacheligen Sträucher umgaben als »Hag« ihre Begegnungsstätten und spendeten Schutz vor ungebetenen »Gästen«.

Die wichtigsten Wildarten

Heute unterscheidet die botanische Systematik rund 130 Wildarten, von denen allerdings nur ein Bruchteil an der Entstehung der Gartenrosen beteiligt war.

- Zu den wichtigsten in Europa heimischen Wildarten zählen: die Essigrose *(Rosa gallica)*, die Hundsrose *(R. canina)*, die Weinrose *(R. rubiginosa)*, die Zimtrose *(R. majalis)*, die alle rosa blühen, sowie die weiße Feldrose *(R. arvensis)* und die cremefarbene Bibernellrose *(R. spinosissima*, früher *R. pimpinellifolia)*. Die fernöstliche, japanische Kartoffelrose *(R. rugosa)* bürgerte sich in Europa erst später ein.
- Von den Amerikanern erlangten die Wiesenrose *(R. carolina)* und die Glanzrose *(R. virginiana)* Bedeutung.
- Wichtige Eigenschaften zur Rosenkultur trugen aus dem Mittleren Osten stammende Arten bei, etwa die Moschusrose *(R. moschata)* ihren schweren Duft oder die Fuchsrose *(R. foetida)* die seltene gelbe Farbe.
- Entscheidende Impulse zur Weiterentwicklung gingen jedoch von aus China kommenden Formen aus: *R. wichuriana* und *R. multiflora* waren stark an der Züchtung kletternder Sorten beteiligt. Letztere spielte auch besonders bei der Entstehung der Beetrosen eine wichtige Rolle. Die Chinarose *(R. chinensis)* schließlich, die jedoch bei ihrer Ankunft in Europa streng genommen gar keine Wildrose mehr war (siehe Seite 14 ff.), schenkte die begehrte Dauerblüte.

Wildrosen gedeihen seit Jahrmillionen in freier Natur, allerdings nur auf der Nordhalbkugel der Erde.

Botanische Grundstruktur

Woher auch immer die Wildrosen stammen, in ihrer botanischen Grundstruktur sind sie sich sehr ähnlich. Wie alle anderen natürlichen Gehölze blühen Wildrosen »nur« einmal für kurze Zeit in der Saison. Ein Umstand, der ihnen angesichts der Dauer- oder Öfterblütigkeit ihrer modernen Schwestern oft als Nachteil ausgelegt wird.

Blüten

Der Blütenaufbau folgt stets dem gleichen Schema: Fünf Kelchblätter, die artspezifisch unterschiedlich lang sein können, umhüllen die Knospe. Öffnet sie sich, entfalten sich fünf Blüten- oder Kronblätter zu einer einfachen, flachen Blüte, in deren Mitte ein Büschel Staubgefäße sichtbar wird. Das weibliche Blütenorgan, der Stempel, bestehend aus Narbe, Griffel und Fruchtknoten, wirkt dagegen eher unscheinbar. Die Blütengröße variiert von daumennagelgroß bis zu einem Durchmesser von sieben Zentimetern.

Der regelmäßige Fünferaufbau der Rosenblüte bildete die Vorlage für den so genannten Drudenfuß, das Pentagramm. Der fünfzackige Stern entsteht, wenn man die Spitzen der fünf Kelch- oder der fünf Blütenblätter der Wildrose verbindet. Im Mittelalter verwendete man das Pentagramm als magisches Symbol. Man brachte es an Häusern und Kirchen an zur Abwehr allen Unheils. Sogar in Goethes Faust taucht es als Zauberzeichen auf. Die Geometrie der Wildrose diente aber auch Steinmetzen als Motiv für die herrlichen Fensterrosetten romanischer und gotischer Kathedralen, die noch heute große Bewunderung finden.

Die berühmte Ausnahme darf natürlich nicht fehlen: Eine einzige Wildrose schmückt sich mit nur vier Kelch- und Kronblättern, nämlich die äußerst wehrhafte Stacheldrahtrose *(R. sericea* f. *pteracantha)*. Die vierzähligen, kleinen, weißen Blüten stellen jedoch nicht ihr auffälligstes Merkmal dar. Berühmt ist sie eigentlich wegen der dekorativen, bis zu drei Zentimeter breiten, durchscheinend roten Stacheln, die ihr den deutschen Namen einbrachten.

Von einfach bis gefüllt

Weisen Rosen mehr als fünf Kronblätter (botanisch: Petalen) auf, sind einige der bis zu hundert Staubblätter in Blütenblätter umgewandelt. Dies kann auf natürlichem Wege geschehen, wurde später aber vor allem durch Züchtung forciert. Bei weniger als zehn Petalen spricht man dennoch von einer **einfachen Blüte,** bei bis zu 20 Petalen von einer **halbgefüllten.** Sie lässt in der Regel noch immer die Staubgefäße im Zentrum deutlich erkennen. Steigt die Anzahl der Kronblätter weiter, nennt man die Blüte **gefüllt** oder sogar **dicht gefüllt.** Diese Formen spielen vor allem bei den Gartenrosen eine Rolle. Unter den wilden kommen sie so gut wie nie vor.

Etwas verwirrend für Roseneinsteiger: In den Rosenkatalogen werden unter der Rubrik »Wildrosen« Zuchtformen angeboten, die dann teilweise auch gefüllte Blüten haben. Dabei handelt es sich um Hybriden, also Kreuzungen aus Wildrosen, die zwar so in freier Natur nicht vorkommen, aber noch weitgehend den natürlichen Charme der Ausgangsart besitzen. Besonders von der Kartoffelrose *(R. rugosa)* gibt es heute zahlreiche Arthybriden.

Ganz oben: Die *Rosa moyesii*-Hybride 'Eddies Grimson'; Mitte: 'Heather Muir', eine Hybride der Stacheldrahtrose *(Rosa sericea)*; unten: 'Roserie de l'Hay', eine gefüllte Form der Kartoffelrose *(Rosa rugosa)*.

Hagebutten, die Früchte der Rose, gibt es in vielen Farben, Formen und Größen, von erbsenklein bis kirschgroß.

Die ersten Rosenblüten im Jahr

Einer der Vorzüge der Wildrosen liegt in der frühen Blüte der meisten Arten. Die einfachen Rosen öffnen sich deutlich vor denen der öfterblühenden Schwestern. Ein interessantes Detail für Ungeduldige, denn damit lässt sich die Rosensaison im Garten vorzeitig eröffnen. Einige Arten und Sorten starten bereits im Mai, man bezeichnet sie daher als Frühlingsrosen. Dazu gehören z. B. *R. hugonis, R. moyesii, R. spinosissima* und *R. sericea* f. *pteracantha* sowie die Hybriden 'Frühlingsgold' und 'Maigold'.

Hagebutten

Aus bestäubten Blüten reifen Früchte. Das ist bei Rosen nicht anders als bei anderen Gehölzen. Zumindest für die wilden Ahnen trifft dieser Satz noch uneingeschränkt zu, da sie in der Regel noch genügend Staubgefäße aufweisen und damit ausreichend fertil sind. Bei stark gefüllten Gartensorten, allen voran den üppigen Zentifolien (siehe Seite 21), geht die Umwandlung der Staub- in Blütenblätter deutlich auf Kosten der Fruchtbarkeit. Sie tragen kaum noch Hagebutten. Bei Öfterblühenden entfernt man verwelkte Blüten, um einen reichen weiteren Flor anzuregen. Diese Maßnahme unterbindet natürlich auch die Fruchtbildung.

Farb- und formenreich

Botanisch betrachtet zählen Hagebutten zu den Sammelfrüchten. Die fleischige Hülle enthält mehrere Nüsschen, die eigentlichen Samen. Die Anzahl variiert dabei je nach Art. Während es bei *R. moyesii* manchmal nur vier sein können, bündelt *R. rugosa* bis zu hundert in einer Hagebutte. Ähnlich vielfältig und artspezifisch erweist sich die äußere Form und die Farbgebung. Es existieren rundkugelige neben flachkugeligen, eiförmig dicke neben langgezogenen, birnen- oder flaschenähnlichen Formen. Erbsenkleine Durchmesser kommen ebenso vor wie bis zu sieben Zentimeter lang gestreckte Formen. Einige glänzen wie poliert, andere wirken matt oder tragen gar spitze Borsten. Bei den Farben dominiert Rot in allen Schattierungen. Es gibt jedoch auch bräunlich schwarze und gelbe Hagebutten.

Leckerbissen

Seit Jahrhunderten schätzt man die Rosenfrüchte als wertvolles Nahrungsmittel. Das Fruchtmark enthält reichlich Mineralstoffe und Vitamine, vor allem Vitamin C, K, P sowie das Provitamin A. Es lässt sich hervorragend zu delikater Konfitüre verarbeiten. Mindestens ebenso gern wie der Mensch verzehren Vögel reife Hagebutten. Sie dienen vor allem im Winter als willkommene Futterquelle. Dieses Nahrungsangebot sowie das schützende, dornige Geäst machen naturnahe Wildrosenhecken zu einem attraktiven Refugium für zahlreiche Kleinlebewesen.

Stacheln

Apropos Dornen – zwar redet schon das Sprichwort davon, dass »keine Rose ohne Dornen« existiert, aber aus dem Blickwinkel der Botanik ist dies dennoch falsch. Rosen tragen Stacheln! Bei Dornen handelt es sich um umgewandelte Sprosse. Sie entspringen aus dem Holz. Stacheln dagegen sprießen aus der Rindenoberfläche. Man kann sie leicht entfernen, ohne die Rinde zu verletzen. Mit Dornen ist das nicht möglich.
Die spitzen Verteidigungsinstrumente verteilen sich entlang der Triebe,

TIPP

Wildrosen und viele der einmalblühenden Alten Rosen sorgen mit ihrem bunten Hagebuttenschmuck für eine Bereicherung des herbstlichen und oft sogar des winterlichen Gartens. Denn bei einigen Arten haften die dekorativen Früchtchen sehr lange an den Zweigen. Mit Raureif überzuckert bieten sie bezaubernde Winterperspektiven.

bei manchen Sorten in regelmäßigen, bei anderen in ungleichen Abständen. Mitunter sind sie auch an der Blattunterseite, entlang der Mittelrippe zu spüren. Während sie bei einigen Formen eher weich, borstig und biegsam ausfallen, ragen sie bei anderen steif in die Höhe. Viele Kartoffelrosen *(R. rugosa*-Sorten) z.B. tragen runde, nadelartige oder borstige Stacheln, während etwa die der Stacheldrahtrose *(R. sericea* f. *pteracantha)* an der Basis stark verbreitert sind und fast dreieckig oder flügelartig wirken. Die der Weinrose wiederum krümmen sich wie Hakennasen. Stacheln können eigenen Zierwert entwickeln, wenn sich ihre Farbe von der der Rinde abhebt: häufig rot oder rostbraun auf grünen Trieben. Es gibt jedoch auch grüne oder graue »Dornen«, deren Farbton dem der Triebe gleicht. Und zur Freude eher praktisch orientierter Gärtner überraschen einige wenige Sorten sogar mit stachellosen, glatten Zweigen, wie etwa 'Cornelia'.

Laub

Blätter braucht die Königin der Blumen wie alle anderen Pflanzen, um zu assimilieren. Sie bilden die Grundlage zur Gewinnung der Lebensenergie. Darüber hinaus spielen sie für den Gärtner aber auch eine gestalterische Rolle, denn Laub ist nicht gleich Laub. Die Variationsbreite innerhalb der riesigen Gattung ist groß. Alle Rosen besitzen unpaarig gefiederte Blätter (die einzige Ausnahme bildet *R. persica* mit ihrem einfachen Blatt), das heißt mehrere Teilblättchen sitzen an einem gemeinsamen Blattstiel und bilden eine größere Blatteinheit. Meist gehören drei bis fünf Fiederblättchen zu einem Blatt, so etwa bei der Essigrose *(R. gallica)*. Auch siebenfiedrige Blätter gibt es oft, z.B. bei der Weinrose *(R. rubiginosa)* oder der Hundsrose *(R. canina)*. Die Anzahl der Blättchen kann auf bis zu siebzehn, wie bei der Kastanienrose *(R. roxburghii)*, steigen.

Auch in ihrer Größe unterscheiden sie sich stark, sodass das Laubkleid das Gesamterscheinungsbild einer Rose entscheidend prägt: von filigran bis wuchtig, von wild bis strukturiert. Auch Farben sorgen für unterschiedliche Effekte. Manche Kultursorten treiben zunächst tiefrot aus, vergrünen später jedoch. Alba-Rosen sind für ihr graugrünes Laub bekannt. Andere schmücken sich im Herbst, vor dem Laubfall, mit gelben oder rötlichen Blättern, während nicht wenige ihr Laub bis zum frischen Austrieb im nächsten Frühjahr halten. Hochglänzende, glatte Oberflächen gibt es ebenso wie die gerunzelten Spreiten der Kartoffelrose *(R. rugosa)*. Über Drüsen am Blattrand verströmt die Weinrose *(R. rubiginosa)* einen intensiven Apfelduft. Sie ist der bekannteste Blattdufter unter den Rosen.

Wuchs und Wurzel

Alle Wildrosen wachsen als mehrtriebiger Strauch, aufrecht, bogig überhängend oder kriechend. Je nach Art erreichen sie Höhen von gut einem halben bis zu stattlichen fünf Metern. Stehen sie auf ihrer eigenen Wurzel, neigen viele zur Bildung von Ausläufern. Ein Effekt, der sie für flächige Begrünung und naturnahe Gestaltungen prädestiniert, etwa als Bodendecker, für Böschungen oder als Hecken. In einer Pflanzgemeinschaft mit Stauden ist diese Eigenart eher unerwünscht. Deshalb werden auch Wildrosen ebenso wie Gartenhybriden auf Unterlagen (= Wurzel) von bestimmten Rosen-Wildarten (z.B. *Rosa canina)* veredelt angeboten. Diese sortenfremde Wurzel dringt in große Tiefen vor und erschließt der Rose Bodenschichten, die anderen Pflanzen unzugänglich bleiben. Hin und wieder treibt daraus ein Wildtrieb oberirdisch durch, erkennbar am anders aussehenden Blatt. Er ist sofort zu entfernen, da er die aufveredelte Art sonst schnell überwuchert.

Ganz links: Die Bibernell-Rose *(Rosa spinosissima)* trägt schlanke runde Stacheln, die Stacheldrahtrose *(Rosa sericea* f. *pteracantha*, rechts) dagegen flache dreieckige.

Die ältesten Gartenrosen

Chinarosen

Verfolgt man den Weg der Gartenrosen chronologisch, erfolgte der erste Schritt von der Wild- zur Kulturrose vermutlich in China. Der Beginn der Rosentradition in China lässt sich nicht exakt datieren. Fest steht: Die Gartenkunst blickt in den fernöstlichen Hochkulturen auf eine jahrtausendelange Geschichte zurück. Wissenschaftler vermuten, dass bereits 2700 v. Chr. Rosen-Zierformen in den Gärten kultiviert wurden. Erste schriftliche Belege stammen von dem chinesischen Philosophen Konfuzius, der 500 v. Chr. von großzügigen Rosenpflanzungen in den Gärten des Kaisers zu Peking berichtet. Die Ausgangsformen gediehen ursprünglich in den Gebirgen von Yunnan, der südlichsten Provinz Chinas. Von dort aus gelangten sie auf verschiedenen Wegen in die Städte und Küstenregionen. Unterschiedliche Arten ließen ihre Eigenschaften in die Kulturrosen einfließen. Spontane Mutationen und natürliche Kreuzungen lieferten vermutlich die erste Basis für die spätere Vielfalt. Durch gezielte Selektion und Weiterkultur beeinflussten Gärtner die Fortentwicklung. In der Zeit um Christi Geburt wurden wahrscheinlich bereits bewusste Kreuzungen durchgeführt. So entstanden Rosen mit Eigenschaften, die in Europa noch lange Zeit völlig unbekannt waren.

Der Weg nach Europa

Wie fanden aber die Chinarosen ihren Weg gen Westen? Alte Handelswege, wie die 2000 Jahre alte Seidenstraße, verbinden das Reich der Mitte mit dem Orient. Schon um 800 florierte der Handel mit den Arabern. Ende des 13. Jahrhunderts unterhielten Franziskanermönche eine China-Mission. Erste europäische Seefahrer landeten 1516 in der Hafenstadt Kanton. Anfang des 17. Jahrhunderts erreichten die Ostindischen Kompanien chinesischen Boden. Ihre Stützpunkte rund um den Globus markieren wichtige Etappen für die interkontinentale Rosenzucht. Schon um 1700 haben die ersten Europäer Chinarosen nicht nur im Ursprungsland bewundert, sondern auch bereits in Indien und Singapur gesehen. Dieser Umstand führte auch zu der häufig verwendeten, irreführenden Artbezeichnung *Rosa indica*. Bis die ersten lebendigen Exemplare jedoch den europäischen Kontinent erreichten, vergingen noch einmal gut 100 Jahre. So war das, was dann unter der Artbezeichnung *Rosa chinensis* die abendländische Rosenwelt revolutionierte, eigentlich bereits das Ergebnis jahrtausendelanger Selektion. Die verschiedenen chinesischen Wildrosen wurden erst nach und nach entdeckt und wesentlich später in die Züchtung mit einbezogen.

Chinarosen gab es auch in gelber Farbe, ein Ton, der unter den alten europäischen Rosen noch unbekannt war; hier die Chinesische Goldrose *(Rosa hugonis)*.

Dekorative Blüten, die während der ganzen Saison erscheinen, sowie der zierliche Wuchs sprachen für Chinarosen; im Bild: 'Little White Pet'.

Neue Eigenschaften

Was Chinarosen so begehrt machte, waren eine Reihe von Eigenschaften, die für Europäer völlig neu waren. Allen voran die Dauerblüte. Die einzelnen Blüten werden zwar höchstens mittelgroß, da sie aber auch am jungen, diesjährigen Holz gebildet werden, erscheinen sie nahezu ununterbrochen bis in den Herbst hinein. Außerdem brachten sie erstmals die warmtonige, rein rote Farbe mit. Auch der relativ zarte, zierliche Wuchs, der viele Sorten klein und kompakt bleiben lässt, bedeutete eine interessante Neuerung gegenüber den stattlichen europäischen Rosensträuchern.

Große Faszination übten auch die ersten **Teerosen** *(R. × odorata)* aus, mit ihren eleganten Blüten, die betörenden Duft verströmen. Vermutlich entstanden sie aus einer Zufallskreuzung aus *R. chinensis* und der kletternden Wildrose *R. gigantea*. Viele Chinarosen und nahezu alle Teerosen sind jedoch für mitteleuropäisches Klima nicht ausreichend winterhart. Leider brachten viele auch eine erhöhte Krankheitsanfälligkeit, besonders für Pilzinfektionen, mit. Eine Tatsache, die in der Züchtungseuphorie späterer Jahrhunderte zeitweise etwas unterging.

Die europäischen Urahnen aus dem Altertum – von den Ursprüngen bis in die Antike

Fernab vom Reich der Mitte und in völlig anderer kultureller Umgebung entwickelten sich die ersten Formen europäischer Gartenrosen. Verfolgt man ihren Stammbaum zurück, so tauchen die ersten Vorfahren im östlichen Mittelmeerraum auf: Griechenland, Kleinasien, Persien, Syrien, Mesopotamien, Ägypten. In diesen Gebieten entstanden die frühesten Zivilisationen und damit ein Interesse an Zier- und Kulturpflanzen.

Historische Spuren

Manche Historiker behaupten, dass bereits die Sumerer mehr als 2000 Jahre v. Chr. Rosen kannten. In alten ägyptischen Gräbern entdeckte man Rosen als Grabbeigabe. Die älteste Rosenabbildung fand man jedoch im Palast von Knossos auf der Insel Kreta. Sie entstand zwischen 1800 und 1600 v. Chr. Man vermutet, dass sie eine Form von *R. gallica* darstellt.

So richtig nachvollziehbar wird die Vergangenheit der Rose erst mit der Geschichtsschreibung in der Antike. In Homers Ilias, die den Kampf um Troja (1206 v. Chr.) beschreibt und die im 9. Jahrhundert v. Chr. niedergeschrieben wurde, liest man, Aphrodite (griechische Göttin der Liebe und Schönheit) habe Hectors Leichnam mit Rosenöl gesalbt, nachdem er von Achilles getötet worden war. Auch der Schild des Achilles soll mit Rosen geschmückt gewesen sein.

Bereits um 600 v. Chr. prägte die große Lyrikerin Sappho aus Mytilene auf der Insel Lesbos den Begriff »Königin der Blumen«. König Midas von Phrygien soll in seinem makedonischen Exil bereits gefüllte Rosen mit 60 Blütenblättern in seinem Garten kultiviert haben, so berichtet der griechische Geschichtsschreiber Herodot (490 – 420 v. Chr.). Besonders gerühmt wurde deren intensiver Duft. Die Insel Rhodos, deren Name sich von Rhodon, dem griechischen Wort für Rose, ableitet, war zu dieser Zeit bereits ein wichtiges Rosenzentrum. Die dort üblichen Münzen zierte man mit Rosendarstellungen. Theophrast, der »Vater der Botanik«, unterschied um 300 v. Chr. bereits gefüllte Gartenrosen *(Rhodon)* und die wilde Hundsrose *(Kynosbaton)*, die heute *R. canina* heißt. Von rosa,

Mit Beginn der Geschichtsschreibung in der Antike ist auch die Historie der Rose besser belegt. Sie war einst der Göttin der Schönheit geweiht.

weißen und roten Blüten kann man bei ihm lesen sowie von extrem duftenden.

Im alten Rom

Über Griechenland gelangte die Rosenkultur nach Rom und trieb dort die bizarrsten Blüten. Mit großer Sicherheit weiß man heute, dass schon damals Gallica-, Alba- und Damaszener-Rosen nebeneinander existiert haben. Ihre gefüllten Blüten zierten die Gärten der vornehmen Patrizier. Sie setzten auch einige Bräuche der Griechen fort. So wurden, in der Zeit vor Christi Geburt, heimkehrenden Soldaten Rosenkränze als Zeichen der Tapferkeit und Ehre verliehen. Man weihte die Königin der Blumen der Göttin der Liebe und Schönheit, der Venus. Diese Symbolik blieb der Rose bis heute erhalten.

Symbolreich und duftend

Nicht nur als Zierpflanzen und Schmuckstücke wurden Rosen immer beliebter. Bald galt die Rose als Attribut von Bacchus, dem Gott des Weines. Man entdeckte sie als Duftspender und für kulinarische Spezereien. Für beide Zwecke benötigte man nur Blütenblätter. So entstanden neben den privaten Rosengärten (rosaria) bald auch große Rosenanbauflächen (roseta), die nur der Gewinnung von Blüten dienten. Die Entwicklung vom Luxusartikel zur Massenware brachte dabei auch die Kulturfertigkeiten voran. Die ersten Gewächshäuser wurden gebaut und mit Warmwasser beheizt, um die Blüte anzutreiben. Auch müssen bereits Formen vegetativer Vermehrung bekannt gewesen sein.

Vor allem die späten römischen Kaiser gierten mit zunehmender Dekadenz nach mehr und mehr Luxus und immer ausgefalleneren Reizen. Zunehmend wandelte man Ackerland in Rosenland um. Der Satiriker Martial (40 bis 103 n. Chr.) pointierte: »Sendet uns Korn, Ihr Ägypter, wir werden Euch Rosen dafür schicken.« Auf ausschweifenden Festgelagen rieselten Blütenblätter von oben auf die Gäste herab oder bildeten knöchelhohe Teppiche. Sie füllten Kissen und Betten, parfümierten Wein und Speisen. Nero (37 – 68 n. Chr.) importierte für seine exzessiven Orgien ganze Schiffsladungen und verschleuderte dafür ein Vermögen. Kaiser Heliogabal schließlich ließ es Anfang des dritten Jahrhunderts, anlässlich seines Regierungsantritts, so viele Rosen »regnen«, dass einige seiner Gäste darin erstickten. So wandelte sich die Rose vom Sinnbild für Majestät und Schönheit zu einem Wahrzeichen für Dekadenz, Schwelgerei und Lasterhaftigkeit. Sie war den frühen Christen deshalb verhasst.

Die drei ältesten Rosenklassen

Trotz oder vielleicht gerade wegen ihrer bewegten Geschichte erweisen sich die Urahnen unserer Gartenrosen, die Gallica-, Alba- und Damaszener-Rosen, noch heute als ausgesprochen frosthart, gesund und widerstandsfähig gegen Krankheiten. Auf sie gründet sich der legendäre Ruf der Alten Rosen in puncto Robustheit und Pflegeleichtigkeit. Alle blühen nur einmal (mit Ausnahme der *R.* × *damascena* var. *bifera)*, dafür über viele Wochen und in verschwenderischer Fülle.

Die Essigrose *(Rosa gallica)* gilt als wichtigste Stammmutter der europäischen Gartenrosen. Sie war an der Entstehung fast aller anderen Formen beteiligt.

Rosa × gallica

Sie ist die mit Abstand bedeutendste und älteste Urahnin der europäischen Gartenrosen und gilt als *die* Stammmutter schlechthin. Zu deutsch heißt sie Essigrose, Gallische Rose oder in alten Quellen auch Provins-Rose. Ihre wilde Form ist in Kleinasien, Süd- und Mitteleuropa heimisch.

Chromosomen-Untersuchungen belegen, dass sie an der Entstehung der Alba-, Damaszener- und Portland-Rosen beteiligt war.

Ihren vorzüglichen Duft, den sie glücklicherweise an viele Abkömmlinge weitergegeben hat, rühmen schon die antiken Schriftsteller. Ein weiteres Markenzeichen ist ihr dunkles Farbspektrum. Gallica-Rosen blühen vorwiegend in satten, kräftigen karminrosa, violetten oder purpurnen Tönen, wobei sich das Farbspiel vom Aufblühen bis zum Welken mitunter verändert. Die Blütenblätter rollen dabei oft nach außen um. Von den Alten Rosen wächst sie am kompaktesten. Die Büsche bleiben mit Höhen von ein- bis eineinhalb Metern relativ klein. Ihre Triebe schmücken sich mit dunkelgrünem, manchmal derb ledrigem Laub und tragen ebenso wie die Hagebutten dünne, borstenähnliche Stacheln.

Rosa × alba

Die Weiße Rose, so die wörtliche Übersetzung, entstand wahrscheinlich in Südosteuropa. Lange Zeit glaubte man, es handle sich um die gefüllte Form einer weißen Wildrose. Heute wird vermutet, dass diese uralte Gartenrose als natürliche Kreuzung aus *R. × damascena* und unserer heimischen *R. canina* erwuchs. Ob sie die weiße Rose der Griechen und Römer war, lässt sich zwar nicht eindeutig nachweisen, aber vieles deutet darauf hin. Eine Zeit lang vermutete man auch, dass die altertümliche Bezeichnung Albion für Britannien auf das Vorkommen der *Rosa alba* zurückzuführen sei. Doch handelt es sich dabei wohl um Spekulation.

Ebenfalls eine der »Urahninnen« Alter Gartenrosen ist die Weiße Rose *(Rosa alba)*. Ihre Hybriden blühen nahezu ausschließlich weiß oder zartrosa

In jedem Fall gilt hier: nomen est omen. Denn das Farbspektrum der Alba-Rosen konzentriert sich auf Weiß und sehr helle, zarte Rosatöne. Dieses pastellfarbene Outfit verleiht ihnen eine besonders edle, romantische Ausstrahlung, die von dem meist graugrünen Laub noch unterstrichen wird. Die Triebe tragen spitze, säbelförmige Stacheln. Unter den Alba-Rosen finden sich die stattlichsten Formen. Etliche erreichen zwei Meter, die höchsten sogar drei Meter Höhe. Häufig hängen die Zweige dann malerisch bogenförmig über. Die Blüten duften ausnahmslos, bei einigen Sorten sogar sehr intensiv. Neben dichtgefüllten gibt es auch etliche halbgefüllte, die noch den zarten Wildrosencharme besitzen.

Alba-Rosen sind die Extremisten in puncto Winterhärte und Widerstandsfähigkeit. Den Ruf der Robustheit verdanken Alte Rosen vor allem dieser Gruppe. Sie gedeihen auch noch unter schwierigen Bedingungen, wie in kalten Höhenlagen oder auf halbschattigen Standorten. Krankheiten kennen sie kaum.

Rosa × damascena

Obwohl die Gallica-Rose ebenso wie die Damaszener-Rose im Nahen Osten beheimatet war, haftet Letzterer der orientalische Nimbus viel stärker an. Das hat mehrere Gründe: Zum einen verweist schon der Name, der sich aus der syrischen Hauptstadt

Damaszener-Rosen *(Rosa × damascena)* stammen ursprünglich aus dem Orient. Ihr kostbarstes Erbe ist der intensive Duft.

Damaskus ableitet, auf die morgenländische Vergangenheit. Syrien kommt von Suri, was Land der Rosen bedeutet. Zum anderen betören Damaszener-Rosen noch mehr als alle anderen mit einem üppigen, schweren und nachhaltigen Duft, einem sinnlich orientalischen Parfum, das zu ihrem Markenzeichen schlechthin avancierte. Einige Sorten tragen auch heute noch orientalische Namen.

Man unterscheidet zwei Typen. **Die Sommer-Damaszener-Rose,** die vermutlich als Naturhybride von *R. gallica* und *R. phoenicia* entstand und wie alle anderen Alten Rosen nur einmal blüht, sowie die **Herbst-Damaszener-Rose** *(R. × damascena* var. *bifera)*, die als Einzige unter den Urahnen die Fähigkeit besitzt, im Herbst nachzublühen. Vieles deutet darauf hin, dass sie aus *R. gallica* und *R. moschata* hervorging. Ihre remontierende Blüte, die zu diesem Zeitpunkt in der Geschichte etwas Einmaliges darstellte, brachte ihr auch die synonymen Namen »Rosier des quatres saisons« (Vier-Jahreszeiten-Rose) und *R. × damascena* var. *semperflorens* (= immerblühend) ein. Natürlich ist beides jedoch stark übertrieben.

Traditionsreich und sagenumwoben

Die Damaszener-Rosen blicken auf eine lange Tradition in Persien zurück, einem Land mit ausgeprägter Gartenkultur. Für Blume und Rose gibt es dort nur ein Wort. Auch beherrschte man hier sehr früh die Kunst der Gewinnung von Rosenöl, von Rosenwasser und anderen Duftessenzen. Schon 2000 v. Chr. sollen dort Rosen in den Gärten gestanden haben. Vor allem Shiras und Isfahan sollen Rosenzentren gewesen sein. Zwischen dem 9. und 14. Jahrhundert priesen viele Dichter und Sänger, allen voran Omar-i-Chajjam, Persien als Land der Rosengärten. Insbesondere lobten sie den Duft der Blumenkönigin. Verbreitet war die Damaszener-Rose jedoch im gesamten Orient. Einer Sage zufolge entstand sie aus dem Schweiße des Propheten Mohammed. Als Sultan Saladin im Jahr 1167 Jerusalem von den Christen zurückeroberte, ließ er die Omar-Moschee mit Rosenwasser reinigen. In alten Quellen findet man auch die Bezeichnung *R. persicae* sowie *R. alexandrinae,* was die Vermutung nährt, dass die Damaszener-Rose von Persien ausgehend den Orient erobert hat und später über die ägyptische Hafenstadt Alexandria Spanien erreicht hat. Doch über ihren Weg nach Europa gibt es viele Spekulationen. Wahrscheinlich brachten bereits die Römer erste Exemplare über die Alpen in den barbarischen Norden. Auch die Einfälle der Mauren, die 711 Südspanien eroberten, importierten die Rose aus Damaskus ins Abendland. Vor allem aber hatten die Kreuzritter im 13. Jahrhundert sie in ihrem Gepäck und für die Verbreitung in Frankreich und Deutschland gesorgt. Schriftlich belegt, stand die erste deutsche Herbst-Damaszener-Rose, bereits 1645 in Altdorf bei Nürnberg. Da an der Entstehung der Damaszener-Rosen Kletterrosen (sowohl *R. phoenicia* als auch *R. moschata)* beteiligt waren, bildet sie lange, elegant bogig überhängende Triebe, die sich mit hellgrünen Blättern und feinen Härchen und Hakenstacheln schmücken. Die Kelchblätter sind auffallend lang, die Blütenstiele etwas weich, wodurch die gefüllten oder halbgefüllten Rosen malerisch nicken. Sie erscheinen stets in Büscheln. Die Blütenblätter wirken seidig, fast transparent und tragen in aller Regel helle Rosatöne oder Weiß. Die Sträucher werden meist eineinhalb bis zwei Meter groß.

Duft – die sinnlichste Komponente der Rose

Vom Duft heißt es, er sei die Seele einer Pflanze, und mit keiner anderen wird er so eng in Verbindung gebracht wie mit der Rose. Geradezu sprichwörtlich ist diese Koalition, was sicher daran liegt, dass die Urahnen Gallica-, Alba- und insbesondere Damaszener-Rosen ohne Duft einfach nicht denkbar waren. Er bestimmte als wesentliches Merkmal ihren Zauber und wird immer als angenehm, aufbauend, harmonisierend, ja sogar sanft euphorisierend empfunden (siehe auch Seite 66 ff.).

Doch Rosenduft ist nicht gleich Rosenduft: Es gibt Noten mit einem Hauch von Zitrone, Myrre, Flieder oder anderem. Selbst ein und dieselbe Sorte variiert ihr Parfum, je nach Tageszeit und Wetterverhältnissen. Auch die Zusammensetzung des Bodens sowie die verwendete Unterlage haben einen Einfluss.

Wie entsteht Duft?

Flüchtige Substanzen, die ätherischen Öle, transportieren die Duftstoffe (bei manchen Pflanzen auch Harze). Über Drüsen, Drüsenzellen oder auch ganze Pflanzenorgane, wie Blüten oder Blätter, werden sie ausgeschieden und entfalten bei Kontakt mit Sauerstoff ihren spezifischen Geruch. Das Parfum der Rosen ist geprägt vom Duftstoff Geraniol, der auch in Storchschnabelgewächsen *(Geranium)* auftritt, die deshalb auch zur Produktion »billigeren« Rosenöls herangezogen werden. Bei den meisten Rosen sitzen die Duftstoffe in den Blütenblättern. Damit sollen Insekten, bei den Rosen sind es meist Hummeln und Ameisen, angelockt werden. Für sie sind die Pollen eine ergiebige Nahrungsquelle, quasi nebenbei sorgen sie für die Bestäubung. Je gefüllter eine Blüte ist, also je mehr Blütenblätter sie bildet, desto stärker duftet sie daher in aller Regel. Nur einige Ramblerrosen überraschen hier mit einer Ausnahme. Bei ihnen lokalisiert sich der Duft in den Staubgefäßen, d. h. einfache duften hier intensiver als prall gefüllte.

Duftwahrnehmung und Gefühle

»Das Wesentliche ist für das Auge unsichtbar«, heißt es in 'Der kleine Prinz', »man sieht nur mit dem Herzen gut.« Gemeint ist, mit dem Gefühl. Der unsichtbare Duft geht direkt zu Herzen. Denn der Geruchssinn ist unser archaischster Sinn. Er ist in einem der entwicklungsgeschichtlich ältesten Hirnteile, im Stammhirn, angesiedelt und über das limbische System aufs Engste mit unserem Steuerzentrum für Emotionen verknüpft. Mit jedem Atemzug – immerhin 23 000 pro Tag – tauchen wir ins Reich der Düfte ein, ob wir wollen oder nicht. Duftmoleküle gelangen über den Atem in die Nase. Dort werden sie über Millionen von Rezeptoren in der Schleimhaut registriert, über Nervenzellen ins limbische System weitergeleitet und schließlich ins Stammhirn gemeldet. Hier entstehen Gefühle der Sympathie oder Abneigung, der Lust oder Unlust. Gerüche können die Hormonausschüttung und andere Körperfunktionen beeinflussen, die sich der Willenssteuerung entziehen. Sie können beispielsweise schmerzstillend wirken, beruhigend, anregend oder sexuell stimulierend. Diese Zusammenhänge macht sich die Aromatherapie zunutze. Düfte steuern aber auch ganz elementare zwischenmenschliche Beziehungen. So werden Mütter förmlich »high«, wenn sie am Köpfchen ihres Säuglings schnuppern. Umgekehrt hat der attraktivste Vertreter des anderen Geschlechts keine Chance auf eine Partnerschaft, wenn man sich einfach »nicht riechen« kann. Persönliche, individuelle Prädispositionen machen Geruchsempfinden zu einer

sehr subjektiven Angelegenheit. Dieser Umstand sowie die Tatsache, dass Gerüche unter Umgehung des Sprachzentrums direkt im Stammhirn »übersetzt« werden, macht sie so unbeschreiblich. Denn obwohl der Mensch in der Lage ist, zahlreiche Duftnoten zu unterscheiden, fällt es ihm ausgesprochen schwer, sie allgemein verständlich zu beschreiben.

Rosenduft in der Züchtungsgeschichte

Während der Duft der Rose jahrtausendelang geradezu als Selbstverständlichkeit galt, geriet dieses charakteristische Merkmal nach Einführung der Chinarosen in der einsetzenden Züchtungseuphorie des 19. Jahrhunderts vorübergehend ins Hintertreffen. Man konzentrierte sich vollkommen auf die Einkreuzung der begehrten Öfterblütigkeit. Forciert wurde diese Entwicklung durch die Tatsache, dass die dafür verantwortlichen Gene rezessiv vererbt werden. Das heißt, kreuzt man eine duftende und eine nichtduftende Art, setzt sich die Duftlosigkeit durch. In den folgenden Hybridgenerationen, d. h. bei der Weiterzucht mit Sorten, verteilt sich Duft oder Geruchlosigkeit völlig unvorhersehbar, analog den Mendel'schen Gesetzen. Die Renaissance der Alten Rosen geht zum großen Teil auch auf die Wiederentdeckung des Rosenduftes zurück. Er wird wieder als wesentlicher Bestandteil geschätzt.

Auf verschlungenen Pfaden durchs Mittelalter

Von Rom aus eroberten die Gartenrosen Mittel- und Nordeuropa. Obwohl die frühen Christen das Symbol orgiastischer Exzesse verabscheuten, waren es paradoxerweise christliche Mönche, die der Königin der Blumen den Weg über die Alpen ebneten. Zwar mögen einige Exemplare bereits von römischen Legionären in die Barbarei verschleppt worden sein, aber nachweislich brachten Benediktinermönche Rosen zunächst nach England, dann nach Deutschland. Sie fassten als fester Bestandteil der Klostergärten Fuß. Ihren Auftritt dort verdanken sie weniger ihrem Zierwert als vielmehr ihrem Ruf als Heilpflanze, der sich auf die Arzneimittellehre des berühmten griechischen Arztes Dioskurides aus dem ersten Jahrhundert n. Chr. gründet.

794 leistete Kaiser Karl der Große der Verbreitung der Rose kräftigen Vorschub. In seinem »Capitulare de villis imperialibus« legte er fest, welche Heil-, Obst-, Gemüse- und Zierpflanzen auf seinen Landgütern anzubauen waren. An erster Stelle nannte er die Rose. Als im 11. Jahrhundert die Marienverehrung populär wurde, versöhnte sich auch das Christentum wieder mit der Rose und machte sie zu einem Attribut der Jungfrau Maria.

Gleichzeitig blieb sie jedoch weiterhin Medizinpflanze. Die heilkundige Äbtissin Hildegard von Bingen (1098 – 1179) empfiehlt sie in ihren Aufzeichnungen als Arzneipflanze. Dennoch beschränkte sich die Auswahl an Arten und Formen noch auf ein sehr enges Sortiment. Albertus Magnus, der berühmteste Pflanzenkundige des 13. Jahrhunderts, zählte an bekannten Rosen seiner Zeit: *Rosa × alba, R. rubiginosa, R. arvensis* und *R. canina*.

Mönche brachten die Rosen der Römer nach Mitteleuropa und kultivierten sie jahrhundertelang in den Klostergärten.

Die Rose als Wappenzeichen

Erst mit den heimkehrenden Kreuzrittern verbreitete sich *R. × damascena* in Mitteleuropa. In Frankreich feierte im 13. Jahrhundert die halbgefüllte *R. gallica* 'Officinalis', die Apothekerrose, einen wahren Triumphzug (siehe Bild Seite 121). Um das Städtchen Provins herum wurde sie in großem Maßstab als Heilpflanze und zur Duftstoffgewinnung angebaut. In England lieferten sich im 15. Jahrhundert das Haus York und das Haus Lancaster die legendären Rosenkriege. Beide Herrscher-Dynastien führten eine Rose in ihrem Wappen, York die weiße, Lancaster die rote. Beide stritten um Englands Thron. Nachdem die Familien sich gegenseitig nahezu ausgerottet hatten, bestieg Heinrich VII., ein Tudor, der mit dem Hause Lancaster verwandt war, 1485 den Thron und heiratete die York-Erbin Elisabeth. Er »verschmolz« beide Wappen zur rotweißen Tudorrose (siehe Seite 138). Aufkommende Geheimorden, wie Rosenkreuzer und Freimaurer, wählten die Rose zu ihrem Wahrzeichen. So stand sie schon bald als Symbol für Verschwiegenheit: »Sub rosa dictum« – was unter der Rose gesagt wurde, sollte geheim bleiben.

Von der Renaissance bis ins 18. Jahrhundert

In diesem Zeitraum verdichteten sich die Handelsbeziehungen innerhalb Europas, aber auch mit fernen Erdteilen. Über Land- und Seeverbindungen wurde reger Austausch betrieben. Amerika wurde entdeckt. Rosen durchquerten in allen Richtungen die Länder Europas, und überall begann man lebhaft zu züchten und zu kreuzen. Infolgedessen wuchs das Rosensortiment zwischen dem 16. und dem 18. Jahrhundert um einige Neuheiten an.

Als starker Motor für die Rosenliebhaberei entwickelte sich Kaiserin Joséphine de Beauharnais (1763 – 1814) von Frankreich, Napoleons Frau. Sie sammelte Rosen aus aller Welt und pflanzte sie in den Garten ihres

Auch in den formalen Gartenanlagen der Renaissance- und Barockzeit fanden Rosen ihren Platz, etwa als Hochstämmchen-Allee, wie hier auf der Insel Mainau.

Schlosses Malmaison. Als sie starb, sollen dort 250 verschiedene Arten und Sorten gestanden haben, damals die umfangreichste Rosensammlung der Welt. Ein »Genpool« von unschätzbarem Wert, der nicht zuletzt dafür sorgte, dass Frankreich in den kommenden Jahrhunderten in Sachen Rosenzüchtung noch lange die Nase vorn hatte. Den Löwenanteil an der Sammlung stellten Gallica-Rosen. Denn schon mit der Apothekerrose wurde bereits im ausgehenden Mittelalter in Frankreich intensiv gezüchtet. Da Gallica-Rosen leicht Samen ansetzen, der gut aufgeht, gab es schon früh zahlreiche Sorten. Sehr aktiv arbeiteten aber im 16. Jahrhundert auch holländische Züchter vor allem mit *R. gallica*, aber auch mit Wildrosen und Damaszener-Rosen. Ihnen verdanken wir die vierte Klasse der echten Alten Rosen, die aus einer komplexen Kreuzung der Urahnen hervorging: die Zentifolien.

Zentifolien

Die Hundertblättrigen, wie die wörtliche Übersetzung lautet, leiten ihren Namen von den stark gefüllten Blüten mit den zahlreichen Petalen ab. Man kennt sie als Rose der flämischen und niederländischen Stillleben-Maler, weshalb sie auch als »Rose des Peintres« bekannt wurden. Ihre Blütenpracht und die Intensität ihres Duftes ist einfach überwältigend. Die Kehrseite dieser Üppigkeit: Staubblätter bilden sich kaum noch. Die Blüten sind weitgehend steril, Hagebutten reifen nur selten. Dies dürfte der Grund sein, weshalb die Weiterzüchtung zunächst schleppend voranging. In Malmaison standen nur 27 Zentifolien.

Auch wenn sie unter der Artbezeichnung *R. centifolia* geführt wird, weiß man heute, dass es sich um eine Gartenrose handelt, an deren Entstehung viele Formen beteiligt waren, vor *R. gallica, R. phoenicia, R. canina* und *R. moschata*. Zentifolien charakterisiert ein lockerer, offener, leicht auseinander fallender Wuchs. Die Triebe tragen viele, oft borstenartige Stacheln, und auch die großen, mattgrünen Blätter zeigen sich oft leicht behaart. Die riesigen Blüten an weichen, drüsigen Stielen wiegen oft so schwer, dass sie die Triebe zu Boden ziehen. Ihr Farbspektrum changiert von Weißrosa bis Karminrot.

Moosrosen

Rosa × centifolia 'Muscosa', die Ur-Moosrose, entstand als spontane, zufällige Knospenmutation aus einer Zentifolie, wahrscheinlich im 17. oder 18. Jahrhundert. Blütenstiele, Fruchtknoten und Kelchblätter weisen bei ihr feine Drüsenhaare auf und wirken dadurch wie zart bemoost. Diese grünen, bräunlichen oder röt-

Moosrosen (im Bild: 'William Lobb'), eine Sonderform der Zentifolien, tragen feine Drüsenhaare an Knospen, Blütenstielen und Kelchblättern.

lichen Haare verströmen einen harzigen, balsamischen Duft, der sich reizvoll mit dem süßen Zentifolienduft vermischt. In allen anderen Merkmalen gleicht 'Muscosa' der Ausgangsform, weshalb Moosrosen auch nicht als eigene Klasse angesehen werden, sondern zu den Zentifolien zählen. Größter Beliebtheit erfreuten sie sich im 19. Jahrhundert, wo auch zahlreiche neue, sogar öfterblühende, Sorten entstanden.

Die interkontinentalen Kreuzungen des 19. Jahrhunderts

Zwischen 1790 und 1810 erreichten die ersten Chinarosen europäischen Boden und revolutionierten die Rosenwelt. 'Parson's Pink China' (Synonym 'Old Blush') und 'Slater's Crimson China' nannte man die ersten Formen. Ihre Fähigkeit, am jungen Holz Blüten zu bilden und dadurch mehr oder minder ununterbrochen zu blühen, faszinierte die Europäer. Es entbrannte ein regelrechtes Züchtungsfieber. Kannte man um 1800 herum etwa 30 bis 40 Sorten, waren es 1830 schon 2500 und in der Mitte des Jahrhunderts bereits mehr als 5000. Neben der Begeisterung über die neuen Rosen aus Fernost trugen zu dieser Entwicklung auch die verbesserten Kenntnisse über moderne Züchtungs- und Anbaumethoden bei. In Frankreich begann man Sorten per Okulation zu vermehren, um der Nachfrage schneller gerecht zu werden. Auch die Veredelung auf zunächst wild gesammelte Halb- und Hochstämme kam auf. Vor allem aber machten sich Züchter zunehmend das Wissen über die geschlechtliche Fortpflanzung und die Vererbungslehre zunutze. Zwar wusste man bereits seit dem 17. Jahrhundert um die Bedeutung von Stempel und Staubgefäßen, zog daraus aber nur wenig konkrete Konsequenzen. Neue Sorten entstanden meist als Zufallssämlinge. Das heißt, man ließ die Rosen im Freien Hagebutten bilden und säte die Samen daraus im kommenden Jahr aus. Über die Samenspender wusste man in aller Regel wenig. Bekannt war jeweils nur die Muttersorte. Als man die Zusammenhänge erahnte, ging man dazu über, zwei gewünschte Elternsorten gemeinsam in einen Topf zu pflanzen, was ja auch häufig den erhofften Erfolg brachte.

Gezielte Züchtung

Das systematische, wissenschaftliche Kreuzen zweier Elternsorten, um bestimmte Zieleigenschaften zu erreichen, verdankt die Rosenwelt einem englischen Viehzüchter namens Henry Bennett (1823 – 1890). Er übertrug die Vererbungslehre, die in der Viehzucht längst praktisch genutzt wurde, auf die Königin der Blumen.
Fortan verließ man sich bei der Suche nach neuen Sorten weniger auf den Zufall. Züchtung wurde mehr und mehr zur Sache von Experten.

Portland-Rosen, hier 'Comte de Chambord', waren die ersten Sorten, die im Herbst mit einer zweiten Blüte erfreuten.

Bourbon-Rosen entstanden im 19. Jahrhundert auf der gleichnamigen Insel, dem heutigen La Réunion vor Madagaskar; im Bild: 'Coupe de Hebe'.

Die ersten, namhaften Rosenzüchter-Dynastien machten von sich reden (siehe Seite 26 ff.), zunächst in Frankreich, bald auch in England und Deutschland. Die Entwicklungsgeschichte der Sorten wird von jetzt an wesentlich überschaubarer, obwohl die Vielfalt gleichzeitig geradezu explodierte.

Remontierende Rosen

Zum Züchtungsziel schlechthin avancierte nach der Entdeckung der Chinarose die Dauerblüte. Auch der schwächere Wuchs sowie die gelbe und die warmrote Farbe erschienen erstrebenswert. Da sich viele Chinarosen für mitteleuropäisches Klima als zu frostempfindlich erwiesen, wurden sie auf Teufel komm raus mit den winterharten europäischen Gartenrosen gekreuzt. Die zunehmende Globalisierung des Handels führte zu einer beschleunigten Verbreitung der Rosenarten und neuer Sorten über alle fünf Kontinente. Besonders die europäischen Kolonien spielten dabei eine wichtige Rolle. Kein Wunder, dass viele der Rosengruppen des 19. Jahrhunderts dort entstanden.

Sie alle tragen bereits Gene der Chinarose in sich und sind mehr oder minder in der Lage, im Herbst nachzublühen. Einige ererbten mit den begehrten Eigenschaften leider auch eine gewisse Empfindlichkeit gegenüber Pilzkrankheiten und eine geringere Frosthärte. Doch die Rosengruppen dieses Kapitels versprühen alle noch den typischen Charme der Alten Rosen. Neben den dicht gefüllten Blüten erhielten sie auch den intensiven Duft.

Portland-Rosen

Diese Gruppe umfasst heute ein kleines, aber exquisites Sortiment. Über ihre Entstehung streiten sich die Experten und es kursieren unterschiedliche Versionen. Im Grunde gilt es nicht als gesichert, ob an der ersten Portland-Rose, der 'Portlandica', wie sie heute meist benannt wird, wirklich schon eine Chinarose beteiligt war. Tatsache ist: Sie blüht wiederholt. Vielleicht erbte sie das aber auch von der Herbst-Damaszener-Rose, wofür viele Gründe sprechen. Wie auch immer – sie tauchte um das Jahr 1800 in England auf. Einer Sage nach brachte sie die Herzogin von Portland dorthin, daher wurde sie ihr zu Ehren zunächst 'Duchess of Portland' genannt.

Züchter griffen sie begierig auf und züchteten sie weiter. So entstanden öfterblühende aber gesunde, gut winterharte Rosen mit bezauberndem Duft. Ein Charakteristikum stellen die kurzen Blütenstiele dar. Die Blumen »sitzen« förmlich auf dem obersten Laubblatt. Sie leuchten in aller Regel rosa oder kräftig karminrot. Der kompakte, stark verzweigte, buschige Wuchs empfiehlt sie auch für heutige kleine Gärten.

Bourbon-Rosen

Sie machten den Portland-Rosen in der Beliebtheit bald Konkurrenz. 1817 entdeckte man auf der Insel Bourbon, dem heutigen Réunion (vor Madagaskar, damals französische Kolonie), einen Zufallssämling. Er stand in einer Rosenhecke, mit denen die Siedler dort ihre Felder zu schützen pflegten. Es handelte sich um eine Kreuzung aus 'Parson's Pink China' und *R.* × *damascena* var. *bifera*. Man schickte die Neuentdeckung nach Frankreich zum Gärtner des Herzogs von Orléans, der damit weiterzüchtete.

Oben: die kletternde Noisette-Rose 'Mme Alfred Carrière'. Darunter: die Remontant-Rose 'Eugène Fürst', in damals sehr gefragtem kräftigen Rot.

So entstand eine Klasse atemberaubend schöner Rosen, mit opulenten Schalenblüten von lieblichem Duft. Viele der schönsten, auch heute noch gefragten Alten Rosen gehören dieser Klasse an. Sie blühen von Juni bis in den Spätherbst, wobei die Hauptblüte in den September fällt. Die Triebe mit ihrem dekorativen, glänzenden Laub ähneln bereits dem der Teehybriden. Neben kräftigen Sträuchern, die sich z. T. sogar als Kletterrosen verwenden lassen, existieren auch niedrige Beetrosen, wie die berühmte 'Souvenir de la Malmaison'. Die Empfindlichkeit gegenüber Krankheiten und Frost fällt sortenbedingt sehr unterschiedlich aus.

Noisette-Rosen

Diese Klasse brachte den großen Durchbruch bei den Kletterrosen. John Champney, ein amerikanischer Reispflanzer aus South Carolina, experimentierte Anfang des 19. Jahrhunderts mit der chinesischen 'Parson's Pink China'. Aus einer Kreuzung mit der kletternden *Rosa moschata* entstand ein Sämling, der zur Urform dieser Klasse wurde. Er erbte von seinen Eltern die wiederholte Blüte und den Kletterwuchs. Als 'Champney's Pink Cluster' gab er die Sorte an seinen Nachbarn Philippe Noisette weiter, der sie vermehrte und züchterisch fortentwickelte. 1814 schickte er etliche Exemplare seinem Bruder Louis nach Paris, der sie als Noisette-Rosen in den Handel brachte.

Fast alle Sorten dieser Klasse klettern, sind starkwüchsig und langtriebig. Sie erobern sogar Bäume. Ihre hübschen Blüten erscheinen in Büscheln. Durch die spätere Einkreuzung einer gelben Teerose dominieren heute Gelbtöne in allen Nuancen das Farbspektrum – eine Besonderheit unter den Alten Rosen! Es gibt sogar pfirsich- und orangefarbene Varianten, aber auch weiße. In dekorativem Kontrast dazu steht das dunkel glänzende Laub. Leider zeigen sich viele Sorten etwas frostempfindlich. Aber in Weinbauregionen entfalten sie ihr volles Potenzial und blühen nahezu ununterbrochen.

Remontant-Rosen

Sie stellen bereits den Übergang zu den modernen Teehybriden dar. Diese Klasse entwickelte sich etwa zeitgleich mit den Bourbon-Rosen und ist ungeheuer umfangreich. Viele Rosengruppen wirkten an ihrem Zustandekommen mit. Sie verliehen den Remontant-Rosen ihre charakteristischen, riesigen, runden Blütenbälle, die reichlich duften. Sie überzeugen nicht zuletzt wegen ihrer Farbintensität. Neben wenigen weißen Sorten sind hier vor allem Rosa-, dunkle Karmin- und kräftige Rottöne vertreten, die häufig samtig schimmern.

Diese Rosen wurden oft für Ausstellungen gezüchtet, die Blüten standen also im Mittelpunkt des Interesses. Bald avancierten sie jedoch zu den beliebtesten Rosen ihrer Zeit, die um die Jahrhundertwende (19. auf 20.) in fast keinem Garten fehlten. Wie ihr Name verrät, remontieren sie. Nach einer Hauptblüte im Juni bringen sie eine, meist schwächere, Nachblüte im Herbst hervor. Einige erweisen sich auch als echt öfterblühend. Ein kräftiger, stämmiger Wuchs kennzeichnet viele Sorten. Die stattlichen Sträucher sind gut winterhart. Sie lieben kräftige Böden und sind leider teilweise etwas anfällig für Pilzkrankheiten.

Die erste Teehybride – die Geburtsstunde der modernen Rosen

Etwa ab der zweiten Hälfte des Jahrhunderts begannen Züchter damit, Remontant-Rosen mit Teerosen zu kreuzen. Auch der französische Züchter Jean-Baptiste Guillot aus Lyon experimentierte mit dieser Kombination und er erzielte einen Sämling, der sich durch eine Reihe positiver Merkmale von den anderen unterschied: Er brillierte mit der be-

Diese Sorte schrieb Geschichte: 'La France' aus dem Hause Guillot gilt als erste Teehybride. Diese Ur-Edelrose löste einen wahren Züchtungsboom aus.

Wenig später entstanden Polyantha- und Floribunda-Sorten, die, in großen Farbflächen gepflanzt, viele Jahre die Gartengestaltung mit Rosen prägten.

gehrten Dauerblüte der Chinarosen, erwies sich aber dennoch als frosthart und überzeugte zudem durch gefälligen Wuchs. Aus hochgebauten, spitzen Knospen öffneten sich große, rosa Blüten, die besonders im Aufgehen ungeheuer vornehm wirkten.

Die erste Edelrose war »geboren« und beendete die Ära der Alten Rosen. Guillot gab ihr den Namen 'La France' und brachte sie 1867 auf den Markt. Damit begann das Zeitalter der modernen Teehybriden, die die Rosenwelt revolutionierten. Alles vorher Dagewesene gehörte fortan zu den Alten Rosen. Der allgemeine Züchtungsboom erhielt noch weiter Vorschub. Es entstanden Tausende neuer Sorten. Alles schien auf einmal möglich. 1875 erschuf das Haus Guillot mit 'Paquerette' die erste Polyantha-Rose. Und schon bald entstanden weitere völlig neue Rosenklassen.

20. Jahrhundert: Von der Edelrosen-Euphorie zur Nostalgiewelle

Öfterblühende Teehybriden – das Maß aller Dinge

Rund um die Welt betrieb man nun moderne Rosenzucht nach wissenschaftlichen Erkenntnissen. Die Zahl der Neuzüchtungen explodierte. Immer mehr bezog man auch bislang ungenutzte Wildarten aus verschiedenen Kontinenten in die Züchtung mit ein, wie *Rosa multiflora, Rosa wichuriana* oder *Rosa rugosa*. Schon im Jahr 1900 kam die erste gelbe, öfterblühende Rose auf den Markt: 'Soleil d'Or'. Zehn Jahre darauf gelang die erste gelbe Teehybride. Der Siegeszug der Edelrosen war nicht mehr aufzuhalten, die Vielfalt wurde

immer größer. Erste geranienrote Sorten, frei von jeder Karminschattierung – unter den Alten Rosen völlig unbekannt –, ließen nicht lange auf sich warten. Zweifarbige Varietäten eroberten den Markt.

Der Aufstieg der Polyantha- und Floribunda-Rosen

Als nach dem Zweiten Weltkrieg Wirtschaft und Wohlstand wieder auf aufsteigendem Ast waren, veränderten sich auch die Ansprüche an den Garten. Der Ziergarten rückte in den Mittelpunkt des Interesses. Breite Gesellschaftsschichten bauten ein Häuschen in der Stadt oder am Stadtrand. Zwangsläufig wurden die dazugehörigen Grundstücke immer kleiner. Die Nachfrage nach kompakt wachsenden Rosen stieg. Durch Einkreuzung von *Rosa multiflora* entstanden büschelblütige Polyantha-Rosen. Sie wurden weitergezüchtet zu Polyantha-Hybriden und Floribunda-Rosen, die in den 50er und 60er Jahren Furore machten. Sie begründeten eine neue Rosenklasse, die man heute unter dem Begriff Beetrosen zusammenfasst.

Neue wissenschaftliche Erkenntnisse

Im Laufe des Jahrhunderts gelangen der Wissenschaft auch große Fortschritte in der Entschlüsselung des genetischen Codes. Dieser vermittelte detailliertere Erkenntnisse über Vererbungsgänge und ermöglichte immer gezieltere Eingriffe. Neuzüchtungen wurden sehr komplex und das Sortiment gleichzeitig riesig und geradezu unüberschaubar. Zigtausend Sorten bescherten eine Vielfalt von nie gekanntem Ausmaß, nicht nur was die Blütenfarben anbelangt, sondern auch Wuchsform und Eigenschaften. So kam man davon ab, das Sortiment nach Stammbaum oder Züchtungslinien zu unterteilen, wie bei den historischen Klassen üblich, sondern ging dazu über, den Verwendungszweck in den Vordergrund zu stellen.
Heute unterteilt man Rosen nach Gruppen: **Kletterrosen, Strauchrosen, Beetrosen, Edelrosen, Bodendeckerrosen** und **Miniaturrosen.** Doch alle Vielfalt und jede einzelne Neuentwicklung geht auf die Arbeit einzelner Züchter zurück. Im Folgenden sollen die wichtigsten Züchterhäuser vorgestellt werden. Einige kann man inzwischen mit Fug und Recht als Rosen-Dynastien bezeichnen, da sie über viele Generationen hinweg immer wieder auf der Arbeit der Vorfahren aufgebaut haben. Rosenzucht erfordert eben einen langen Atem.

Die wichtigsten Züchter

In Frankreich

Nicht zuletzt inspiriert durch Kaiserin Joséphines größte Rosensammlung der Welt, entwickelte sich in Frankreich schon früh das Interesse an der Rosenzucht. Die Fülle des von ihr zusammengetragenen Materials kam ersten Züchtungsversuchen natürlich entgegen. Besonders im 19. Jahrhundert gingen wesentliche Impulse von französischen Züchtern aus.

- **André Dupont** (1756 – 1817), zunächst Direktor des Jardin du Luxembourg in Paris, später leitender Gärtner in Malmaison, widmete sich als Erster der systematischen Sämlingszucht. Seine Rosensammlung umfasste 218 Sorten.
- **Jacques-Louis Descemet** (1761 – 1839) gilt als Erster, der Rosen zu kommerziellen Zwecken zog. Er gründete 1800 eine Rosenschule in St. Denis. 1815 floh er aus poli-

Hinter jeder Sorte steckt ein Züchter – im 20. Jahrhundert wurden die Züchtungsmethoden immer zielgerichteter und präziser.

tischen Gründen ins russische Odessa. Seine Rosenschule ging an Jean-Pierre Vibert über.

- **Jean-Pierre Vibert** (1777 – 1866) wurde zu einem der erfolgreichsten Rosenzüchter aller Zeiten. Mehr als 600 Sorten führte er 1900 und viele davon sind heute noch erhältlich. Er züchtete vor allem mit Gallica-, Moos-, Portland- und Noisette-Sorten, kreuzte bereits Gallica-Rosen mit Chinarosen und nahm alle in Frankreich bekannten Rosen in sein Sortiment auf. Später verlagerte er seine Rosenschule nach Angers. 1850 überließ er sie seinem Mitarbeiter Robert.
- **Jean Laffay** (1795 – 1878) war einer der Ersten, der sich auf die Züchtung öfterblühender Klassen spezialisierte. Er besaß eine Baumschule in Belleville-Meudon und arbeitete mit großen Massen an Zufallssämlingen, die er dann gezielt selektierte. Fast 400 Remontant-Rosen schenkte er der Rosenwelt.
- **Julien-Alexandre Hardy** (1786 – 1876) wirkte als Gartendirektor des Palais du Luxembourg in Paris und machte die dortige Rosensammlung zum berühmtesten Rosarium Europas. Er widmete sich zeitgleich mit Laffay der Entwicklung öfterblühender Sorten und brachte knapp 90 Neuentwicklungen in den Handel. 1832 benannte er mit 'Madame Hardy' eine der schönsten weißen Rosen nach seiner Frau. Die Sorte ist heute noch beliebt und stark nachgefragt.
- **Jean-Baptiste Guillot** (1827 – 1893) schrieb Rosengeschichte! Ihm gelang 1867 mit 'La France' die erste Teehybride, die erste moderne Edelrose. 1849 übernahm er die von seinem gleichnamigen Vater 1826 gegründete Gärtnerei in Lyon. Er entwickelte die Okulation als Methode der Rosenvermehrung, die noch heute weltweit angewendet wird. 1852 eröffnete er eine eigene Firma »Guillot Fils« und brachte mit 'Paquerette' die erste Polyantha-Rose heraus. Das Unternehmen ist noch heute in Familienbesitz und züchterisch erfolgreich tätig.
- **Joseph Pernet-Ducher** kreuzte in seiner Rosenzucht in Lyon die gelb blühende, gefüllte Variante der Fuchsrose *R. foetida persiana* mit Remontant-Rosen und erzielte 1900 mit 'Soleil d'Or' die erste gelbe Strauchrose. Auf sie gehen fast alle gelben Rosensorten zurück. Zehn Jahre später gelang die erste gelbe Edelrose.
- **René Barbier** (1845 – 1931) experimentierte Anfang des 20. Jahrhunderts in Orléans mit der kletternden Wildrose *Rosa wichuriana* var. *luciae* und erhielt bezaubernde Rambler, z. B. 'Alberic Barbier', die noch heute beliebt und in aller Welt bekannt sind.
- **Firma Meilland:** Francis Meilland setzte die Arbeit von Pernet-Ducher fort. Er führte nach dem Zweiten Weltkrieg zweifarbige Teehybriden ein. Zunächst züchtete er in der Nähe von Lyon seine später weltberühmte und nach seiner Mutter benannte Sorte 'Mme Antoine Meilland'. Sie kam bedingt durch die Wirren des Zweiten Weltkriegs in verschiedenen Ländern unter verschiedenen Namen auf den Markt: 'Gioia' in Italien, 'Peace' in Amerika und 'Gloria Dei' in Deutschland. Sie wurde mit mehr als 100 Millionen Exemplaren zur weltweit meistverkauften Rose aller Zeiten. Von den Patenteinnahmen gründete Meilland eine Rosenschule in Antibes, die noch heute besteht und züchterisch hochaktiv und erfolgreich arbeitet. In Deutschland hat seit 1951 die Firma **Strobel** (heute BKN Strobel) die Generalvertretung für Meilland-Rosen.

In Deutschland

Hierzulande startete die Rosenzucht etwas verhaltener. Zwar gab es auch schon frühe Ansätze, richtig Bewegung und Begeisterung kam aber erst nach Mitte des 19. Jahrhunderts in die Rosenszene.

- **Daniel August Schwarzkopf**, Hofgärtner des Landgrafen Friedrich II. von Hessen, auf Schloss Weißenstein bei Kassel-Wilhelmshöhe, zeichnet verantwortlich für die älteste deutsche Rosenzüchtung. 1773 selektierte er die 'Perle von Weißenstein' aus Sämlingsaussaaten heraus.
- **Karl August Freundlich** arbeitete als Hofgärtner in Zarskoje-Selo, dem Sommersitz des Zaren in der Nähe von St. Petersburg. Er zog Sämlinge von *Rosa spinosissima* (früher: *R. pimpinellifolia)*, die sich durch außerordentliche Winterhärte auszeichneten.
- **Rudolf Geschwind** (1829 – 1910), ein Förster in der österreich-ungarischen Monarchie, legte mit einem Buch das Fundament zur modernen Rosenzucht in Deutschland. Er war jedoch auch Praktiker und züchtete im böhmischen Kurort Teplitz, später Karpona, gesunde, winterharte Wildrosenabkömmlinge. Nach seinem Tode erwarb **Gräfin Marie Henriette Chotek** seine Rosensammlung und verpflanzte sie nach Dolna Krupa.

Rudolf Geschwind züchtete im 19. Jahrhundert im böhmischen Teplitz aus verschiedenen Wildrosen ausgesprochen winterharte neue Rosensorten.

Sie brachte ab 1929 einige seiner Züchtungen auf den Markt.

- **Peter Lambert** (1859 – 1939), in eine traditionsreiche Trierer Gärtnerfamilie geboren, absolvierte eine solide Ausbildung in in- und ausländischen Rosenschulen und stieg danach in den väterlichen Betrieb Lambert & Reiter ein. 1891 feierte er seinen ersten großen Erfolg mit der rahmweißen Teehybride 'Kaiserin Auguste Viktoria' und gründete eine eigene Baumschule. Seine »Drei Grazien«, einmalblühende Kletterrosen, brachten neue Farben ins Sortiment. Aus der gelben 'Aglaia' entstand durch Selbstbefruchtung die Strauchrose 'Trier', die zur Stammmutter einer neuen Rosenklasse wurde. Ein britischer Geistlicher, Reverend Pemberton, damals Vizepräsident der National Rose Society, begann ebenfalls mit der Sorte zu züchten. So entstanden die Lambertiana-Pemberton-Rosen, die besser unter der Bezeichnung Moschata-Hybriden bekannt sind. Sie zeichnen sich durch betörenden Duft, büschelige Blütenstände und zarte Pastellfarben aus. Sie sind robust, regenerationsfreudig und starkwüchsig.
- **Firma Schultheis:** Gilt als Deutschlands älteste Rosenschule und wurde 1868 von den Gebrüdern Heinrich, Conrad und Wilhelm Schultheis in Steinfurth gestartet. Schon zehn Jahre später führte der Betrieb 1495 verschiedene Rosensorten und vermehrte Stückzahlen zu Hunderttausenden, die in alle Welt exportiert wurden. Heute leitet Heinrich Walter Schultheis in vierter Generation das Unternehmen. Er hat sich besonders um die Wiedereinführung alter, fast vergessener Sorten verdient gemacht und führt eines der größten Sortimente an historischen Rosen, mit denen er auch weiter züchtet und neue romantische Varietäten schafft.

Peter Lambert ist »Vater« der Strauchrose 'Trier', aus der die heute noch beliebten Moschata-Hybriden hervorgingen.

Wilhelm Kordes II., Sohn des gleichnamigen Firmengründers, gelangen im 20. Jahrhundert viele Neuzüchtungen, die zu Klassikern avancierten.

- **Firma Kordes' Söhne:** 1887 gründete Wilhelm Kordes I. in der Nähe von Elmshorn eine Gärtnerei und spezialisierte sich schon bald auf die Rosenanzucht. Weltberühmt wurde der Betrieb unter der Leitung seiner Söhne Wilhelm II. und Hermann. Sie brachten spektakuläre Neuzüchtungen auf den Markt, etwa 1950 die erste orangerote Floribunda-Sorte 'Kordes' Sondermeldung'. Einer ganzen Gruppe gaben sie ihren Namen: den frostharten, öfterblühenden Strauch- und Kletterrosen *Rosa × kordesii*. Viele Strauchrosen entstanden im Hause und etliche entwickelten sich zu Klassikern, etwa 'Lichtkönigin Lucia', 'Schneewittchen' oder die romantische 'Raubritter'. Heute ist das Unternehmen in vierter Generation in Familienhand und setzt die Rosenzüchtung erfolgreich fort.
- **Firma Tantau:** 1906 gründete Mathias Tantau in Uetersen eine Baumschule und konzentrierte sich schon bald auf die Rosenzucht. Eigene Neuentwicklungen

Mathias Tantau sen. gründete vor fast 100 Jahren eine Rosenbaumschule, die zahlreiche neue Sorten, vor allem Edelrosen, auf den Markt brachte.

machten ihn bald bekannt und geschätzt. Ab 1953 setzte Sohn Mathias die Arbeit fort. Viele duftende Edelrosen stammen aus dem Hause Tantau. 1985 ging der Betrieb an den langjährigen Mitarbeiter Hans Jürgen Evers über.

- **Firma Noack:** Werner Noack gilt als der Newcomer und Senkrechtstarter der deutschen Rosenzüchtung. 1953 gründete er in Gütersloh seinen Gärtnereibetrieb und begann vier Jahre später mit der Rosenzucht. Er legte von Anfang an seinen Schwerpunkt auf Gesundheit, Widerstandsfähigkeit und Winterhärte und verzichtete daher konsequent auf den Einsatz von Fungiziden auf seinen Selektionsfeldern. 1978 erschien sein erster Katalog. Seither schlagen seine Züchtungen bei den jährlichen ADR-Rosenprüfungen alle Rekorde. Inzwischen leitet Sohn Reinhard den Betrieb.

In anderen europäischen Ländern

Auch in den übrigen Ländern Europas ging die Rosenzüchtung voran. In Luxemburg brachte es die Firma **Soupert & Notting** schon Mitte des 19. Jahrhunderts mit zahlreichen Neuzüchtungen zu weltweitem Ruhm. In Italien florierte im 20. Jahrhundert der Schnitt-Rosenanbau.

Großbritannien verfügte durch seine zahlreichen Kolonien über hervorragende Handelsverbindungen in alle Welt und saß deshalb an der Quelle, wenn es um die Einfuhr neuer Pflanzen ging. Dies beflügelte die Züchter einerseits, andererseits entwickelten sich »Exoten« im englischen Klima nicht immer so, dass erfolgreiche Züchtung leicht fiel. Anfang des 19. Jahrhunderts entstanden in Schottland die bezaubernden Ayrshire-Rosen aus *Rosa arvensis* und *R. spinosissima* (früher: *R. pimpinellifolia)*. Auch viele frühe Moosrosen stammen aus Großbritannien.

William Paul führte seit 1820 in Cheshunt eine weltberühmte Rosenschule. Geschichte schrieb jedoch **Henry Bennett** (1823 – 1890), der die

David Austin vollzog als erster die Trendwende weg von der im 20. Jahrhundert so beliebten Edelrosenform zurück zu den üppigen Schalenblüten.

Grundsätze der Vererbungslehre von der Viehzucht auf die Rosenzucht übertrug. Ab 1863 widmete er sich der Rosenzucht: Ihm gelangen Aufsehen erregende Neuheiten wie 'Mrs. John Laing' und später auch Teehybriden. **John Harkness** (1914 – 1994) avancierte zu einem der erfolgreichsten britischen Züchter des Jahrhunderts. Seine Sorten wurden mit zahlreichen Auszeichnungen prämiert.

Trendwende – die »neuen Alten Rosen«

Unbestritten bedeutete die Entwicklung der öfterblühenden Teehybriden einen Meilenstein in der Rosenzüchtung. Die Dauerblüte während der ganzen Saison stellt eine wertvolle Bereicherung der Gärten dar. Die charakteristische Blütenform der Edelrosen, die hochgebauten, spitzen Knospen, wurden vorübergehend zum Sinnbild für die Rose schlechthin und machten sie zu einer der beliebtesten Schnittblumen. Auch die neuen Wuchsformen und das glänzende Laub der modernen Züchtungen wurden zunächst zu Recht als attraktive Fortentwicklung empfunden. Allerdings übersah man in der Euphorie über die vermeintlichen Vorteile zu lange, dass damit auch erhebliche Nachteile einhergingen. So hatte sich über die zahlreichen Züchtungsgenerationen der einstmals sprichwörtliche Duft der Rosen buchstäblich verflüchtigt. Dieses bezaubernde Merkmal wird rezessiv vererbt (siehe Seite 19) und ging in der Fülle der zunehmend duftfreien Elternsorten schnell verloren. An vielen Modernen Rosen schnuppert man deshalb vergeblich. Zum anderen erwies sich das attraktive Laub der Teehybriden häufig als ausgesprochen empfindlich gegenüber Pilzkrankheiten und das Holz als wenig frostresistent. Dieses Erbe der Chinarosen machte der Rosenwelt zunehmend zu schaffen. Ohne mehrfache Fungizid-Spritzungen, gegen Mehltau, Sternrußtau oder Rosenrost, schien Rosenkultur gar nicht mehr möglich. Ein Zustand, der nicht nur manchen Hobbygärtner von der pflegeintensiven Rosenkultur abschreckte, auch die Züchter sahen die Notwendigkeit zum Gegensteuern.

Die Einführung des ADR-Siegels

So entschloss man sich 1950, vor allem auf Anregung von Wilhelm Kordes, die ADR-Auszeichnung einzuführen. Das Kürzel steht für »Anerkannte Deutsche Rose« und wird nur an Züchtungen vergeben, die sich in elf verschiedenen Prüfungsgärten, die über ganz Deutschland verteilt sind, über mehr als drei Jahre auch ohne den Einsatz von Pflanzenschutzmitteln als gesund und pflegeleicht erweisen. Frosthärte, Blühverhalten und Zierwert fließen in die Bewertung ebenso mit ein. Die ADR-Prüfung gilt als härteste Rosenprüfung der Welt. Bis heute haben von rund 1500 Sorten, die an der Prüfung teilnahmen, nur 115 das Prädikat erhalten.

Neuer alter Charme

Aber es gab nach rund 100 Jahren Teehybriden-Euphorie auch Rosenkenner, die sich wieder an den natürlichen Charme der Alten europäischen Gartenrosen und ihrer Abkömmlinge erinnerten. Nicht nur ihrer Robustheit wegen, sondern auch wegen ihrer romantischen Ausstrahlung: den stark gefüllten, flachen Blütenschalen, dem besonderen Farbspektrum und ihrem betörenden Duft. Hinzu kam ein anderes Gartenverständnis und die allgemein einsetzende Nostalgiewelle. So erlebten die historischen Rosensorten in der zweiten Hälfte des 20. Jahrhunderts eine überwältigende Renaissance, vor allem bei Hobby- und Liebhabergärtnern. Aber auch die Züchter begannen wieder bewusst mit alten Sorten zu arbeiten. Sie verfolgten das Ziel, die Vorzüge der Alten mit der Öfterblütigkeit der Modernen zu verbinden. Wobei sie diesmal mindestens ebenso großen Wert auf Gesundheit und Robustheit legten.

Die »Englischen Rosen« des David Austin

Der erste, der mit dieser Arbeit schon in den 60er Jahren begann und bereits in den 70er und 80er Jahren triumphale Erfolge feierte, war der Engländer David Austin. Er kreuzte Moderne Strauchrosen mit alten Sorten zurück und schuf ein ansehnliches Sortiment hinreißend nostalgischer, duftender Rosen, die dennoch die begehrte Eigenschaft der Öfterblütigkeit mitbringen. Sie erweitern das Farbspektrum der alten Sorten um hinreißende neue Töne wie Apricot, Lachs und Blutrot und werden heute als »Englische Rosen« gehandelt. Nicht umsonst haben die Neuschöpfungen innerhalb kurzer Zeit viele Anhänger gefunden, wobei jedoch nicht alle im mitteleuropäischen Klima so problemlos wachsen wie auf der wintermilden Mutterinsel.

Die ersten »neuen« Alten Rosen waren die Sorten von David Austin, die als Englische Rosen nostalgisches Flair in die Gärten brachten; hier 'Gertrude Jekyll'.

»Neue« Alte Rosen – romantische Formen verschiedenster Züchter

Nachfolgend in Kürze die wichtigsten Züchter, Anbieter und Nostalgie-Kollektionen der »neuen« Alten Rosen:

Rosenhof Schultheis: Führt eines der größten Angebote an Alten und modernen romantischen Rosen, kreierte aber auch eigene nostalgische Neuzüchtungen, wie 'Félidaé'.

Rosen Jensen: Ebenfalls eine der ersten Adressen für Alte sowie für Englische Rosen und eigene Romantikzüchtungen wie 'Brigitte von Boch'.

Märchen Rosen®

Die Märchen-Rosen-Kollektion gibt es bei Kordes seit 2002. Sie fasst Neuzüchtungen aus den Gruppen Strauch-, Edel-, Beet- und Kletterrosen zusammen, die sich durch besonders nostalgisches Flair und große Robustheit auszeichnen. Sie wird jedes Jahr um neue Sorten erweitert.

Nostalgie®·Rosen
Romantische Highlights von Rosen Tantau

»Nostalgische Blütenträume« nennt Züchter Tantau sein Romantik-Sortiment. Stark gefüllte Blüten, intensiver Duft und Öfterblütigkeit sind die Voraussetzungen zur Aufnahme in den erlesenen Kreis. Neben bewährten modernen und einigen englischen Sorten findet man hier vor allem Neuschöpfungen aus dem eigenen Haus, meist mit Edelrosencharakter.

Old Master® Rosen

»Old-Master-Rosen« bietet die Rosen-Union den Fans nostalgischer Qualitäten. Sorten verschiedener Herkunft werden unter diesem »Label« angeboten, die in Blütenform und Farben den Alten Rosen ähneln.

Ruf-Bioland-Rosen bietet Alte, Englische und Moderne romantische Rosen aus Bioland-Anbau. Alle Rosenpflanzen werden nach den Richtlinien des kontrollierten ökologischen Landbaus angezogen.

Rosengärtnerei Kalbus hat sich mit ihrem Nostalgie-Sortiment bundesweit einen Namen gemacht. Zwar gibt es keine hauseigenen Züchtungen, aber es werden über 800 alte Rosensorten, Englische Rosen und moderne Romantiksorten angeboten. Darunter auch die neuesten Nostalgie-Kreationen aus Frankreich von Delbard und Guillot. Für die *Rosa-generosa*-Linie hat die Firma Kalbus seit 2004 sogar die Generalvertretung für Deutschland für Vermehrung und Vertrieb.

Rosa generosa oder »Les nouvelles Roses Anciennes« heißt die neueste, aber bezaubernd altmodische Linie aus dem Erfolgshaus Guillot. Die jetzigen Betriebsinhaber Jean-Pierre und Jean-Marc Guillot betreiben das Familienunternehmen heute in sechster Generation. Aus wieder zusammengetragenen alten, hauseigenen Sorten des Traditionsbetriebes – immerhin über 200 – und einigen wertvollen anderen kreuzte man neue Rosen. Diese bieten alles, was Romantiker begehren: Duft, nostalgische Blüten, ein herrliches Farbspektrum und eine gute Gesundheit.

Delbard

Delbard-Rosen: 1954 begann Georges Delbard in Frankreich mit der Zucht von eigenen Rosen. Er schuf Klassiker wie 'Centenaire de Loudes' und 'Grand Siècle'. Heute bietet der Familienbetrieb, unter der Leitung von Henri Delbard, europaweit herrlich romantische Neuzüchtungen an, vor allem in der Kollektion 'Souvenir d'Amour'. Die Sorten der Reihe 'Roses des Peintres' erinnern mit ihren lebhaften Farbmustern an impressionistische Gemälde.

Romantica® Rosen

Romantica-Rosen nennt die Firma Meilland ihre nostalgischen Neuzüchtungen, die sie seit den 80er und 90er Jahren auf den Markt bringt. Sie sind beinahe noch bezaubernder als die echten Alten! Auch in der Kollektion »Farbfestival« und »Duftrosen der Provence« gibt es sehr romantisch anmutende Varietäten.

David Austin® Roses

Austin-Rosen oder auch »Englische Rosen« waren die Vorreiter in puncto moderne Romantikrosen. Die herrlich nostalgischen Neuzüchtungen aus England haben sich inzwischen auch auf dem Kontinent auf breiter Front durchgesetzt. Sie sind in fast allen gut sortierten Baumschulen, Gärtnereien und Gartencentern erhältlich.

Gartengestaltung mit Alten Rosen

Die Rose lässt Gartenträume wahr werden. Nicht umsonst nennt man sie die Königin der Blumen. Mit ihren dicht gefüllten Blüten, die in Hülle und Fülle erscheinen, eröffnen sie in jedem Garten märchenhafte Perspektiven. Die umfangreiche Palette der Sorten stellt sicher, dass für jeden Geschmack, für jeden Garten und für die unterschiedlichsten Verwendungszwecke das Richtige dabei ist. Die Vielfalt an Farben, Größen und Wuchsformen der Alten Rosen erfuhr durch die neuen Nostalgiesorten noch einmal eine wertvolle Bereicherung und lässt heute kaum Gestaltungswünsche offen.

Die richtige Rose für den richtigen Platz

Ein paar grundsätzliche Gedanken sollte man sich in der Planungsphase machen, damit die Gestaltung gelingt. Berücksichtigen Sie zum Beispiel den **Blührhythmus** der einzelnen Sorten. An exponierten Stellen im Garten, wie dem Eingangsbereich, an der Terrasse oder im Vorgarten, die für möglichst lange Zeit in der Saison eine gute Figur machen sollen, empfehlen sich natürlich öfterblühende Sorten. Während an anderen Plätzen, etwa in der Rabatte, die zwar einmalige, dafür aber umso üppigere, hochsommerliche Blütenfülle der Alten Rosen mehr überzeugt. Vor allem bestimmen aber die Merkmale **Wuchsform und Blütenfarbe** die Wahl der »richtigen Rose« für den jeweils beabsichtigten Gestaltungszweck. Wie hoch und wie breit wird die Sorte? Welche Wirkung erzielt ihr Gesamterscheinungsbild? Wuchtig oder filigran, weich überhängend oder straff aufrecht? Wie fügt sich die Blütenfarbe in die Umgebung ein und welche Effekte hat das auf den Garten? Diesen Fragen widmet sich dieses Kapitel. Damit eng verknüpft ist die Frage des **Gartenstils:** Zwischen naturnah und barock liegen architektonische Welten, dennoch ist jeder eine Rose gewachsen.

Wuchsformen für jede Gartensituation

Märchenhafte Gartenräume mit Kletterrosen

Sie lassen einem die Blüten buchstäblich über den Kopf wachsen und hängen den Himmel voller Rosen: Doch nicht nur wegen ihres zauberhaften Flairs und der buchstäblich überragenden Wirkung werden Kletterrosen immer beliebter. Ihre bescheidenen Platzansprüche favorisieren sie für moderne kleine Gärten. Sie beanspruchen wenig Fußraum, entfalten dafür aber in der Senkrech-

Die Kombination mit Stauden und anderen Pflanzen hebt die »Königin« in ihrer Wirkung. Links: 'Tricolore de Flandre', rechts: 'Leonardo da Vinci' mit Hofstaat.

Ein Weg ins Reich der Illusion: 'Königin von Dänemark' am Bogen erweitert mit Hilfe eines Spiegels den Garten um zusätzliche Perspektiven.

Der wüchsige Senkrechtstarter 'Alchymist' verleiht dem Laternenpfosten romantischen Charme und sorgt zugleich für Höhenstruktur im Garten.

ten umso mehr Pracht und Schönheit. Ein Pflanzloch von 40 mal 40 Zentimetern genügt, um mehrere Quadratmeter Wand, Zaun oder Pergola zu begrünen. Die blühenden Himmelsstürmer erschließen die Vertikale und erweitern damit auch den kleinsten Reihenhausgarten um eine zusätzliche Dimension.

Zwei Typen

Man unterteilt Kletterrosen in zwei verschiedene Typen. **Kletterer,** oft auch englisch Climber genannt, bilden relativ steife, aufrechte Triebe, ähnlich wie starke Strauchrosen, nur werden sie länger. Je nach Sorte erreichen sie zwei bis vier Meter Höhe. Die Bezeichnung Kletterrose ist dabei etwas irreführend, denn die sparrigen Zweige winden sich nicht von selbst in die Höhe, wie das etwa Blauregen, Clematis oder andere Klettergehölze tun. Rosen gehören botanisch zu den so genannten Spreizklimmern. Sie besitzen weder Haft- noch Schlingorgane. Man muss sie an einer Kletterhilfe festbinden und sie auf ihrem Weg nach oben manuell anleiten. Unter den Alten Rosen ist dieser Typus häufig. Oft sind die Übergänge sogar fließend, das heißt, manche historische Sorte entwickelt sich im freien Stand als Strauch, findet sie jedoch an einer Stütze Halt, lässt sie ihre Äste auch weiter streifen. Es gibt neben einmalblühenden Varietäten auch viele moderne, öfterblühende Kletterer, darunter inzwischen auch etliche mit nostalgischer Blütenform.

Den zweiten Typus kennzeichnen dünne, weiche, sehr biegsame Triebe, die ein enormes Längenwachstum an den Tag legen. Bis zu zehn Meter erreichen sie bei einigen Sorten und können damit auch größere Flächen bedecken. Man fasst sie unter der Bezeichnung Schlingrosen oder englisch **Rambler** zusammen. Auch sie brauchen eine Rankhilfe. Besonders malerisch verschönern sie die lichten Kronen alter Bäume. Ihre langen, bestachelten Triebe verhaken sich dabei in Rinde und Geäst und finden so ausreichend Halt, um sich von alleine nach oben zu hangeln. Die meisten blühen nur einmal, schmücken sich dafür aber oft mit ganzen Büscheln aus mehreren kleinen bis mittelgroßen Einzelblüten.

Optische Raumteiler – Bögen, Pfosten, Obelisken

Mit den rosigen Senkrechtstartern lassen sich im Garten dekorative Akzente setzen. Zum einen können sie langweilige oder gar störende Pfosten, etwa von Carports oder Laternen, in optische Highlights umwandeln. Zum anderen verleiht ein bewusst platzierter Obelisk einem Beet oder einer Grünfläche einen »Blütenhöhepunkt«, der zugleich Blickachsen festlegt und die Aufmerksamkeit lenkt. Rosenbögen sind nicht nur ein zauberhafter Willkommensgruß über der Eingangspforte, sie können auch den Garten in verschiedene Räume unterteilen. Wie durch eine Tür betritt man verschieden gestaltete Bereiche, die dadurch eine optische Trennung erfahren, ohne wirklich streng abgegrenzt zu sein. So kann man den Nutzgarten vom Ziergarten, den Sitzplatz vom Rasen, die Terrasse vom Teich abheben. Zugleich wecken die blütenbeladenen Tore, die durch ihre Höhe den freien Ausblick versperren, die Neugier auf die verheißungsvollen Reiche, die dahinter liegen mögen, und sorgen so für Spannung im Garten.

Mit Rosen berankt

An Säulen, Obelisken und Rosenbögen ranken am besten Kletterer empor. Ihr begrenztes Höhenwachstum ist prädestiniert für solche Zwecke, während Rambler bei solch geringen Höhen schnell außer Kontrolle geraten. Gut eignen sich von den Alten Rosen z.B. 'Cardinal de Richelieu', 'Coupe de Hebe', 'Mme Hardy' oder 'Fantin Latour', von den modernen Romantiksorten machen hier etwa 'Elfe' oder 'Papi Delbard' eine gute Figur. Achten Sie darauf, bereits von unten weg einige Triebe waagerecht zu binden. Sie setzen mehr Blüten an und verleihen auch dem unteren Drittel Farbe.

Dornröschenwände – mehr als nur Fassade

Kletterrosen beschränken ihren Eroberungsdrang aber nicht nur auf die Senkrechte. Bezaubernde Effekte erzielt man auch mit waagerecht gezogenen, beziehungsweise geschwungenen Rosen-Girlanden, etwa vor Hausmauern, am Zaun entlang oder als Einfassung. An stabilen Drahtseilen lassen sie ihre Triebe horizontal entlangwandern und bilden dabei besonders viele Blüten.

Wer langweiligen Mauern oder tristen Garagenwänden ein märchenhaft verwunschenes Outfit geben möchte, kann Rosen auch zur Fassadenverschönerung einsetzen. Damit der blühende Vorhang nicht gleich so undurchdringlich wird wie Dornröschens Schloss, wählt man auch dafür eher Klettersorten. Schließlich muss man die Triebe immer wieder am Gerüst festbinden, und dazu müssen sie von der Höhe her noch erreichbar sein. Ideal für den Einsatz von Rosen als »Mauerblümchen« erweisen sich Südost- und Südwestwände. Sie bieten genügend Sonne und Wärme, um Blütenreichtum und eine gute Entwicklung zu garantieren. Achten Sie darauf, dass zwischen Rankgerüst und Wand ein Abstand von mindestens 20 Zentimetern bleibt. Denn Rosen werden alt und bilden im Lauf der Zeit dicke Äste. Vor allem aber muss noch eine gute Luftzirkulation gewährleistet

Ein rosiges Zimmer im Freien lädt ein zum Niederlassen und Entspannen. 'Constance Spry' bildet am Bogen die Pforte, 'Isphahan' die »Wand«.

sein, sonst wird die Königin anfällig für Pilzkrankheiten (siehe Seite 155). Aus diesem Grund sollte man auch reine Südwände meiden. Hier bilden sich oft, vor allem in den Mittagsstunden, sengende Hitzestaus, die Mehltau, aber auch Schädlinge wie die Rote Spinne geradezu einladen.
Nordwände oder beschattete Mauern sind für die Sonnenanbeterin Rose natürlich ebenso wenig ideal. Die meisten Sorten kümmern dort oder geizen zumindest mit Blüten. Ausnahmen bestätigen die Regel: Einige wenige Spezialisten überzeugen hier mit voller Prachtentfaltung, etwa die weiße 'Mme Alfred Carrière', die gleichfarbige 'Mme Plantier' oder die rosafarbene 'Louise Odier' (siehe auch Seite 144).

Berücksichtigen Sie bei der Sortenwahl auch den Zusammenklang von Wandanstrich und Blütenfarbe. Gelungen wirken Ton-in-Ton-Harmonien, etwa Apricot vor Klinkermauern oder bernsteingelbe Blüten vor hellgelber Fassade.

Mauern mit Rosen begrünen
Setzen Sie die Pflanzen 30 bis 50 cm von der Mauer entfernt und leicht schräg zu ihr geneigt ein. So finden sie gleich die richtige Richtung. Die Kletterhilfe muss fest in der Wand verankert sein. Binden Sie die Rosentriebe fächerförmig daran auf. Auch hier gilt: Stets einige Triebe waagerecht ziehen. Das fördert reichlichen Blütenansatz.

Blühende Zimmer – Lauben, Pergolen, Pavillons

Lauschige Schlupfwinkel mit paradiesischer Atmosphäre entstehen, wenn Rosen nicht nur Wände, sondern auch noch Dächer bilden. Rosenberankte Lauben und Pavillons werden schnell zum Lieblingszimmer im Freien. Ein Zufluchtsort, an den man sich gern zurückzieht, ob allein oder zu zweit. Mit duftenden Sorten kann man unter der Blütenkuppel himmlischen Träumen nachhängen und Stress und Ärger beim Eintreten einfach abstreifen. Am Ende von Wegen oder Blickachsen kommen die Rosenkuppeln besonders gut zur Geltung und werden zu einem wichtigen architektonischen Element aufgewertet. Damit eine einigermaßen geschlossene Raumwirkung entsteht,

'Mme Alfred Carrière' beschirmt hier als frei stehender Strauch einen idyllischen Schlupfwinkel. Sie begrünt aber auch kletternd ganze Hauswände.

sollte man für diese Zwecke auf starkwüchsige Sorten wie 'Zéphirine Drouhin' oder 'Gloire de Dijon', oder auf Rambler zurückgreifen, wie 'Desprez à Fleur Jaune', 'Raubritter' oder 'Alchymist'. Das Gleiche gilt auch für Pergolen an Terrassen, die einen Rosenhimmel tragen sollen. Sie können auf sehr harmonische Weise einen Übergang zwischen Haus und Garten herstellen und erweitern quasi das Wohnzimmer ins Grüne hinein.

Stabile Gerüste

Zu welchen Formen oder Flächen auch immer Sie Ihre Kletterrosen ziehen, geben Sie ihnen eine stabile Stütze! Rosen werden viele Jahre, sogar Jahrzehnte, alt und entwickeln im Lauf der Zeit auch reichlich Holz. Dieses Gewicht ist nicht zu unterschätzen. Deshalb gilt für alle Kletterhilfen: Sie müssen dauerhaft haltbar und tragfähig sein. Diese Materialkriterien erfüllen Metall und Holz am besten. Ersteres sollte jedoch beschichtet oder ummantelt sein. Das dient zum einen dem Korrosionsschutz und verlängert damit die Haltbarkeit, zum anderen schont es die Pflanzentriebe und schützt vor Verletzungen. Holz sollte, um nicht allzu schnell zu verwittern, in jedem Fall kesseldruckimprägniert sein. Dann kann es mehr als 20 Jahre lang seine Aufgabe erfüllen. Man sollte allerdings Holz-Boden-Kontakt vermeiden. Bei fertigen Bausätzen sind aus diesem Grund in der Regel »Metallfüße« dabei. Der Fachhandel bietet zahlreiche vorgefertigte Rankhilfen in vielen Formen und Stilrichtungen an, von klassisch bis verspielt, von rustikal bis elegant. Hier entscheidet der persönliche Geschmack sowie Stil und Ambiente des gesamten Gartens.

Ein Himmel voller Rosen: Dieser blühende Pavillon ist fast so schön wie Dornröschens Schloss, nur luftiger. Damit das Ganze auch stürmischen Tagen trotzt, ist auf eine gute Verankerung im Boden zu achten.

Die Verankerung im Boden und in der Wand

Natürlich ist jedes Gerüst nur so stabil wie seine Verankerung. Berankte Kletterhilfen sind nicht zu unterschätzenden Windbelastungen ausgesetzt, besonders im Sommer in vollbelaubtem Zustand. Versenken Sie frei stehende Gerüste deshalb mindestens einen halben Meter tief in den Boden oder setzen Sie sie auf kleine Fundamente. Rankgitter für die Hauswand dürfen nur an tragenden Wänden angebracht werden, nicht etwa an Verkleidungen oder wärmeisolierenden Außenschichten. Sie müssen an mehreren Stellen tief verdübelt werden. Das Gleiche gilt für die Verbindung von Pergolen mit der Hausmauer. Mit wie vielen Pflanzen man eine Rankhilfe bepflanzt und in welchen Abständen, hängt von der Wüchsigkeit der Sorte ab. In jedem Fall dauert es rund drei Jahre, bis Kletterrosen einen guten Aufbau entwickelt und ihre volle Höhe erreicht haben.

Dekorative Seilschaften – kletternde Begleiter

Welcher Gipfelstürmer klettert schon gern allein? Eine harmonische Begleitung steigert meistens den Genuss. Wo immer die Königin der Blumen die Senkrechte erobert, kann man ihr natürlich einen Hofstaat aus Stauden und Sommerblumen zu Füßen legen (siehe Seite 43 ff.), der ihre Wirkung noch intensiviert. Aber auch ihren Aufstieg braucht sie nicht solo zu bestreiten. Häufig stehen ihr kletternde Partner gut zu Gesicht.

Märchenhafte Fassade aus der gelben 'Buff Beauty' und der weißen Clematis 'Mme le Coultre'.

Romantische Kombination in Rosa: 'Eden Rose' und die leuchtkräftige Clematis 'Cardinal Wyszynski'.

Rosen & Clematis

Zum Klassiker avancierte das Duett **Rose und Clematis.** Sie bilden ein ideales Team etwa an Rosenbögen oder Zäunen, denn sie teilen die gleichen Ansprüche an einen tiefgründigen Boden und eine gute Nährstoffversorgung. Die Clematis steht zwar mit dem Fuß gerne im Schatten – diesen Wunsch kann man ihr beispielsweise durch Vorpflanzen von Stauden erfüllen – ihr Kopf liebt jedoch, wie die Rose, sonnige Lagen. Je nach Sortenkombination kommen sie gemeinsam zur Blüte, können sich aber auch wirkungsvoll ergänzen. Ihnen gelingen atemberaubende Farbkompositionen, denn Clematis gibt es in zahlreichen Farbnuancen. Ihre Vielfalt erlaubt Ton-in-Ton-Harmonien ebenso wie starke Kontraste. Insbesondere die breite Palette an blauen und violetten Clematis-Sorten, wie 'Étoile Violette', 'Gipsy Queen' oder 'The President', prädestiniert sie zur idealen Rosenergänzung.

Kletter-Kombinationen

Es gibt jedoch noch weitere attraktive Kletterpartner. So wetteifern zum Beispiel einige **Geißblatt-Arten** *(Lonicera)* mit den Rosen um das intensivste Parfum. Aber auch einjährige Kletterer, wie die leuchtend blaue **Prunkwinde** *(Ipomoea tricolor)*, die mühelos zwei bis drei Meter erklimmt, leisten z. B. an Rosenbögen durchaus ebenbürtige Gesellschaft. Etwas schwachwüchsiger kletternde Sommerblüher, wie Duftwicken *(Lathyrus odoratus)*, Braunäugige Susanne *(Thunbergia alata)* oder Kapuzinerkresse *(Tropaeolum)*, verdecken geschickt den häufig etwas mager belaubten Basisbereich der Kletterrosen. Weiterer Vorteil der Einjährigen: Sie gedeihen prima im Topf und entfalten ihr volles Potenzial vor allem an Rosenbögen oder Pergolen, die auf einer Seite auf bepflastertem Terrain stehen.

TIPP

Der himmlische Blauregen *(Wisteria sinensis)* kann eine Rosenpergola bereichern, da er schon im Mai die Blütensaison eröffnet. Man sollte das starkwüchsige, äußerst vitale Gehölz jedoch in ein eigenes Pflanzloch auf eine andere Seite setzen, damit es keine Konkurrenzprobleme gibt.

Nostalgische Kletterrosen

- **Alte Rosen:** 'Blush Noisette', 'Climbing Souvenir de la Malmaison', 'Desprez à Fleurs Jaune', 'Fantin Latour', 'Félicité et Perpetué', 'Ghislaine de Féligonde', 'Gloire de Dijon', 'Mme Alfred Carrière', 'Pénélopé', 'Zephirine Drouhin'.
- **Moderne romantische Sorten:** 'Alchymist', 'Constance Spry', 'Elfe', 'Kir Royal', 'Nahéma', 'Papi Delbard', 'Raubritter'.

Strauchrosen – majestätische Erscheinungen

Strauchrosen sind in ihrer Wirkung einfach grandios! Mit ihrer vitalen Statur, guten Belaubung und enormen Blühkraft bilden sie im Sommer oft regelrechte Blütenhügel und können im Garten vielfältige Gestaltungsaufgaben übernehmen.
Unter der Rubrik Strauchrosen fasst man die Varietäten des Sortiments zusammen, die höher und breiter werden als die populären Beet- und Edelrosen. Unter der Bezeichnung Parkrosen werden in den Rosenkatalogen Sorten vorgestellt, die besonders imposante Ausmaße erreichen – mitunter drei Meter und mehr – und die in der Regel nur einmal blühen. Ihnen gegenüber stehen die meist öfterblühenden Zierstrauchrosen, die gefüllte oder ungefüllte, Edelrosen ähnliche oder nostalgische Blüten tragen können und mit Wuchshöhen von ein bis zwei Metern Höhe auch gut in moderne, kleine Gärten passen. Hierher gehören fast alle Alten Rosen sowie die meisten Englischen. In den letzten Jahren wuchs diese Gruppe aber auch um zahlreiche deutsche und französische Neuzugänge im Romantiklook an, die mit Höhen von teilweise sogar unter einem Meter als kleine Strauchrosen klassifiziert werden, wie viele Züchtungen von Delbard und Guillot. Diese niedrigen Sorten stellen einen fließenden Übergang zu den Beetrosen her.

Solisten von Format

Als echte Charakterdarsteller wollen sich Strauchrosen frei und ungehindert entfalten. In Einzelstellung im Rasen etwa oder an exponierter Stelle im Garten setzen sie wirkungsvolle Akzente und wirken als attraktiver Blickfang. Aufgrund ihrer majestätischen Ausstrahlung füllen sie problemlos die Rolle des Solisten aus. Ihrem Platzanspruch sollte man Rechnung tragen, sie werden es mit einem harmonischen Erscheinungsbild danken.

TIPP

Stehen die Solisten in einer Rasenfläche, sollte man ihnen eine Pflanzscheibe von etwa 50 cm im Durchmesser an offenem Boden zugestehen, um keine unnötige Konkurrenz um Wasser und Nährstoffe zu erzeugen.

Wirkungsvolles Trio

Setzt man drei Exemplare einer Sorte eng zusammen, wachsen sie zu einer besonders imposanten Gesamterscheinung heran. Mindestpflanzabstände von 40 bis 60 Zentimetern sollte man dabei dennoch einhalten, um eine gute Durchlüftung sicherzustellen und scheuernde Kontakte zu vermeiden, die zu Verletzungen und damit zu Eintrittspforten für Krankheiten führen. Apart kann es auch aussehen, drei verschiedene Sorten in dezenter Farbabstufung zusammenzupflanzen, etwa drei Rosatöne. Dabei sollte man jedoch auf etwa gleich starke Wüchsigkeit achten, damit sich die Pflanzen im Gleichklang entwickeln.

Die Rolle der rosigen Visitenkarte am Zaun wird auch von starkwüchsigen Strauchrosen überragend gespielt – oder wie hier von der Kletterrose 'Raubritter'.

Sichtschutz und Raumgliederung

Aufgrund ihrer Größe lassen sich Strauchrosen auch gut als Raumteiler im Garten einsetzen. Insbesondere die höheren Sorten, die 1,80 bis zwei Meter und mehr erreichen. Sie unterbrechen Blickachsen, unterteilen den Garten in Bereiche und schaffen damit Nischen und Rückzugsmöglichkeiten. Eng damit verbunden ist der Sichtschutzeffekt. Sie können den geraden Durchblick im Handtuchgarten dekorativ verstellen und ihn dadurch größer wirken lassen, die Terrasse vor unerwünschtem Einblick schützen oder einem Sitzplatz mehr Privatsphäre verleihen. Letzteres erfährt durch die Wahl duftender Sorten eine zusätzliche, sinnliche Komponente.

Geradezu klassisch ist jedoch die Stellung am Zaun. Schon in den Bauerngärten vergangener Jahrhunderte erfüllten Strauchrosen dort gleich mehrere Funktionen. Einerseits brillieren sie mit ihren herrlichen Blüten als dekoratives Aushängeschild und duftende Visitenkarte, andererseits schützen sie vor zu viel nachbarlicher Neugier und verstärken mit ihrem stacheligen Geäst – das nicht so einfach zu übersteigen ist wie der Zaun – die Grundstücksgrenze. Auch in den modernen, kleinen Gärten spielt der Sichtschutz am Zaun eine wichtige Rolle, die mit Alten Strauchrosen hervorragend gemeistert wird. Besonders Sorten mit überhängenden oder sogar kletternden Trieben machen dort eine malerische Figur.

Blühende Hecken

Wie viele andere Ziergehölze fügen sich Strauchrosen hervorragend in frei wachsende Blütenhecken ein. Als lebendige Grundstücksgrenze bieten sie einen weitaus gefälligeren Anblick als jeder Zaun. Reine Rosenhecken wirken besonders edel. Die gewünschte Höhe bestimmt die Sortenwahl. Für hohe Sichtschutzhecken machen Alba-Rosen, wie 'Maxima' oder 'Semiplena', eine gute Figur. Wenn es etwas weniger mächtig sein soll und etwas lichtere Optik erlaubt ist, kann man ohne weiteres auch moderne, öfterblühende Romantiksorten einsetzen, wie 'Mary Rose' oder 'Eden Rose '85'. Die Mindestabstände betragen dabei in der Reihe mindestens einen Meter.

Für niedrige Einfassungen stehen einige kompakt wachsende Alte Rosen zur Verfügung vor allem aus der Klasse der Gallica-Rosen, etwa 'Officinalis' oder 'Versicolor', aber auch die Damaszenersorte 'Rose de Resht' sowie die modernen kleinen Strauchrosen und Beetrosen.

Eine lange Tradition haben Wildrosenhecken. Sie bezaubern nicht nur mit ihrem naturnahen Charme, sondern überzeugen auch durch einen hohen ökologischen Wert (siehe Seite 64/65).

TIPP

Für schräge Situationen

Gärten in Hanglage stellen oft eine besondere gestalterische Herausforderung dar. Auch für solche Situationen bieten Strauchrosen mit überhängend wachsenden Trieben elegante Lösungen an. Sie lassen ihre Blütenschleier das abschüssige Gelände »herabfließen« oder überwallen Stützmauern mit ihrer bauschigen Silhouette. Insbesondere Moschata-Hybriden, wie 'Buff Beauty' und 'Moonlight', eignen sich für solche Einsätze, aber auch 'Mme Plantier' oder die moderne Nostalgierose 'Raubritter'.

Hier gewähren zwei hohe Exemplare von 'Gertrude Jekyll' und 'Comte de Chambord' ausreichend Sichtschutz und gliedern gleichzeitig den Garten.

Für Hecken geeignete Sorten

- **Alte Rosen:** 'Boule de Neige', 'Buff Beauty', Commandant Beaurepaire', 'De Meaux', 'Felicia', 'Maxima', 'Mme Knorr', 'Moonlight', 'Muscosa', 'Officinalis', 'Pompon de Bourgogne', 'Portlandica', 'Semiplena', 'Versicolor'.
- **Moderne romantische Sorten:** 'Concerto', 'Constance Spry', 'Eden Rose '85', 'Gertrude Jekyll', 'Graham Thomas', 'Mary Rose', 'Winchester Cathedral'.

Es müssen nicht immer Formschnitthecken sein. Hier sorgt eine Reihe aus verschiedenen Essigrosen *(Rosa gallica)* für eine blühende Einfassung des dahinter liegenden Obst- und Gemüsegartens.

Beetrosen – kompakte Teamplayer

Diese Rosengruppe entstand eigentlich erst spät und spielt im Zusammenhang mit Alten Rosen nur eine Nebenrolle. 1875 kam mit 'Paquerette' die erste Polyantha-Rose auf den Markt. Ihre handliche kleine Gestalt sowie die büschelartigen Blütenstände wurden zum typischen Kennzeichen für diese neue Klasse. Im 20. Jahrhundert wurden sie kräftig züchterisch weiterbearbeitet, Polyantha-Hybriden und Floribunda-Rosen kamen hinzu, deren Blüten zwar auch in Büscheln erschienen, aber deren Einzelblumen sich in Größe und Form den Edelrosen anglichen. Da eine klare Klassifizierung immer schwieriger wurde, weil die Merkmale mehr und mehr ineinander übergingen, fasst man sie heute entsprechend ihrer Verwendung im Garten unter der Bezeichnung Beetrosen zusammen.

In gemischten Rabatten fügen sich Beetrosen aufgrund ihrer geringen Größe auch im Vordergrund gut ein. Einige Alte Rosen wie 'Rose de Resht' (rechts hinten) lassen sich dazu ebenso verwenden.

Die romantische Beetrose 'Leonardo da Vinci' geht im Team mit Salbei und Lavendel eine überaus dekorative Kombination ein.

Nostalgische Beetrosen

- **Alte Rosen mit Beetrosencharakter:** 'De Meaux', 'Hermosa', 'Little White Pet', 'Pompon de Bourgogne', 'Rose de Resht', 'Souvenir de la Malmaison'.
- **Moderne romantische Beetrosen:** 'Bernsteinrose', 'Leonardo da Vinci', 'Mariatheresia', 'Paul Cézanne', 'Red Leonardo da Vinci', 'Sangerhauser Jubiläumsrose', 'Tchaikovski'.

Schmuckstücke für kleine Gärten

Beetrosen gehören neben den Edelrosen zur populärsten Rosenklasse. Mit ihren Wuchshöhen zwischen 40 und 100 Zentimeter finden sie auch im kleinsten Garten Platz und kamen somit dem Trend der Zeit zu kleineren Grundstücken entgegen. Ihr auffälligster Charakterzug: Gemeinsam sind sie stark! Das heißt, anders als Strauch- oder Kletterrosen, werden sie in der Regel nicht einzeln, sondern in Gruppen gepflanzt. Dank ihrer Dauerblütigkeit und den üppigen Blütenbüscheln, die bis zu 30 Einzelblüten umfassen, sind sie von enormer Farbwirkung. In den sechziger Jahren wurden sie daher dazu benutzt, große einheitliche Farbflächen zu gestalten.

Buntes Miteinander

Mit den sich ändernden Prioritäten in der Gartengestaltung erkannte man auch, dass sich die Teamfähigkeit der Beetrosen nicht nur auf ihre Artgenossen bezieht, sondern ebenso auf andere Pflanzenbegleiter. Sie lassen sich aufgrund ihres schwachen Wuchses und der blumigen Wirkung harmonisch in Stauden- und Blumenbeete integrieren. Und hier schließen sie den Kreis zu den kleinwüchsigeren Alten Strauchrosen, die in gemischten Beeten die gleiche Rolle übernehmen können und dazu ihre romantischen Blütenformen mit einbringen. An dieser inzwischen stark nachgefragten Verknüpfung arbeiteten aber auch die Züchter mit Hochdruck. So entstand inzwischen ein ansehnliches Sortiment an modernen Beetrosen mit nostalgischen Blütenformen, deren Charme dem der Alten Rosen in nichts nachsteht.

Edelrosen – Schönheiten nicht nur für die Vase

Dem Boom der alten Blütenformen verdanken wir heute sogar Edelrosen im »Retro-Look«, die sich mit nostalgisch prall gefüllten Blüten schmücken. Dazu gehören zum Beispiel einige Sorten aus der Tantau-Serie »Nostalgische Blütenträume« oder einige »Romantica-Varietäten« von Meilland.

Zu den typischen Edelrosen-Merkmalen zählen große Blüten, die einzeln am Ende langer Stile sitzen.

Eigentlich beendeten die Teehybriden die Ära der Alten Rosen. Doch die neue »Retro-Bewegung« ging auch an den Edelrosen nicht vorbei – hier 'Augusta Luise'.

Dieser Wuchscharakter prädestiniert sie als Schnittrosen für die Vase. Im Garten wirken sie dadurch mitunter etwas staksig. Mit regelmäßigem Schnitt (siehe Seite 150) hält man sie jedoch relativ kompakt und kann sie wie Beetrosen oder kleine Strauchrosen verwenden. Eine Vorpflanzung aus filigranen Stauden oder eine niedrige Buchs-Einfassung überspielt ihre Steifheit gefällig. Lohnenswert ist auch ein kleiner Kunstgriff: Edelrosen, auf Hochstämmchen veredelt, harmonieren in jeder Rabatte.

Nostalgische Edelrosen
'Augusta Luise', 'Candlelight', 'Nostalgie', 'Sebastian Kneipp', 'Walzertraum'.

Rosenkavaliere aus allen Pflanzengruppen

Erst ein illustrer Hofstaat verhilft der Königin der Blumen zu einem glanzvollen Auftritt. Begleitpflanzen, ob Blüten- oder Blattschönheiten, unterstreichen die Ausstrahlung der Rosen wirkungsvoll. Die Zeit der farblich einheitlichen, großflächigen Rosenbeete aus nur einer Sorte, mit offenem Boden zwischen den Einzelpflanzen ist Gott sei Dank vorbei. Heute dürfen Rosen zusammen mit Gehölzen, Stauden, Sommer- und Zwiebelblumen bezaubernde Gesellschaften bilden. Gerade die stattlichen Alten Strauchrosen sind prädestiniert für die Verwendung im Hintergrund von Beeten. Auch als Höhepunkt in Staudenrabatten sind sie buchstäblich top. Aber auch nostalgische Beetrosen und Edelrosen machen umgeben von schmeichelhaften Rosenkavalieren eine gute Figur. Und das Beste: Von dieser Kombination profitiert nicht nur die Optik. Begleiter fördern gleichzeitig auch die Gesundheit und Widerstandsfähigkeit der Pflanzen, die sich im gemischten Team als wesentlich weniger anfällig für Infektionskrankheiten erweisen, und sie unterdrücken ganz nebenbei noch den Unkrautbewuchs.

Grundlagen für eine gute Partnerschaft

Hauptgestaltungsmittel beim Kombinieren rosiger Ensembles sind natürlich die Blütenfarben. **Stauden** lassen in dieser Hinsicht keine Wünsche offen (siehe Seite 49 ff.). Doch neben der Pflanzenauswahl spielen einige strukturelle Überlegungen eine Rolle.

Hier bildet die rosafarbene Zentifolie 'Fantin Latour' den Höhepunkt einer gemischten Rabatte aus Stauden und Gehölzen.

1) In gemischten Pflanzungen sollte man der **»Königin Rose«** die **Hauptrolle** zugestehen. Ihre Begleiter sollten sich ihr in Farbwirkung und Prachtentfaltung unterordnen, anstatt mit ihr zu konkurrieren.
2) Achten Sie darauf, dass die ausgewählten Pflanzenarten ähnliche Ansprüche an den **Standort** stellen, also sonnige Lagen auf tiefgründigen, nährstoffreichen Böden schätzen.
3) **Bedrängende Verhältnisse** und die damit verbundene Konkurrenz um Wasser, Licht und Nährstoffe schätzt die Königin nicht. Meiden Sie in unmittelbarer Nähe der Rose Begleiter, die dazu neigen, sich stark auszubreiten, sei es über Wurzelausläufer oder über wuchernde Horste. Halten Sie je nach Sorte einem Mindestpflanzabstand von rund 50 Zentimetern ein, bei überhängenden Strauchrosen oder starkwüchsigen Begleitpflanzen auch mehr.
4) Rosen ebenfalls nicht in den Traufbereich größerer Bäume pflanzen, die über Tropfenfall das Rosenlaub unnötig lange feucht halten und dadurch Pilzkrankheiten Vorschub leisten.
5) Erst eine **geschickte Höhenstaffelung** erlaubt Einblick in alle Details, ohne Einzeldarsteller zu verdecken. Komponieren Sie ein gemischtes Ensemble so, dass die Wuchshöhen gut aufeinander abgestimmt sind. Rabatten blühen in der Regel in mehreren Etagen. Vor einer Mauer oder einem Zaun machen von vorne nach hinten ansteigende Pflanzengrößen Sinn. Liegt das Beet in der Mitte des Gartens, sorgt ein erhöhtes Zentrum für gute Perspektiven von allen Seiten. Eine hohe Strauchrose oder eine Kletterrose am Obelisken kann einen attraktiven Blütengipfel in ein flaches Meer niedriger Stauden und Blumen setzen.
6) Die **Abwechslung von Blüten- und Blattformen** bringt Spannung und Dynamik ins Beet. Zu den großen, runden Blütenschalen der Alten und romantischen Rosen kontrastieren besonders dekorativ schlanke, hohe Blütenkerzen oder -rispen. Deshalb machen Königskerze, Steppenkerze, Fingerhut, Stockrosen oder Rittersporn stets eine gute Figur als Rosennachbarn. Nicht zu unterschätzen ist aber auch die strukturierende Wirkung des Laubes. Schließlich sind Blätter während der ganzen Saison präsent, nicht nur für kurze Blühperioden. Großlaubige Blattschmuckstauden, wie Frauenmantel oder für halbschattige Lagen auch Funkien, sorgen für eine wirkungsvolle Untermalung im Kontrast zu den geteilten Fiederblättern der Rose und vermitteln Ruhe und Bodenhaftung. Umgekehrt können filigrane Blattstrukturen ein Beet optisch förmlich schweben lassen, insbesondere in Verbindung mit silbergrauer Laubfarbe und filziger Oberfläche (siehe Seite 50).
7) **Kräuter** spielen als Blattschmuckpflanzen eine wichtige Rolle und gehören zu den klassischen Rosenbegleitern mit langer Tradition. Schon in den Klostergärten des Mittelalters bildeten sie ein bewährtes Team. Ihr intensives Aroma hält Schädlinge auf Distanz. Viele schmücken sich mit

Gräser als Rosenbegleiter

Name	Botanischer Name	Höhe in cm
Silberährengras	*Achnaterum calamagrostis*	60–90
Reitgras	*Calamagrostis × acutifolia* 'Karl Foerster'	100–160
Japan-Segge	*Carex morrowii* 'Variegata'	30–40
Blauschwingel	*Festuca cinerea*	20–40
Blaustrahlhafer	*Helictotrichon sempervirens*	60–110
Chinaschilf	*Miscanthus sinensis*	100–270
Rutenhirse	*Panicum virgatum*	100–150
Lampenputzergras	*Pennisetum alopecuroides*	40–100

In Kombination mit Gräsern wie dieser Rutenhirse 'Rehbraun' gehen öfterblühende Rosen reizvolle Verbindungen ein, hier 'Viridiflora'.

Kräuter als Rosenbegleiter
Schnittlauch *(Allium schoenoprasum)*, Estragon *(Artemisia dranunculus)*, Wermut *(Artemisia vulgaris)*, Lavendel *(Lavandula angustifolia)*, Oregano *(Origanum)*, Rosmarin *(Rosmarinus officinalis)*, Salbei *(Salvia officinalis)*, Bohnenkraut *(Satureja montana)*, Thymian *(Thymus)*.

grauem oder bläulichem Laub (siehe Kasten oben), andere sogar mit zweifarbigen Blättern, wie einige Salbei- oder Thymian-Sorten.

8) Last but not least gilt es, die **Blütezeiten abzustimmen**. Ob ein gleichzeitiger Blütenhöhepunkt von Rosen und Begleitern angestrebt wird oder lieber die Blühsaison einer Rabatte deutlich verlängert wird, ist reine Geschmackssache. In Verbindung mit einmalblühenden Sorten lohnt es sich oft, alles auf eine Karte zu setzen und im Juni/Juli ein fulminantes Farbspektakel zu zünden.
Im Umfeld von Öfterblühenden ist auch die andere Strategie sehr reizvoll. Während **Zwiebelblumen** und zeitig blühende Stauden für einen Frühstart sorgen, geht man in die Verlängerung mit Spätsommer- und Herbstblühern sowie Gräsern. Diese späten Schönheiten ergeben mit dem Ausklang der Rosenblüte bezaubernde Herbstbilder. Insbesondere **Gräser** mit ihrer filigranen, vertikalen Struktur und den zarten Blütenständen zaubern Leichtigkeit und Transparenz ins Beet (Tabelle Seite 44). In Kombination mit Rosensorten, deren Laub herbstlich verfärbt oder deren Blütenfarben in warmen Gelb- und Rottönen gehalten sind, ergeben sich harmonische, warme Ton-in-Ton-Stimmungen.

Gehölze – Bühnenbildner und Rahmen

Höhere Garten-Ziersträucher blühen häufig schon im Frühjahr, wie Forsythie oder Zierkirschen, und sorgen damit für Highlights, wenn die Rose noch im Aufbau begriffen ist. Überschneidungen mit der Rosenblüte bieten die rosablühende Kolkwitzie *(Kolkwitzia amabilis)*, die weiße Hohe Deutzie *(Deutzia × magnifica)*, die rosafarbene Gefüllte Deutzie *(D. scabra)*, die blaue Säckelblume *(Ceanothus × delilianus)* oder der weiße Bauernjasmin *(Philadelphus)*. Mit gebührendem Abstand gepflanzt, korrespondieren ihre Blüten apart mit denen der Rosen.
Kleinere Gehölze lassen sich problemlos in gemischte Rabatten integrieren, wobei sie dort häufig mehr über ihr Laub als über Blütenfarben wirken. So harmoniert die gelbgrün-

Vor der ruhigen, dunklen Kulisse hoher Formschnitthecken kommen die Blütenfarben von Rosen und Stauden besonders wirkungsvoll zur Geltung; zugleich erhalten sie auch etwas Schutz.

laubige Kriechspindel *(Euonymus fortunei* 'Emerald n' Gold') dekorativ mit gelben Sorten, indem sie das Farbthema mit ihren Blättern aufgreift.

Dunkle Immergrüne und **Nadelgehölze** bilden ruhige Pole im Farbenmeer. Kleinwüchsige Koniferen wie Balsam-Tanne *(Abies balsamea)*, Niedriger Wacholder *(Juniperus procumbens* 'Nana'), Igel-Fichte *(Picea abies* 'Echiniformis) und Mops-Kiefer *(Pinus mugo* 'Mops') bieten sich für diese Rolle in den unteren Beet-Etagen an. Aber auch Buchs *(Buxus sempervirens* 'Suffruticosa') eignet sich dafür. Da er sehr schnittverträglich ist, lässt er sich auch hervorragend als niedrige Beeteinfassung ziehen. So gibt er Rosenbeeten einen formalen Rahmen (siehe auch Seite 63/64) und verdeckt gleichzeitig die häufig etwas kahle Basis der Königin. Eine besonders edle Kulisse bilden hohe Formschnitthecken aus Immergrünen, wie Eibe *(Taxus baccata)*, Liguster *(Ligustrum vulgare)* oder Hohem Buchs *(Buxus sempervirens* var. *arborescens)*. Als Hintergrund bilden sie die Bühne für den großen Auftritt der Rosen, deren Farben sich davor besonders strahlend abheben.

TIPP

Alle Sommerblumen lieben viel Sonne und gute Nährstoffversorgung und verstehen sich in dieser Hinsicht prächtig mit den Rosen.

'Mary Rose' inmitten eines üppigen Blumengartens aus Ein- und Zweijährigen, darunter Schmuckkörbchen, Ringelblumen und Königskerzen.

Einjährige Sommerblumen – die Dauerblüher

Sie sind die schnellen Lückenfüller, denn Aussaat, Wachstum, Blüten- und Fruchtbildung erfolgt innerhalb einer Saison. Im Herbst sterben sie mit den ersten Frösten ab. Sie sind daher überall dort ideal, wo man sich noch nicht für eine endgültige Beetgestaltung entscheiden konnte oder wo sich unerwartet Lücken im Beet auftun. **Ihr großer Vorteil:** Sie blühen üppig und über einen langen Zeitraum, viele von Sommerbeginn bis zum Frost, weitgehend parallel zur Rosenblüte. **Ihr Nachteil:** Etliche Arten entwickeln knallige, oft sogar grelle Farben, die in der Abstimmung mit Rosen viel Feingefühl erfordern.

Zu den Alten Rosen und allen rosafarbenen empfehlen sich vor allem weiß, rosa oder blaublühende Sommerblumen, wie Bechermalven, Jungfer im Grünen oder Schmuckkörbchen (siehe Tabellen Seite 49, 52, 55). Zu den trendigen orange-, gelb- und apricotfarbenen Rosensorten kann man jedoch durchaus auch mit den leuchtkräftigeren Vertretern der Einjährigen experimentieren, wie Kapuzinerkresse oder Ringelblumen (siehe Seite 57, 59).

Zwiebelblumen – die Saisonverlängerer

Die große Gruppe der Vorfrühlings- und Frühlingsblüher unter den Zwiebel- und Knollenpflanzen konkurriert nicht mit den Rosen. Sie öffnen ihre Blumen von Februar bis Mai und stehlen der Königin nicht die Schau. Für eine rosige Rabatte sind sie jedoch eine echte Bereicherung, weil sie schon zeitig für Farbe sorgen, während Stauden und Gehölze noch mit dem Austrieb beschäftigt sind.

Zu den traditionellen Begleitern gehören dagegen die sommerblühenden **Lilien.** Ihre Blütenpracht und ihr Duft stehen dem der Rosen nicht nach. Weiße Königs- und Madonnenlilien begleiteten Alte Rosen schon vor Jahrhunderten in Kloster- und Bauerngärten. Die meist erst ab Juli blühenden Hybriden in ihren kräftigen Farben können mit öfterblühenden Rosen leuchtkräftige Kombinationen eingehen.

Etwas avantgardistisch, aber durchaus reizvoll kann die Gesellschaft von herbstblühenden Dahlien *(Dahlia*-Hybriden) zu spät blühenden Rosen sein. Wählen Sie nicht unbedingt die bizarren, etwas plumpen Kaktus-Dahlien. Bevorzugen Sie zierlichere Sorten, wie Einfache oder Halskrausen-Dahlien, die es in vielen Farben gibt. Ihre nicht winterharten Knollen werden im Frühjahr eingesetzt und vor dem ersten Frost wieder aus der Erde geholt. Halten Sie deshalb etwas Abstand zum Rosen-Wurzelbereich.

Das stimmungsvolle Spiel mit Farbkombinationen

Zweifarbige Rosensorten wie diese »Malerrosen« von Delbard bringen Leben ins Beet, wollen aber auch geschickt kombiniert sein.

Ohne Zweifel gehören die Blütenfarben zu den dominantesten Gestaltungsmerkmalen von Rosen und Blühpartnern. Meistens ist die Farbe sogar das Hauptentscheidungskriterium bei der Sortenwahl. Oft fügt sich nur ein bestimmter Ton in die Umgebung, etwa weil er zum Fassaden- und Zaunanstrich oder zu bereits vorhandenen Blüten passen muss. Zum größten Teil ist die Farbwahl jedoch eine Frage des persönlichen Geschmacks. Der eine liebt es temperamentvoll feurig und kontrastreich, andere bevorzugen romantische Stimmungen und pastellige Töne. Erlaubt ist natürlich, was gefällt. Aber man kommt auf dem Weg zum Traumgarten vielleicht schneller zum Ziel, wenn man sich ein paar Grundsätze der Farblehre bewusst macht.

Einfluss auf Stimmung und räumliche Wirkung

Farbe wirkt auf unsere Stimmungen und Gefühle. Nicht umsonst »sieht jemand rot«, wenn er wütend und aggressiv wird, während »feeling blue« eher etwas mit Entspannung oder gar Melancholie zu tun hat. Ein gelbes Beet kann sonnig und heiter stimmen, blaue oder weiße Ensembles sorgen dagegen für erfrischende Aspekte und lassen einen tief durchatmen. Eng damit verknüpft ist die räumliche Wirkung im Garten. Warme Rot- und Orangetöne sind voller Leuchtkraft und Dynamik und rücken sich immer in den Vordergrund. Sie lassen Räume optisch schrumpfen. Kühles Blau dagegen zieht den Blick in die Ferne und lässt den Garten größer erscheinen. Bewusst eingesetzt, sind Farben somit ein hervorragendes Werkzeug zur Gartengestaltung.

Kontraste beleben – Ton in Ton harmoniert

Auch die Kombination mehrerer Blütenfarben hat ihre Auswirkungen auf das Gesamterscheinungsbild. Eine Planungshilfe kann der Farbkreis sein. Benachbart man komplementäre Töne (sie liegen sich auf dem Farbkreis gegenüber), heben sie sich gegenseitig in ihrer Leuchtkraft und Intensität. Drei kontrastreiche Farben, etwa Rot, Gelb und Blau (verbunden durch ein gleichseitiges Dreieck im Farbkreis), ergeben lebendige, lebensfrohe Gesellschaften, die mitunter aber auch etwas grell wirken können. Ton-in-Ton-Ensembles (benachbarte Farbnuancen) wirken dagegen sanft und harmonisch. Sie zaubern besonders mit Nostalgierosen eine romantische Atmosphäre in den Garten.

Eine besondere gestalterische Herausforderung sind **zweifarbige Rosensorten,** insbesondere bei kontrastreichen Farbmischungen wie Gelb und Rot. Solche Formen sind unter den »Malerrosen« von Delbard zu finden. Unter den historischen Sorten schmücken sich z. B. 'Ferdinand Pichard' oder *R. gallica* 'Versicolor' mit weiß-karminfarbener Musterung. In diesen Fällen empfehlen sich Begleiter, die eine oder beide Blütenfarben aufgreifen, oder aber kontrastierendes Blau.

Romantische Rosensorten und ihre Farben

Dunkel karminrosa/purpur/violett

'Agnes Schilliger'
'American Beauty'
'Belle de Crécy'
'Cardinal de Richelieu'
'Charles de Mills'
'Chartreuse de Parme'
'Conditorium'
'Hippolyte'
'Maréchal Davoust'
'Mme Isaac Pereire'
'Nuits de Young'
'Officinalis'
'Perle von Weißenstein'
'Portlandica'
'Président de Sèze'
'Reine des Violettes'
'Robert le Diable'
'Rose de Resht'
'Rose du Roi'
'Souvenir du Docteur Jamain'
'Tour de Malakoff'
'Tuscany Superb'
'William Lobb'

Kräftig rosa

'Belle Isis'
'Blush Damask'
'Bourbon Queen'
'Brother Cadfael'
'Bullata'
'Comte de Chambord'
'Constance Spry'
'Cristata'
'De Meaux'
'Duchesse de Montebello'
'Général Kléber'
'Gertrude Jekyll'
'Gloire de France'
'Heinrich Münch'
'Hermosa'
'Impératrice Joséphine'
'Isphahan'
'Jacques Cartier'
'Kir Royal'
'Königin von Dänemark'
'La Noblesse'
'Leonardo da Vinci'
'Louise Odier'
'Marie de Blois'
'Marie Louise'
'Mary Rose'
'Mme Boll'
'Mme Knorr'
'Mousseux Ancien'
'Mrs John Laing'
'Muscosa'
'Nahéma'
'Old Blush'
'Omar Khayyam'
'Raubritter'
'Reine Victoria'
'Rose des Peintres'
'Rose du Maître d'École'
'Salet'
'Trigintipetala'
'Walzertraum'
'Yolande d'Aragon'

Zart pastellrosa

'Alfred de Dalmas'
'Belle Amour'
'Blush Hip'
'Blush Noisette'
'Celestial'
'Celsiana'
'Chloris'
'Comtesse de Murinais'
'Comtesse de Ségur'
'Cornelia'
'Edenrose'
'Fantin Latour'
'Felicia'
'Félicité Parmentier'
'Heritage'
'Home & Garden'
'Maiden's Blush'
'Mariatheresia'
'Mme Ernest Calvat'
'Mme Pierre Oger'
'Petite de Hollande'
'Souvenir de la Malmaison'

Weiß

'Blanchefleur'
'Blanche Moreau'
'Boule de Neige'
'Elfe'
'Frau Karl Druschki'
'Kronprinzessin Victoria'
'Little White Pet'
'Maxima'
'Mme Alfred Carrière'
'Mme Hardy'
'Mme Legras de St. Germain'
'Mme Plantier'
'Moonlight'
'Prosperity'
'Semiplena'
'Suaveolens'
'Winchester Cathedral'

Gelb

'Bernsteinrose'
'Candlelight'
'Caramella'
'Desprez à Fleurs Jaunes'
'Ghislaine de Féligonde'
'Graham Thomas'
'Maréchal Niel'
'Perle d'Or'
'Souvenir de Marcel Proust'
'Tchaikovski'
'Teasing Georgia'

Apricot/Orange

'Abraham Darby'
'Alchymist'
'Apricot Parfait'
'Buff Beauty'
'Colette'
'Concerto'
'Felidaé'
'Francesca'
'Gloire de Dijon'
'Papi Delbard'
'Paul Bocuse'
'Penelope'
'Sangerhauser Jubiläumsrose'
'Sebastian Kneipp'
'Versigny'
'William Allen Richardson'

Rot

'Alfred Colomb'
'Arthur de Sansal'
'Eclair'
'Empereur du Maroc'
'Fisher & Holmes'
'Gruß an Teplitz'
'Red Eden Rose'
'Red Leonardo da Vinci'
'Surpasse Tout'
'The Prince'
'Tom Wood'
'Ulrich Brunner Fils'
'William Shakespeare 2000'
'Zéphirine de Drouhin'
'Zigeunerknabe'

Zweifarbig

'Augusta Luise'	orange-rosa
'Baron Girod de l'Ain'	rot-weiß
'Camaieux'	rosa-karmin-purpur
'Commandant Beaurepaire'	rosa-purpur-weiß
'Eliane Gillet'	weiß-rosa
'Ferdinand Pichard'	karmin-rosa-weiß
'Honorine de Brabant'	lilarosa-violett-weiß
'Leda'	weiß-karmin
'Marbrée'	karmin-hellrosa
'Mme Moreau'	karmin-hellrosa-weiß
'Mutabilis'	gelb-orange-lachs-karmin
'Nostalgie'	cremeweiß-kirschrot
'Paul Cézanne'	gelb-orange-rosa
'Roger Lambelin'	rot-weiß
'Tricolore de Flandre'	rosa-violett-karmin
'Variegata di Bologna'	weiß-rosa-purpur
'Versicolor'	weiß-rosa-karmin
'York and Lancaster'	weiß-rosa-karmin

Immer standesgemäß – blaublütige Gesellschaft

Wie es dem Adel gebührt, umgibt sich die Königin der Blumen gern mit einem blaublütigen Hofstaat. Wobei der Begriff hier ganz wörtlich genommen werden darf. Blau blühende Stauden und Sommerblumen nehmen eine Sonderstellung unter den Rosenbegleitern ein: Blau ist die einzige Farbe, die im Rosenspektrum nicht vorkommt. Als ergänzende Komponente passt sie daher stets hervorragend zu allen Varietäten. Kein Wunder also, dass viele der klassischen und traditionsreichen Rosenkavaliere, wie Rittersporn, Lavendel, Salbei, Katzenminze oder Clematis, zu den Blaublühern gehören.

Reines Blau ist allerdings im gesamten Pflanzenreich relativ selten. Zu den wenigen Ausnahmen zählen Rittersporn, Jungfer im Grünen oder die Prunkwinde. Meistens tendiert die Farbe ins Violette oder zu Lila, womit sich fließende Übergänge oder Ton-in-Ton-Harmonien zu den Karmin- und Rosatönen vieler Rosen gestalten lassen.

Die Kombination mit Blau verleiht Rosen noch mehr Noblesse. Insbesondere weißen und hellrosa Sorten gibt sie einen vornehmen, eleganten Touch. Die kühle, erfrischende Ausstrahlung passt gut zum ebenso kühlen, pastellfarbenen Spektrum der Alten Rosen und rundet deren romantisches Flair ab. Mit gelben Rosen bildet die Komplementärfarbe dagegen strahlende, heitere Szenen voller Lebensfreude. Das Temperament und die Glut der roten Rosen erfahren eine wohltuende Kühlung durch das frische Blau.

Die Farbe des Himmels und des Meeres wirkt auf unser Gemüt besänftigend, beruhigend und entspannend. Sie vermittelt einen Hauch von Unendlichkeit und zieht den Blick in die Ferne. Fast scheint sie vor dem Betrachter zu fliehen. Beete mit hohem Blauanteil sind daher der ultimative Tipp für kleine Gärten. Sie lassen das Grundstück optisch größer erscheinen.

Blau blühende Rosenbegleiter

Name	Höhe in cm	Blütezeit (Monat)
▸ **Stauden**		
Kissen-Aster (*Aster*-Dumosus-Hybriden), z. B. 'Anton Kippenberg'	30 – 40	9 – 10
Glockenblumen (*Campanula*)	20 – 100	6 – 8
Rittersporn (*Delphinium*-Hybriden)	80 – 160	6 – 7/8 – 9
Feinstrahl (*Erigeron*-Hybriden), z. B. 'Adria'	50 – 80	6 – 7/9
Edeldistel (*Eryngium alpinum*)	60 – 80	6 – 7
Lavendel (*Lavandula angustifolia*)	30 – 80	6 – 8
Staudenlein (*Linum perenne*)	30 – 50	5 – 7
Lupinen (*Lupinus*-Polyphyllus-Hybriden)	80 – 100	6 – 7
Katzenminze (*Nepeta × faassenii*)	30 – 40	5 – 9
Blauraute (*Perovskia abrantoides*)	40 – 80	7 – 9
Ehrenpreis (*Veronica*-Hybriden)	20 – 100	5 – 8
▸ **Einjährige**		
Männertreu (*Lobelia erinus*)	10 – 20	6 – 9
Jungfer im Grünen (*Nigella damascena*)	30 – 50	6 – 9
Mehl-Salbei (*Salvia farinacea*)	50 – 80	6 – 10

Blaublüher vermitteln Kühle und Distanz. Sie lassen den Garten größer wirken und passen ohne Einschränkung zu jeder Rosenfarbe.

Noble Eleganz mit einem Hauch Romantik strahlt dieses Duett aus, bestehend aus blauer Edeldistel 'Amethyst' und der modernen Strauchrose 'Sir Walter Raleigh'.

Rosa Rosen – Klassiker der Romantik

Diese Farbe ist *die* Rosenfarbe schlechthin. Schließlich verlieh ihr die Königin der Blumen sogar ihren Namen und stand Pate für diesen Teil des Farbspektrums. Die historischen Sorten machen auch deutlich, warum: Der Großteil davon blüht rosa, keine andere Farbe ist so oft vertreten. Liegt es nun an der Nostalgie der Blüten oder der Farbwirkung an sich? Fest steht: Rosa ist die Farbe der Romantiker, der Träumer und gefühlvollen Naturen.

Grau- und silberlaubige Rosenbegleiter

Name	Höhe in cm
Wermut *(Artemisia absinthium)* 'Lambrook Silver'	60–80
Edelraute *(Artemisia arborescens)* 'Powis Castle'	50–100
Filziges Hornkraut *(Cerastium tomentosum)*	10–15
Edeldistel *(Eryngium alpinum)*	60–80
Blauschwingel *(Festuca cinerea)*	20–40
Steppen-Schleierkraut *(Gypsophila paniculata)*	80–120
Lavendel *(Lavandula angustifolia)*	30–80
Lichtnelke *(Lychnis coronaria)*	50–70
Katzenminze *(Nepeta × faassenii)*	30–40
Blauraute *(Perovskia abrotanoides)*	40–80
Weinraute *(Ruta graveolens)*	50–70
Küchen-Salbei *(Salvia officinalis)* 'Berggarten'	30–60
Heiligenkraut *(Santolina chamaecyparissus)*	30–50
Wollziest *(Stachys byzantina)*	10–30
Königskerze *(Verbascum bombyciferum)*	120–180

Entrückte Atmosphäre

Mit Rosa lassen sich besonders zarte und verspielte Gartenszenen zaubern. Insbesondere helle, pastellfarbene Töne mit hohem Weißanteil wirken federleicht und sehr fragil. Es gibt Rosensorten, die nur einen sanften Hauch von Rosa tragen, etwa 'Blush Noisette' oder 'Souvenir de la Malmaison'. Im Verblühen hellen sie oft bis fast weiß auf. Sie verbreiten einen besonders elfenhaften Charme. Andere schmücken sich mit strahlendem Hellrosa, das durch geringe Blauanteile kühl silbrig glänzt oder sogar leicht lila schattiert wirkt, etwa

Rosa gibt es in vielen Nuancen und Zwischentönen. Hier leuchtet 'Mary Rose' in klarem, kräftigem Silberrosa. Sie harmoniert mit dem Blau davor und dem Violettbraun der Bartiris dahinter.

'Général Kléber'. Wieder andere tendieren mit leichtem Gelbanteil ins fleischfarbene Rosé, etwa 'Heritage'. Alle diese hellen Nuancen werden in ihrer pudrigen, romantischen Ausstrahlung durch **weiß blühende** sowie durch **grau- und silberlaubige Begleiter** besonders wirkungsvoll unterstützt. Grau bringt Rosa so richtig zum Strahlen und sorgt zudem für etwas festlichen Glanz.

In der Regel schätzen Silberlaubige sehr sonnige, heiße und auch trockene Plätze. Vor allem Letzteres ist nicht unbedingt die Traumvoraussetzung für gutes Rosengedeihen. Deshalb sollte man bei dieser Kombination, je nach vorhandenem Boden, entweder die Pflanzgrube der Rosen mit humusreicher Erde nachhaltig verbessern oder die Plätze der grauen Asketen mit Sand und Kies abmagern. Die Mühe lohnt sich, denn die Optik ist einfach überzeugend!

Filigrane, kleinlaubige Strukturen, wie beim Schleierkraut, bei verschiedenen Edelrauten, Heiligenkraut oder Blauraute, steigern noch den Romantikeffekt. Durch Ineinanderwachsen lassen sie Konturen verschwimmen und ziehen silbrige Schleier durchs Beet. Aber auch so wuchtige graue Eminenzen, wie die mächtige Königskerze mit ihren riesigen, pelzigen Blättern, können eine imposante Kulisse abgeben.

Variationen einer Farbe

Rosa hat mehr zu bieten als zarte Pudertöne. Auch alle, die kräftigere Auftritte oder gar freche und vorwitzige Knalleffekte suchen, werden im Rosaspektrum fündig. Denn von den sanftesten Nuancen geht es stufenlos durch alle Schattierungen und Helligkeitswerte. Mit kräftig intensivem Rosa überzeugen beispielsweise 'Jacques Cartier' oder 'Louise Odier'. Noch dunkler leuchten 'Mme Isaac Pereire' oder 'Rose de Resht', bis schließlich die satten Karmintöne vieler Gallica-Rosen, wie 'Charles de Mills' oder 'Cardinal de Richelieu', das Spektrum abschließen. Sie gehen schon fast ins Violette oder Purpurrote, aber immer dominieren die Blauanteile und damit die kühle Farbtemperatur. Mit warmtonigem Rot sind sie nur mit viel Fingerspitzengefühl zu kombinieren (siehe Seite 60/61).

Ton-in-Ton-Harmonien in Rosa lassen Romantikern das Herz aufgehen. Untermalt man rosa Rosen mit kleinlaubigen, filigran strukturierten Begleitern, unterstreicht dies den verspielten Effekt zusätzlich.

Ein geschickter Farbverlauf: rosa 'Colette', magentafarbener Storchschnabel und lilablaue Katzenminze.

Dieses Ensemble lebt vom Hell-Dunkel-Kontrast der Delbard-Rose 'Mme Figaro' und des Lavendel.

Alles rosa: Ton-in-Ton-Beete

Umso variantenreicher lassen sich alle rosa Rosen mit rosa blühenden Begleitern vergesellschaften. Denn die Natur hat auch im Reich der Stauden, Sommer- und Zwiebelblumen reichlich ihren rosa Farbtopf verschüttet. Bei keiner anderen Blütenfarbe ist die Auswahl an Arten und Sorten so groß. Das hat zur Folge, dass hier besonders vielfältige Ton-in-Ton-Kombinationen möglich sind.

Ausgeklügelte Farbabstufungen gelingen mit Rosa besonders gut. Solche sanften Harmonien fördern wiederum den Romantik-Effekt. Wie bei allen einfarbigen Beeten sollte man besonders auf Abwechslung in Blütenform, Wuchs und Laubstruktur achten, damit trotz einheitlicher Farbe Spannung und Dynamik ins Beet kommt. Setzen Sie also mit den Kerzen von Fingerhut oder Stockrosen Ausrufezeichen zwischen breitbuschige Rosen. Lassen Sie die aufrechten Horste der Spornblume straff nach oben streben und davor Blut-Storchschnabel in die Breite gehen oder Pfingst-Nelken runde Polster bilden. Kontern Sie das filigrane Laub der Moschusmalven mit dem groben der Bechermalven. Und geben Sie als i-Tüpfelchen ein Exemplar des Purpur-Salbei *(Salvia officinalis* 'Purpurascens') dazu. Er untermalt mit seinen violett überhauchten Blättern alle rosafarbenen Rosen gekonnt.

Wem dies dennoch zu brav erscheint, der kann mit leuchtkräftigen, dunklen **Pink- und Magentatönen** weithin wirksame Signale zwischen zarte Beetnachbarn setzen. Sie mischen die träumerische Romantikwirkung heller Beete mit ihrer vorlauten, fre-

Rosa blühende Rosenbegleiter

Name	Höhe in cm	Blütezeit (Monat)
▶ Hellrosa blühende Stauden		
Berg-Aster *(Aster amellus)*, z. B. 'Lady Hindlip'	50–60	8–9
Pfingst-Nelken *(Dianthus gratianopolitanus)*, z. B. 'Blaureif'	5–20	5–7
Fingerhut *(Digitalis purpurea)*	60–120	6–7
Feinstrahl *(Erigeron)* 'Märchenland'	50–60	6–7/9
Bechermalve *(Lavatera thunringiaca)*	130–150	6–9
Moschus-Malve *(Malva moschata)*	40–70	6–9
Phlox *(Phlox paniculata)*, z. B. 'Dorffreude'	100–120	6–9
▶ Einjährige in Hellrosa		
Stockrosen *(Alcea*-Rosea-Hybriden)	140–200	7–9
Bechermalve *(Lavatera trimestris)*	50–80	7–9
▶ Magenta, pink und karminrosa blühende Stauden		
Kissen-Aster *(Aster-Dumosus)*, z. B. 'Kassel'	30–40	9–10
Glattblatt-Aster *(Aster novi-belgii)*, z. B. 'Patricia Ballard'	100–120	9–10
Spornblume *(Centranthus ruber)*	50–70	6–9
Schwarzäugiger Storchschnabel *(Geranium psilostemon)*	60–120	6–7
Blut-Storchschnabel *(Geranium sanguineum)*	10–50	5–8
Lichtnelke *(Lychnis coronaria)*	50–70	6–7
▶ Einjährige in Pink und Karmin		
Schmuckkörbchen *(Cosmos bipinnatus)*, z. B. 'Karminkönig'	80–100	6–10

chen Ausstrahlung mächtig auf. So trifft das glühende Magenta einer Lichtnelke noch aus dem hintersten Gartenwinkel wie ein Laserstrahl ins Auge des Betrachters. Der Wucht eines Schwarzäugigen Storchschnabels kann man sich einfach nicht entziehen, und eine nahezu geschlossene Kuppel aus karminroten Indianernesseln setzt unübersehbare Farbhöhepunkte.

Fließender Übergang ins Violette

In diesem Bereich des Spektrums gestaltet sich der Übergang zu violetten Tönen fließend. Karminrosa, Purpurviolett und dunkles Magenta trennen nur Nuancen. Was die Kombinationsmöglichkeiten rosafarbener Rosen noch einmal um ein Vielfaches erweitert. Alle Violett- und Lilatöne können harmonisch Hand in Hand mit Rosa vergesellschaftet werden, egal ob hell oder dunkel. Mit spät blühenden Rosen gehen Astern farbintensive Rosa-Magenta-Violett-Verbindungen ein, die für ein fulminantes Saisonfinale sorgen. Aber auch zur Hauptblütezeit im Juni/Juli gelingt dieser kräftig getönte Farbverlauf, etwa mit Malven, Blut-Storchschnabel und Sommer-Salbei oder Pfingst-Nelken, Spornblume und Lavendel.

Kombination mit anderen Farben

Rosa kann im Garten problemlos auch in größerer Menge und auf größeren Flächen eingesetzt werden. Die räumliche Wirkung hängt vor allem vom Helligkeitsgrad ab. Fast weiße Töne leuchten in der Dämmerung und kommen auch in entfernteren Gartenecken zur Geltung, während dunkle Farben am Abend oder an trüben Tagen früher »verschwinden«. In voller Sonne leuchtet Pink und Magenta weithin, Details verschwimmen aber schnell. Deshalb sollte man karminrote Rosen lieber in Betrachternähe rücken, damit ihre volle Schönheit auch wahrgenommen wird.

Außerhalb des Ton-in-Ton-Verlaufs lassen sich rosa Rosen problemlos mit Blau kombinieren. Dieser Kontrast hat etwas Vornehmes und bewahrt kühle Distanz. Er eignet sich von der Raumwirkung her hervorragend für kleine Gärten.

Kühles Rosa zu warmem Rot sieht man häufig. Wahrscheinlich liegt es daran, dass Rosa die häufigste und Rot lange Zeit die beliebteste Rosenfarbe war. Es sind aber nicht immer die gelungensten Verbindungen und bleiben letztendlich eine Geschmacksfrage.

Rosa und Gelb harmonieren ausschließlich im ganz hellen Pastellbereich. Zart fleischfarbenes Rosé mit cremegelber Untermalung geht eine aparte, heitere Kombination ein.

Violette Rosenbegleiter

Name	Höhe in cm	Blütezeit (Monat)
Berg-Aster *(Aster amellus)*, z. B. 'Veilchenkönigin'	40–60	8–9
Glattblatt-Aster *(Aster novi-belgii)*, z. B. 'Fuldatal'	80–100	9–10
Knäuel-Glockenblume *(Campanula glomerata)*, z. B. 'Acaulis'	15–20	6–8
Feinstrahlaster (*Erigeron*-Hybriden), z. B. 'Mrs. E.H. Beale'	20–40	6–9
Storchschnabel *(Geranium × magnificum)*	40–60	6–7
Indianernessel (*Monarda*-Hybriden), z. B. 'Blaustrumpf'	100–110	7–9
Sommer-Salbei *(Salvia nemorosa)*	40–80	5–9

Es muss nicht immer zart sein, kräftige dunkle und temperamentvolle Magenta-, Karmin- und Violetttöne gehören ebenso zum Spektrum.

Ein Beet ganz in Weiß, untermalt mit Silberlaubigen, verbreitet immer etwas Festtagsflair. Es hat eine gute Fernwirkung und leuchtet selbst im Dunkeln.

Weiße Rosen – Diplomaten von festlicher Eleganz

Weiß vermittelt Frische, Reinheit, Transparenz und immer ein wenig Festtagsstimmung. Es strahlt ähnlich wie Blau Noblesse und edle Eleganz aus. Durch seine Kühle wirkt es zurückhaltend und distanziert, zugleich aber durch seine Helligkeit heiter und offen. Weiße Blüten hellen selbst die dunkelsten Gartenecken auf und sind von enormer Fernwirkung. Sie leuchten noch nach Einbruch der Dämmerung und sogar in mondhellen Nächten. Für alle Workaholics, die ihren Garten nur am Abend genießen können, also erste Wahl. Vor allem an trüben Tagen entwickelt Weiß sein volles Potenzial und sorgt, ähnlich wie der Schnee im Winter, trotz Düsternis für Helligkeit und Glanz. Es ist für kleine und große Gärten immer eine Bereicherung, denn es ist universell einsetzbar.

Neutraler Vermittler

Streng genommen zählt Weiß gar nicht zu den Farben. Es ist vielmehr die Summe aller Farben und daher auch auf dem Farbkreis nicht vertreten. Aber gerade daraus leitet sich seine größte Stärke ab: Es lässt sich völlig problemlos mit allen anderen Farbtönen kombinieren. Weiß nimmt Gelb das Grelle, harmoniert mit pastelligem Rosa romantisch beinahe Ton in Ton, unterstreicht Rot und Blau mit einem starken Kontrast in ihrer Wirkung. Es dämpft »schreiende« Farbtöne und geht mit Pastellfarben »sahnig-cremige« Verbindungen ein.
Vor allem aber kann es wegen dieser Neutralität, ähnlich wie Graulaubige, die Vermittler- und Diplomatenrolle im Beet übernehmen. Rivalisierende, »sich beißende« Farben trennt es auf angenehme Weise und stellt gefällige Übergänge her. Andere Farben bringt Weiß erst richtig zum Leuchten.

Rein weiße Beete – die Leichtigkeit des Scheins

Nur weiß ist farblos? – Weit gefehlt! Im Gegenteil: Rein weiße Beete finden derzeit immer mehr Anhänger und liegen voll im Trend. Vielleicht liegt das daran, dass in unseren mitteleuropäischen Sommern die trüben Tage allzu oft überwiegen und man sich mit diesem Kunstgriff wenigstens etwas Helligkeit garantiert. Das soll auch der Aufhänger für den weltberühmten weißen Garten der Vita Sackville-West in Sissinghurst gewesen sein. Schließlich ist England auch nicht gerade für strahlende Sommer bekannt. Wie auch immer, in jedem Fall ergeben weiße Rosen umgeben von weiß blühenden Begleitern zauberhafte Gartenbilder voller Leichtigkeit, Transparenz und Frische. Sie schaffen eine Atmosphäre, die zum Aufatmen einlädt.
Auch wenn man es bei dieser »Farbe« am wenigsten erwartet, ist dennoch Weiß nicht gleich Weiß. Von

vielen klassischen Rosenbegleitern gibt es weiße Sorten (siehe Tabelle). Es existieren grünliche Untertöne etwa bei der Jungfer im Grünen, aber auch rosa überhauchte beim Phlox oder leicht cremegelb getönte wie beim Fingerhut. Die geschickte Kombination ergibt das gelungene Gesamtbild. Und wie bei allen einfarbigen Beeten sorgen Laub, Blüten- und Wuchsformen für Spannung und Abwechslung: etwa die großen, dunklen Blätter des Rittersporn neben den silbrig filigranen des Schleierkrauts. Mit Dunkelgrün ergibt Weiß einen besonders belebenden, starken Hell-Dunkel-Kontrast. Deshalb kommen weiße Rosen oder weiße Beete vor immergrünen Hecken, etwa aus Liguster, Eibe oder Buchs, besonders gut zur Geltung. Sehr wirkungsvoll untermalen **weiß panaschierte Blattschmuckpflanzen** weiße Rosen, etwa Weißrand-Funkien oder die Kriechspindel. Sie ziehen auf heitere, luftige Weise die hellen Spuren weiter durchs Beet.

Besonders ätherische Gartenbilder gelingen, wenn man das kühle, distanzierte Weiß mit Silberlaubigen (siehe Seite 50) verwebt. Diese Kombination steht der romantischen Ausstrahlung von Rosa-Grau in nichts nach, erscheint aber noch zarter und leichter. Weiß-silbrige Beete scheinen förmlich zu schweben und abzuheben. Geradezu genial in diesem Zusammenhang sind Pflanzen, die silbrige Blätter und weiße Blüten verbinden, wie Schleierkraut, weiße Lichtnelke oder weiße Edeldistel. Sie umschmeicheln weiße Rosen, wie etwa die entzückend knopfäugige 'Mme Hardy' oder die beliebte 'Boule de Neige', wie schwereloser Nebel.

Weiß blühende Rosenbegleiter

Name	Höhe in cm	Blütezeit (Monat)
▶ Stauden in Weiß		
Glockenblumen *(Campanula*-Sorten)	20–100	6–8
Sommer-Margerite *(Chrysanthemum*-Maximum-Hybriden)	50–90	6–9
Rittersporn *(Delphinium*-Hybriden), z. B. 'Polarfuchs', 'Galahad'	100–180	6–7/9
Fingerhut *(Digitalis purpurea)*	60–120	6–7
Steppenkerze *(Eremurus robustus)*	200–250	6–7
Feinstrahl *(Erigeron)*, z. B. 'Sommerneuschnee'	50–60	6–8
Blut-Storchschnabel *(Geranium sanguineum)* 'Album'	20–40	5–8
Madonnenlilie *(Lilium candidum)*	80–120	6–7
Königslilie *(Lilium regale)*	60–150	7
Phlox *(Phlox paniculata)*, z. B. 'Pax', 'Schneeferner'	80–100	6–9
▶ Einjährige in Weiß		
Stockrosen *(Alcea*-Rosea-Hybriden)	140–200	7–9
Bechermalve *(Lavatera trimestris)*	50–80	7–9
Männertreu *(Lobelia erinus)*	10–20	6–9
Duftsteinrich *(Lobularia maritima)*	5–15	6–10
Jungfer im Grünen *(Nigella damascena)*	30–50	6–9
▶ Silberlaubige, weiß blühende Begleiter		
Spornblume *(Centranthus ruber)* 'Albiflorus'	50–70	6–7/9
Filziges Hornkraut *(Cerastium tomentosum)*	10–15	5–6
Edeldistel *(Eryngium planum)* 'Silverstone'	60–80	6–8
Schleierkraut *(Gypsophila paniculata)*	80–120	6–8
Staudenlein *(Linum perenne)* 'Album'	30–50	5–7
Lichtnelke *(Lychnis coronaria)* 'Alba'	40–60	6–7
▶ Weiß panaschierte Begleiter		
Japan-Segge *(Carex morrowii)*	30–40	4–6
Kriechspindel *(Euonymus fortunei)*, z. B. 'Emerald Gaiety', 'Variegata'	20–150	–
Weißrand-Funkien *(Hosta*-Hybriden), z. B. 'Patriot', 'Univittata'	40–60	7–8
Küchen-Salbei *(Salvia officinalis)* 'Tricolor'	30–50	6–7

Sonnig und freundlich wirkt die Farbkombination von Gelb mit Weiß. Zu den hellen Rosen setzen violette Stauden einen kräftigen Kontrast.

Die gelbe 'Graham Thomas', untermalt von der weißen Clematis 'Alba Luxuriens', schafft diese heiter-frische Gartenszene.

Die gelbe 'Ghislaine de Féligonde' lässt die Sonne auch an trüben Tagen scheinen; dahinter leuchtet *Rosa moschata*.

Gelbe Rosen – freundlich und heiter wie die Sonne

Wer statt Romantik und Träumerei lieber die lebhaft heiteren Seiten des Seins bevorzugt, liegt mit gelben Rosen goldrichtig. Gelb gehört von der Farbtemperatur her zu den warmen Farben und bietet eine muntere Alternative zu kühlem Weiß und Rosa. Es verbreitet sogar an trüben Tagen gute Laune und bringt auch in dunkle Gartenecken einen freundlichen »Lichtstrahl«.
Gelb ist die Farbe der Sonne, unseres Haupt-Energielieferanten. Tatsächlich hat die Wissenschaft festgestellt, dass Gelb auch unsere Psyche aufhellt, anregt und trübe Stimmungen vertreibt. Als Muntermacher fördert es die Konzentration und die Kommunikation. Es erwärmt das Gemüt und stimmt fröhlich.

Leuchtende Kontraste

Auch im Garten entfaltet Gelb seine sonnigen Seiten. Mit enormer Leuchtkraft strahlen gelbe Blüten und setzen goldene Highlights in Beete. Sie erwärmen auch Sommertage, denen das Wetter wieder mal die kalte Schulter zeigt. Durch sein Temperament und seine Energie kann Gelb jedoch, in zu großen Mengen verwendet oder mit sehr kräftigen weiteren Farben kombiniert, auch schnell etwas aufdringlich oder gar grell wirken. Hier ist Fingerspitzengefühl gefragt! Leuchtendes Goldgelb neben temperamentvollem Geranienrot hat eher den Charakter bäuerlicher Schnittblumenbeete und trifft als Umgang mit der Königin der Blumen nicht jedermanns Geschmack. Weicht man auf kühlere oder pastellige Töne beider Farben aus, gelingen gefälligere Kombinationen.

Effekte mit Komplementärfarben

Besonders lebensfrohe und farbintensive Kombinationen gehen gelbe Rosen mit blauen oder violetten Begleitern ein. Die Komplementärfarben verstärken sich gegenseitig in der Leuchtkraft. Der Warm-Kalt-Effekt sorgt für Spannung und Belebung. Lavendel 'Hidcote Blue' oder Sommer-Salbei zu Füßen einer 'Graham Thomas' ziehen garantiert alle Blicke auf sich. Mit dieser Kombination kann man eigentlich nichts falsch machen.

Heiter und spritzig: Gelb mit Weiß

Zusammen mit Weiß ergeben sich besonders frische, spritzige Gartenbilder von frühlingshafter Ausstrahlung. Wie Eiswürfel im Zitrus-Cocktail »treiben« weiße Rosen auf den limettenhaft gründgelben Schirmen der Steppen-Wolfsmilch oder den Wolken des Frauenmantels und kühlen heiße Sommertage ab. Wählt man für diese Kombination auch noch die grünäugige 'Mme Hardy', untermauert sie mit ihrer zitronigen Duftnote diesen Eindruck perfekt. Natürlich funktioniert das Ganze auch umgekehrt. So erzielt man etwa mit der gelben 'Teasing Georgia', umschmeichelt von weißem Schleierkraut, eine ähnlich erfrischende Wirkung. Aber auch wärmere Goldtöne gehen mit Weiß heitere Verbindungen ein.

Farbverlauf von Creme bis Goldgelb

Unter den historischen Rosen sind gelbe Sorten eher selten. Nur bei den Noisette-Rosen und Moschata-Hybriden treten einige Formen auf. Wie es für Alte Rosen typisch ist, changieren deren Blütenfarben oft stark. Vom Knospenstadium bis zum Verblühen wechseln sie mitunter von

Gelb blühende Rosenbegleiter

Name	Höhe in cm	Blütezeit (Monat)
▶ Stauden		
Goldgarbe *(Achillea filipendulina)*	70–130	7–9
Frauenmantel *(Alchemilla mollis)*	30–50	6–8
Nadelblättriges Mädchenauge *(Coreopsis verticiliata)*	30–70	6–9
Steppen-Wolfsmilch *(Euphorbia seguieriana* subsp. *niciciana)*	50–60	7–8
Sonnenbraut *(Helenium*-Hybriden)	60–150	6–9
Sonnenauge *(Heliopsis helianthoides* var. *scabra)*	80–150	7–9
Taglilien *(Hemerocallis*-Hybriden)	40–100	5–8
Sonnenhut *(Rudbeckia fulgida)*	50–80	7–9
Heiligenkraut *(Santolina chamaecyparissus)*	30–50	7–8
Goldrute *(Solidago*-Hybriden)	50–80	7–9
Königskerze *(Verbascum bombyciferum)*	120–180	6–8
▶ Einjährige in Gelb		
Ringelblume *(Calendula officinalis)*	30–70	6–9
▶ Gelb panaschierte Begleiter		
Kriechspindel *(Euonymus fortunei)*, z. B. 'Emerald n' Gold'	20–150	–
Gelbrand-Funkien *(Hosta*-Hybriden), z. B. 'Aurea', 'Aureo-Maculata'	40–60	7–8
Zebraschilf *(Miscanthus sinensis)* 'Zebrinus'	150–250	9–10
Küchen-Salbei *(Salvia officinalis)*, z. B. 'Icterina', 'Variegata'	30–50	6–7
Zitronen-Thymian *(Thymus × citriodorus)* 'Golden Dwarf'	10–20	6–7

apricotfarben über zartgelb bis elfenbeinweiß, wie zum Beispiel die bezaubernde 'Buff Beauty'. Diese Ton-in-Ton-Übergänge an ein und derselben Blüte geben bereits einen Hinweis auf die reizvollsten Kombinationsmöglichkeiten. Beete mit harmonischem Farbverlauf eröffnen stets stimmige Perspektiven.

Die Nuancen der Farbe Gelb geben Spielraum für abwechslungsreiche, rein gelbe Gesellschaften. Während unter den alten Rosensorten die pastelligen Töne vorherrschen, trumpfen moderne Romantikrosen mit einer ungeheuren Bandbreite auf. Sie reicht vom Dottergelb von 'Graham Thomas' bis zum satten, goldenen Bernsteinton der danach benannten 'Bernsteinrose'. Dank moderner Züchtung setzt sich das Spektrum heute nahtlos und vielfältig ins Pfirsich- und Apricotfarbene fort (siehe nächste Seite).

Die Palette an gelb blühenden Stauden und Sommerblumen steht dieser Vielfalt in nichts nach. Besonders unter den Spätsommerblühern finden sich viele Stauden, bei denen schon der Name Programm ist, etwa Sonnenhut, Sonnenauge, Sonnenbraut oder Goldrute. Sie können zusammen mit öfterblühenden modernen Nostalgierosen strahlende Kombinationen eingehen. Sie spielen eher im warmen, goldgelben Spektrum, das die blühwilligen Sonnenbräute sogar um seltene Kupfertöne erweitern. Aber auch unter den Juni-/Juliblühern finden sich viele Gelbe (siehe Tabelle).

Muntere »Lichtreflexe« tupfen **gelb gefleckte Blätter** in die Rosenrabatte, und das auch außerhalb der Blütensaison. Sie setzen gelbe Rosen perfekt in Szene, indem sie den goldenen Faden weiterspinnen und das Thema mit anderen Mitteln fortsetzen. So sorgen sie für eine originelle Ergänzung der Rabatten.

Goldgelber Goldfelberich liegt der dottergelben 'Graham Thomas' zu Füßen und harmoniert Ton in Ton, flankiert von pastelligem Rosé und Dunkelrot.

Apricotfarbene Rosen – die trendigen Newcomer

Sie blühen in den Farben des Sonnenuntergangs und changieren zwischen pastellig zarten Apricot- und Pfirsichtönen über fruchtige Orange- bis zu rosa überhauchten Lachsfarben. Die Grenzen sind in diesem Bereich des Spektrums fließend und lassen sich häufig gar nicht klar abstecken. In jedem Fall erfreuen sich apricotfarbene Sorten in jüngster Zeit größter Beliebtheit. Sie gehören zu den derzeit am stärksten nachgefragten Rosen. Vielleicht trug die in den letzten Jahren aktuelle Modefarbe Orange dazu bei. Vielleicht liegt es auch einfach daran, dass die weichen, warmen Farben insbesondere in Verbindung mit nostalgisch gefüllten Rosenblüten ein wahrhaft märchenhaftes Flair verbreiten.

Blauer Rittersporn, der Klassiker unter den Rosenbegleitern, steht auch apricotfarbenen Rosen gut, hier der Austin-Rose 'Tamara'.

Alt und voll im Trend

Unter den Alten Rosen brillieren nicht viele mit solch trendigen Farben. Nur einige Moschata-Hybriden und Noisette-Rosen waren ihrer Zeit in dieser Hinsicht voraus, etwa die berühmte Kletterrose 'Gloire de Dijon' oder die aparte 'Buff Beauty'. Beide sind nicht eindeutig auf eine Farbe festzulegen, da sie stark changieren, nicht nur vom Knospenstadium bis zum Verblühen. Auch unterschiedliche Boden- und Witterungsbedingungen haben ihren Einfluss auf die Ausfärbung der Blüte. Das ist wohl der Grund, weshalb sie in verschiedenen Katalogen oft mit unterschiedlicher Farbbeschreibung geführt werden, mal gelb, mal rosa, mal cremefarben.

Moderne Töne

Die modernen Sorten erweisen sich als etwas stabiler in der Farbentwicklung. Der Siegeszug der apricotfarbenen Sorten ist wohl auch eng verknüpft mit der wachsenden Popularität der Englischen Rosen. Denn in dieser Gruppe bezaubern ungeheuer viele, berühmte Varietäten mit den sanften Pfirsichtönen, etwa die überragend duftende 'Apricot Parfait' (auch 'Evelyn' genannt), 'Charles Austin', 'Abraham Darby', 'Sweet Juliet', 'Leander' oder 'Ambridge Rose'. Sie verbanden als Erste diese neue oder doch bis dahin seltene Rosenfarbe mit dem nostalgischen Charme und den dicht gefüllten Blüten der alten Sorten.

Ihr Erfolg zog weitere Neuzüchtungen in diesem Farbspektrum auch aus anderen Züchterhäusern nach sich. So gibt es heute eine ganze Reihe ultramoderner Romantikrosen in pastellfarbenem Apricot, zum Beispiel 'Félidae', 'Concerto', 'Sangerhauser Jubiläumsrose', 'Sebastian Kneipp', 'Paul Bocuse', 'Papi Delbard' oder 'Versigny'.

Temperamentvolles Orange

Mit etwas geringerem Weiß-, dafür höherem Rotanteil ergeben sich kräftigere, feurigere Orangetöne, etwa bei 'Albrecht Dürer Rose', 'Augusta Luise', 'Gebrüder Grimm' oder 'Pat Austin'. Sie bringen etwas mehr Temperament auf die Gartenbühne. Je dunkler die Farbe beziehungsweise je feuriger das Orange, desto näher sollte man sie im Garten an den Betrachter heranrücken, etwa an den Sitzplatz oder den Eingang. So geht nichts von ihrer Wirkung verloren. Diese kräftig gefärbten Vertreter sind nicht immer einfach zu kombinieren. Sie können mit warmen Rot- oder hellen Gelbtönen harmonieren sowie mit orange blühenden Begleitern und ergeben dann temperamentvolle, glühende Ensembles voller Präsenz, die recht aufregend wirken können. Hinsichtlich der Verwendung im Garten ähneln sie eher den roten Sorten (siehe nächste Seite). Man sollte sie nur kleinräumig und punktuell einsetzen.

Auffällig, aber nicht aufdringlich

Die hellen, pastellfarbenen Apricot-Blüten, die mehr ins Gelbe oder Cremefarbene tendieren, sind von guter Fernwirkung. In ihrer Ausstrahlung verbinden sie das Warmtonige des Gelben mit dem romantischen Flair des Rosé. Auch sie sind mit etwas Fingerspitzengefühl zu kombinieren. Man sollte alle grellen Farben in ihrer Umgebung meiden. Dafür kann

Zwei Senkrechtstarter im Duett: Die Kletterrose 'Alchymist' und das Geißblatt *(Lonicera)* umschlingen sich in perfekter Farbabstufung.

man mit ihnen den sonst schwierigen Spagat zwischen Gelb und Rosa mit Bravour meistern. Eine Mélange aus Cremeweiß, Pfirsichgelb, Apricotrosé und Himbeerrosa erinnert nicht nur in der Wortwahl an Sorbet und Eiscreme, es sieht auch genauso verführerisch aus.

Man kann aus der großen Zahl weiß und gelb blühender Begleiter aus dem Vollen schöpfen. Je stärker das Apricotfarbene nach Rosa tendiert, desto mutiger kann man auch rosafarbenen Hofstaat ins Spiel bringen. Orangeblüher haben oft den Nachteil, dass ihre Farbausprägung zu »schreiend« ausfällt und sie apricotfarbene Rosen damit buchstäblich übertönen. Perfekt passen natürlich apricot blühende Stauden ins Bild. Davon gibt es jedoch nur eine geringe Auswahl. Gedecktes Orange, wie es z. B. einige Taglilien oder Edelgarben an den Tag legen, kann jedoch ebenso gut harmonieren. Bei Rosen dieses Farbspektrums empfiehlt es sich noch mehr als bei allen anderen, die erste Blüte abzuwarten, um zu sehen, wie sich die Farbe an Ort und Stelle in Ihrem Garten entfaltet, und erst danach die Begleiter auszuwählen.

Mit Garantie auf der sicheren Seite ist man natürlich auch hier – wie immer – mit blaublütiger Untermalung. Pfirsich- und Apricot-Töne machen umspielt von blauen Ritterspornkerzen oder violettem Sommer-Salbei eine zauberhafte Figur. Von der Kombination mit Rot sollte man allerdings die Finger lassen. Das geht meist daneben. Gewagt, aber interessant kann allerdings eine Gesellschaft aus apricotfarbenen Rosen und dunkel purpur-laubigen Gehölzen und Stauden wirken, wie Perückenstrauch, Blut-Berberitze oder Purpurglöckchen (siehe nächste Seite).

Apricot, lachs und orange blühende Begleiter

Name	Höhe in cm	Blütezeit (Monat)
▶ Pastelltöne bei Stauden		
Edelgarbe *(Achillea*-Millefolium-Hybriden), z. B. 'Lachsschönheit', 'Terracotta'	70 – 130	7 – 9
Fingerhut *(Digitalis purpurea),* z. B. 'Suttons Apricot'	60 – 120	6 – 7
Taglilien *(Hemerocallis*-Hybriden), z. B. 'Helle Berlinerin', 'Toyland', 'Apricot Angel'	40 – 100	5 – 8
▶ … bei Einjährigen		
Stockrose *(Alcea rosea)* 'Pleniflora'	140 – 200	7 – 9
▶ Kräftige Orangetöne bei Stauden		
Taglilien *(Hemerocallis*-Hybriden), z. B. 'Pojo', 'Bruno Müller',	40 – 100	5 – 8
Feuerlilie *(Lilium bulbiferum)*	40 – 120	6 – 7
▶ … bei Einjährigen		
Ringelblume *(Calendula officinalis)*	30 – 70	6 – 9
Tagetes *(Tagetes tenuifolia)*	20 – 30	6 – 10
Kapuzinerkresse *(Tropaeolum*-Hybriden)	30 – 300	7 – 10

Rote Rosen – Symbole großer Gefühle

Ein Strauß roter Rosen ist eine klare Botschaft. Einst der Göttin der Liebe geweiht, gilt die Rose noch heute als die Blume der Liebe schlechthin. Rot wiederum ist die Farbe der Liebe, aber auch die der Wut, des Blutes und des Kampfes. Rot steckt voller Energie, Leidenschaft und Temperament. Es sorgt für Dynamik, aktiviert, regt an, kann im ungünstigsten Fall aber auch Aggressionen wecken. Daher sollte man es im Garten gezielt und eher sparsam als großflächig einsetzen.

Das mutige und gewagte Spiel mit warmen und kühlen Rottönen gelingt leichter, wenn man purpurlaubige Begleiter einstreut.

Wo immer eine Partie etwas mehr Pep vertragen kann, sind leuchtende, warmtonige Rotblüher erste Wahl. Schon einige wenige Blüten etwa einer 'William Shakespeare 2000' sind von ungeheurer Signalwirkung. Dazu trägt auch das komplementäre Farbenpaar Rot-Grün bei, das durch die Laubuntermalung automatisch gegeben ist. Zu viel Rot rückt einem jedoch leicht »auf die Pelle«. Es kann etwas bedrückend wirken und lässt kleine Gärten optisch noch mehr schrumpfen.

Entscheidend: die Farbtemperatur

Aufgrund dieser Dominanz fällt auch die Kombination mit anderen Blühpartnern manchmal schwer. Für etwas Distanz und Abkühlung sorgen weiße und blaue Begleiter. Beide Farben bilden lebhafte, aber stets harmonische Kontraste, die das Rot richtig aufleuchten lassen und in seiner Wirkung unterstreichen. Bei Blühpartnerschaften mit Gelb, Orange oder anderen Rottönen kommt es stark auf die Farbtemperatur des Rots an. Je nachdem, ob sich eine Idee mehr Gelb- oder mehr Blauanteil hineinmischt, wirkt es eher warm, leuchtend und feurig oder kühl, romantisch karmin- bis purpurtonig.

Dieser Temperaturunterschied tritt bei Rot so deutlich wie bei keiner anderen Farbe zu Tage. Die warmen Nuancen vertragen sich gut mit den anderen Feuerfarben Orange und Gelb, heizen die Stimmung dann allerdings mächtig an. Wem diese Gesellschaft zu brenzlig erscheint, sollte lieber auf die satten Karminnuancen setzen, wie sie vor allem unter den Alten Rosen und hier besonders unter den Gallica-Rosen zu finden sind. Sie lassen sich ohne

Rot blühende Rosenbegleiter

Name	Höhe in cm	Blütezeit (Monat)
▸ Warme, leuchtende Rottöne bei Stauden		
Edelgarbe (*Achillea*-Millefolium-Hybriden), z. B. 'Fanal', 'Sammetriese'	70–130	7–9
Sonnenbraut (*Helenium*-Hybriden), z. B. 'Indianersommer', 'Baudirektor Linne'	60–150	6–9
Taglilien (*Hemerocallis*-Hybriden), z. B. 'Hot Town', 'Lusty Lealand'	40–100	5–9
Scharlach-Lobelie (*Lobelia fulgens*)	60–80	7–9
Brennende Liebe (*Lychnis chalcedonica*)	80–100	6–7
Scharlach-Salbei (*Salvia coccinea*)	40–60	6–9
▸ Schwarzrote Einjährige		
Stockrose (*Alcea rosea*) 'Nigra'	150–200	7–9
Gartenfuchsschwanz (*Amaranthus*) 'Dunkelrote Fanal'	30–80	7–10
▸ Kühle Karmintöne siehe Seite 52		
▸ Rot- und purpurlaubige Begleiter		
Gehölze		
Schlitz-Ahorn (*Acer palmatum*) 'Dissectum Nigrum'	100–200	6–7
Hecken-Berberitze (*Berberis thunbergii*) 'Atropurpurea', 'Atropurpurea Nana'	60–200	5
Perückenstrauch (*Cotinus coggygria*) 'Royal Purple'	200–300	6–7
Stauden		
Purpur-Günsel (*Ajuga reptans*), z. B. 'Braunherz', 'Atropurpurea'	15–20	4–6
Purpurglöckchen (*Heuchera micrantha*) 'Palace Purple'	30–40	7–8
Japanisches Blutgras (*Imperata cylindrica*) 'Red Baron'	30–40	–
Schlangenbart-Gras (*Ophiopogon planiscapus*) 'Nigrescens'	20–30	–

Probleme mit kühlem Rosa kombinieren (siehe Seite 52/53).

Warme Rottöne treten eigentlich nur bei einigen Remontant-Rosen und vor allem bei den Modernen Rosen auf. In diesem Bereich des Farbspektrums haben sie für eine enorme Bereicherung gesorgt. Mit 'William Shakespeare 2000' oder 'Red Eden Rose' stehen heute auch herrlich nostalgisch gefüllte Sorten in dieser leidenschaftlichen Tönung zur Verfügung.

Warm und kalt – alles andere als lau

Das Gebot, Rot eher sparsam zu verwenden, bedeutet keinesfalls, dass eine rote Rose einsam im Garten stehen sollte. Das Thema Rot kann an anderen Beetstellen wieder auftauchen. Sehr reizvolle Szenen machen aber auch kleine Ensembles aus roten Rosen und roten Begleitern. Sie setzen ungewöhnliche Tupfer in den Garten. Beschränkt man die Sortenwahl dabei entweder auf warme oder auf kühle Töne, kann wenig schief

Hier geht die Gallica-Rose eine Ton-in-Ton-Verbindung mit dem zartvioletten Muskatellersalbei ein. Die weiße Strauchrose kontrastiert harmonisch.

gehen. Eine echte gestalterische Herausforderung stellt jedoch ein Mix aus beidem dar, denn die unterschiedlichen Temperamente »beißen« sich leicht. Gelingt eine geschickte, diplomatische Verbindung, entstehen jedoch ausgesprochen extravagante Gartenbilder von dramatischer Schönheit.

Ein bewährter Trick besteht darin, rot- und purpurlaubige Stauden und Gehölze als ruhende Pole zwischen die rivalisierenden Partner einzustreuen oder als besänftigende Kulisse hochzuziehen. So können eine Formschnitthecke aus Rotbuche, eine Blut-Berberitze oder ein dunkelpurpurner Perückenstrauch einen geheimnisvoll wirkenden Rahmen für ein Rot-in-Rot-Beet abstecken. In der Rabatte können Schlitzahorn, Purpur-Günsel oder das schwarzhalmige Schlangenbart-Gras für magische dunkle Flecke sorgen. Auch unter den Blüten gibt es braunrote oder nahezu nachtschwarze, die gut als Vermittler fungieren können, etwa die samtig braunrote Gallica-Rose 'Tuscany Superb', die dunkel purpurfarbene Englische Rose 'The Prince' oder die schwarze Stockrose 'Nigra'.

Rosige Stil- und Themenvariationen

Die uralte Gallica-Sorte 'Versicolor' verbreitet hier zusammen mit Fingerhut, Rittersporn und kleinen Deko-Accessoires Cottage-Garten-Flair.

So wie es Landhäuser und Stadthäuser, Fachwerk- oder Glasfassaden, Villen und Hütten gibt, so gibt es auch unterschiedliche Stilrichtungen in der Gartengestaltung. Je nach Pflanzenauswahl und -anordnung entstehen Bilder mit ganz spezifischem Flair. Natürlich sollten Haus und Garten in ihrer Ausstrahlung zusammen harmonieren. Aber keine Angst, man braucht seinen Garten deshalb in keine Schablone zu pressen. Die Möglichkeiten sind vielfältig und notfalls hilft ein kleiner Kunstgriff: Teilen Sie Ihren Garten optisch durch Hecken oder hohe Sträucher in unterschiedliche Räume, dann können Sie jeden Bereich unter ein anderes Motto stellen. Hier ein paar Anregungen, bei denen Rosen »tragende« Rollen spielen.

Country-Gärten – ländlich rustikaler Charme

Allen bäuerlichen Gärten war eines gemeinsam: Es gab keine strenge Trennung von Nützlichem und Schönem. Kennzeichnend war und ist das muntere Miteinander und Durcheinander von Gemüse, Obst und Zierpflanzen, von Farben, Formen und Düften. Passend zur Umgebung spielen rustikale Elemente und Accessoires eine wichtige Rolle. So präsentieren sich Zäune, Rosenbögen oder Pergolen stilecht eher in Holz als in Metall oder Kunststoff. Übertöpfe aus Korb fügen sich besser ins Bild als solche aus Plastik. Wege und Pfade bestehen häufig aus regional typischen Natursteinen oder rustikalem Rindenmulch. Rosen, und ganz besonders die nostalgischen Sorten, sind aus Country-Gärten nicht wegzudenken. Als älteste Kulturpflanze der Menschheit begleiteten sie diese traditionsreichen Gärten durch die Jahrhunderte.

Der englische Cottage-Garten-Stil

Diese Art der Gartengestaltung erfreut sich einer riesigen Fan-Gemeinde. Ihr Zauber liegt in der ungeheuren, dicht gedrängten Vielfalt an Pflanzen, die scheinbar völlig zwanglos und zufällig die romantischsten Gartenbilder ergeben. Sie lassen kaum einen freien Fleck Erde, keine leeren Flächen, auch keinen Rasen. Nie treten große Gruppen ein- und derselben Pflanze auf. Gehölze, Stauden, Zwiebel- und Sommerblumen, Kräuter und Gräser tummeln sich vielmehr gemeinsam in den berühmten Mixed-Borders. Ursprünglich gediehen auch hier Nutz- und Zierpflanzen in ausgewogener Kombination nebeneinander. Der modernere Cottage-Garten verschob das Gleichgewicht in Richtung Zierpflanzen. So berühmte Gärten wie die der Gertrude Jekyll oder der Vita Sackville-West dienen heute als Vorbild für diesen Stil. In beiden spielten historische Strauchrosen herausragende Rollen. Nahezu alle Sorten können fantasievoll mit vielen Begleitern vergesellschaftet werden. Eine geschickte Höhenstaffelung ist dabei wichtig sowie das abwechslungsreiche Spiel mit Blatt- und Blütenfarben und -formen. Typisch für den Cottage-Garten ist seine intime Atmosphäre. Dazu tragen kleine Mauern, hohe Hecken oder abgeschirmte Sitzplätze bei. Selbstverständlich überwuchern und dekorieren Kletterrosen und andere Kletterpflanzen alle senkrechten Elemente im Garten. Gezielt gesetzte Akzente, wie kleine Skulpturen, Wasserbecken, Vogeltränken oder bepflanzte Schalen, betonen je nachdem die etwas verwunschenen, verträumten oder geheimnisvollen Ecken.

Der traditionelle Bauerngarten

Der klassische Bauerngarten mitteleuropäischer Prägung ist formaler strukturiert. Er hat sich im Mittelalter aus dem Vorbild der Klostergärten entwickelt. Von dort übernahm er auch das charakteristische, buchsgesäumte Karrée mit dem Wegekreuz in der Mitte. In den so eingefassten Beeten wuchsen Gemüse, Kräuter und Heilpflanzen einträchtig nebeneinander. Rosen gehören seit eh und je zur Grundausstattung jedes Kloster- oder Bauerngartens, wobei auch sie zunächst weniger ihrer Zier- als ihrer Heilkräfte wegen kultiviert wurden. Aber bis heute sind historische Rosensorten, mit ihren prallen, dicht gefüllten Blüten und ihrem Duft, ein Muss für jeden bäuerlich rustikalen Garten. Im Laufe der Zeit kamen immer mehr Zierpflanzen dazu. Prachtstauden wie Rittersporn, Phlox oder Pfingstrosen, vor allem aber bunte, einjährige Sommerblumen, wie Levkojen, Stockrosen, Ringelblumen, Wicken oder Tagetes, werden ohne Scheu mit den Rosen vergesellschaftet. Stattliche, robuste Alba-Rosen, etwa 'Maxima' oder 'Semiplena', haben als typische Bauerngartenrosen eine lange Tradition. Meist sorgten sie am Zaun für Sicht- und Windschutz oder verdeckten hässliche Mauern. Etwas gemäßigter wachsende Sorten bilden den dekorativen Hintergrund von Rabatten. Später wurden Kletterrosen am Bogen beliebt, die das Gartentor oder den Eingang überspannen oder verschiedene Gartenbereiche trennen. Auch rosenberankte Fassaden fügen sich stilecht ins Bild.

Der barocke Rosengarten

Während die ländlichen Gärten von auffälligen Blütenpflanzen geprägt sind, begriff man die herrschaftlichen Gartenanlagen der Renaissance- und Barockzeit als Fortsetzung der Architektur. Der Einzelpflanze wurde wenig Bedeutung beigemessen, es zählte die Gesamterscheinung. Streng geometrisch angelegte Flächen waren auf das Hauptgebäude ausgerichtet. Mit Formschnitthecken gesäumte Wege, Labyrinthe oder Parterres aus niedrigem Buchs sind kennzeichnende Elemente solcher Anlagen. Nun kann heute kein Privatgarten mit den Ausmaßen alter Schlossgärten konkurrieren. Aber formale Elemente, »en miniature« gestaltet, können durchaus reizvolle Stilmittel im Garten sein. Geometrische Beete, etwa Quadrate, Kreise, Dreiecke, mit Buchs gefasst, lassen das Flair dieser Zeit wieder aufleben. Hohe Formschnitthecken ergeben als Gartengrenze oder Hintergrund für Rosen den stilechten Rahmen. Kieswege, die auf einen Blickpunkt zuführen, am besten ein stimmiges Accessoire wie eine barocke Putte, ein Springbrunnen oder ein Pavillon, unterstreichen die Atmosphäre passend. Kleine Laubengänge aus rosenberankten Bögen fügen sich hervorragend ins formale Bild. Rosen haben aber in diesem Rahmen vor allem als Hochstämmchen ihren großen Auftritt. Als Mittelpunkt runder oder quadratischer Beete, als kleine Allee am Weg entlang oder als Spalier am Hauseingang machen sie immer eine gute Figur. Etwas mehr Ro-

Niedrige Buchseinfassungen und -hecken prägten sowohl die klassischen Bauerngärten als auch barocke Gartenanlagen vergangener Zeiten.

Mit Rosenhochstämmchen lassen sich auch auf kleinem Raum dekorative formale Akzente setzen. Diese einseitige Allee braucht nicht viel Platz.

mantik kommt ins Spiel, wenn man sich für Sorten mit nostalgischer Blüte entscheidet oder für Kaskadenrosen. Das sind auf Hochstamm veredelte Klettersorten, die herrliche Blütenschleppen bilden. Aber auch moderne Beetrosen passen sehr gut zur Grundidee des formalen Gartens. Als geschlossene Farbfläche füllen sie buchsgesäumte Beete und unterstreichen deren Geometrie. Immergrüne und Nadelgehölze mit geometrischer Kronenform, wie Eibenkegel oder Buchskugeln, setzen stimmige Akzente. Wem Formschnittgehölze als Einfassung zu streng wirken, der kann auch die etwas aufgelockertere Variante wählen und schnittverträglichen Kräutern, wie Lavendel, Heiligenkraut oder Katzenminze, diese Rolle übergeben.

TIPP

So gelingt die Einfassung

Verwenden Sie für niedrige Einfassungen den schwachwüchsigen *Buxus sempervirens* 'Suffruticosa'. Setzen Sie die Jungpflanzen im Frühjahr oder Herbst im Abstand von 15 bis 20 cm. Ein geschlossenes Bild entsteht nur, wenn regelmäßig einmal im Jahr zurückgeschnitten wird, am besten im Juli oder im April. Für höhere Hecken eignen sich der Hohe Buchs *(B. sempervirens* var. *arborescens)*, Liguster *(Ligustrum vulgare* oder *L. ovalifolium)* sowie Nadelgehölze wie Eibe *(Taxus baccata)*, Scheinzypresse *(Chamaecyparis lawsoniana)* oder Lebensbaum *(Thuja occidentalis)*.

Nostalgische Hochstämmchen

▶ **Moderne romantische Sorten:** 'Augusta Luise', 'Bernsteinrose', 'Candlelight', 'Graham Thomas', 'Heritage', 'Leonardo da Vinci', 'Nostalgie', 'Winchester Cathedral'.

▶ **Kaskadenrosen:** 'Elfe', 'Ghislaine de Féligonde', 'Raubritter'.

Der naturnahe Garten

Im starken Gegensatz zum formalen Garten steht das naturnahe Gärtnern. Anstelle strenger Strukturen und ständiger Korrekturen, die viel Zeit in Anspruch nehmen, steht hier möglichst unverfälschtes Wirken der Natur im Vordergrund. Wer jetzt meint, Rosen als Ergebnis jahrtausendelanger Züchtung wären hier fehl am Platz, der irrt. Schließlich stehen eine Fülle von Wildrosen zur Auswahl, deren ursprünglicher Charme hervorragend in naturnahe Gärten passt. Als Wildrosenhecken begrenzen sie das Grundstück wirkungsvoller als jeder Zaun, denn ihr undurchdringliches »Stachelgestrüpp« macht sie ganz schön abweisend. Dafür wirken sie in voller Blüte optisch umso anziehender. Die

Alte Rosen fügen sich auch problemlos in naturnahe Gärten ein. Hier gehen sie eine lässige Gesellschaft mit Waldrandstauden ein, und der rustikale Holzzaun fügt sich harmonisch ein.

Wildrosenhecken, hier mit der Essig-Rose, begrenzen naturnahe Gärten auf attraktive und mit ihrem stacheligen Geäst wirkungsvolle Weise.

Für Urwaldatmosphäre sorgen Rambler, die in alte Baumkronen klettern – im Bild die moderne, wuchskräftige Sorte 'Paul's Himalayan Musk'.

TIPP

Eine herrliche Ergänzung naturnaher Rosengärten bieten Rambler, die sich in alte Bäume hangeln. Sie verleihen ihnen eine zweite Blüte, wenn im Juni/Juli die Rosen aufgehen. Lianenartige Triebe hängen wie Schleier aus dem Geäst und zaubern paradiesische Atmosphäre. Am besten eignen sich zu diesem Zweck Baumarten mit relativ lichten Kronen, wie Obstbäume, Kiefern, Robinien oder Eiben.

schlichte Schönheit ihrer einfachen Blüten sowie die fast transparenten Blütenblätter stehen in spannungsreichem Widerspruch zu ihrem ungestümen Wuchs. Verwendet man wurzelechte Pflanzen, sorgen sie durch rege Ausläuferbildung schnell für eine dicht geschlossene Hecke, die guten Sichtschutz bietet.

Tierischer Lebensraum

Nicht nur Menschen finden an heimischen Wildrosen Gefallen. Sie tragen zur Belebung des Gartens bei, indem sie Vögeln, Igeln und Kleinsäugern Lebensraum, Nistplätze und Nahrung geben. Neben Bienen und Hummeln fühlen sich mehr als 100 Insektenarten auf ihnen wohl! Und das Beste: Diese Urahnen aller Gartenrosen gedeihen auch noch auf Plätzen, die der verwöhnten Gartenkönigin sonst nicht so zusagen: magere Böden, raue, schattige oder windige Lagen. Sie stellen ohne Zweifel die pflegeleichteste Variante des Rosengartens dar. Schmückt man den Heckensaum mit natürlich wirkenden Waldrandstauden, wie Fingerhut, Storchschnabel, Akeleien, Gräsern und Farnen, verleiht das dem Ganzen eine urwüchsige Atmosphäre. Angrenzende Grünflächen fügen sich als eine etwas höher wachsende Wiese, in die sich mit der Zeit ein paar Wildblumen einstreuen, harmonischer ein als Rasen.

Rambler für Bäume

- **Für kleinere Bäume:** 'Desprez à Fleurs Jaunes', 'Félicité et Perpetué', 'Ghislaine de Féligonde', 'Mme Alfred Carrière'.
- **Moderne Sorten für größere Bäume:** 'Rambling Rector', 'Kiftsgate', 'Bobbie James', 'Paul's Himalayan Musk', 'Lykkefund', 'Venusta Pendula'.

Die schönsten Wildrosen

Name	Blüte	Höhe in cm
Kriechende Rose *(Rosa arvensis)*	weiß	100 – 200
Hundsrose *(Rosa canina)*	rosa	200 – 300
Essig-Rose *(Rosa gallica)*	karmin	80 – 150
Zimt-Rose *(Rosa majalis)*	rosa	150 – 200
Apfelrose *(Rosa rubiginosa)*	rosa	200 – 300
Bibernell-Rose *(Rosa spinosissima)*	creme	80 – 150

Der Duftgarten

Beim folgenden Thema kann man sich getrost an der Nase herumführen lassen. Auch mit geschlossenen Augen nimmt man das gewisse Etwas wahr, das hier in der Luft liegt und den Garten um eine zusätzliche, sinnliche Komponente erweitert (siehe Kasten Seite 19).

Kein künstlich im Labor erzeugtes Parfum kann es mit der Unmittelbarkeit frischer Naturdüfte aufnehmen. Wie intensiv riecht frisch gemähtes Heu oder die reine Luft nach einem heftigen Gewitterschauer? Vor allem bezaubern uns Blüten und allen voran die Rose mit dieser sinnlichen Qualität. Fast automatisch bückt man sich bei ihrem Anblick, um erwartungsvoll zu schnuppern. Alte Rosen enttäuschen in dieser Hinsicht auch nicht, ebenso wenig die in diesem Buch vorgestellten neuen Nostalgierosen, die ja in aller Regel gezielt auf Duft gezüchtet wurden. Nur wenige der im Porträtteil beschriebenen Sorten sind geruchlos. Wer sich also einen Duftgarten anlegen möchte, darf die Gartenbühne großzügig mit ihnen besetzen.

Moosrosen wie diese 'James Mitchell' verbinden süßen Blütenduft mit den Balsamnoten des »Mooses«.

Aroma-Variationen

Langeweile kommt dabei sicher nicht auf, denn Rosenduft ist keineswegs gleich Rosenduft. Einige Sorten, etwa die hinreißende 'Mme Hardy', weisen eine frische Zitrusnote auf. Andere verströmen einen Hauch von Myrre, etwa 'Belle Isis'. Wieder andere riechen herb-würzig wie 'Ferdinand Pichard', 'Blanche Moreau' und 'Muscosa' oder fruchtig wie 'Isaac Pereire', 'Paul Cézanne' oder viele neue Nostalgiesorten. In den Katalogen von Delbard ist der jeweilige Sortenduft sogar noch einmal aufgeschlüsselt: nach Basis-, Herz- und Kopfnoten. So enthält beispielsweise das Odeur von 'Juliette Gréco' Aroma-Komponenten von Anis, Estragon, Pampelmuse und Rasen. Weitere Rosenduft-Nuancen können sein: Zimt, Muskat, Himbeere, Pfirsich, Bergamotte oder viele andere. Spektrometer machen Düfte neuerdings messbar und helfen die Sprachlosigkeit in diesem Bereich etwas zu überwinden.

Der Nase nach

Bei der Auswahl Ihrer Lieblingsrose dürfen Sie aber ruhig der Nase nach gehen und aus dem Bauch heraus entscheiden. Denn was gefällt, tut auch gut. Und nur von dieser Maxime sollte man sich bei der Anlage eines Duftgartens leiten lassen. Wohl zu überlegen ist dagegen die Platzierung der Parfumspender. Duft kommt nur in Nasennähe zur Geltung. Sitzplatz, Pergola, Terrasse, Eingang oder Wegränder sind daher prädestinierte Orte für die Nasenschmeichler. Während manche Sorte zart und zurückhaltend, nur aus unmittelbarer Nähe zu erschnuppern ist, verströmen sich andere freigiebig über die Distanz, etwa 'Trigintipetala' oder 'Souvenir de la Malmaison'.

Wer duftet am schönsten im ganzen Land? Hier stimmen 'Gertrude Jekyll' (vorne), 'Comte de Chambord' (hinten) und Lavendel eine Duftsinfonie an.

Eine interessante Duftvariante bietet die Apfelrose *(Rosa rubiginosa)*. Bei ihr verströmt das junge Laub das Parfum, dessen fruchtige Note ihr den Namen gab.

Duftige Begleiter

Bei aller Vielfalt der Rosen brauchen sie die Duftsinfonie im Garten jedoch nicht alleine zu bestreiten. Ein Begleitorchester steigert den Genuss. So startet der Duftgarten schon vor der Rosenblüte, etwa mit Dichternarzissen *(Narcissus poeticus)*, Hyazinthen *(Hyacinthus orientalis)* und Maiglöckchen *(Convallaria majalis)* im Beet, unterstützt von Gehölzen wie Seidelbast *(Daphne mezereum)*, Duft-Schneeball *(Viburnum farreri)* und Flieder *(Syringa vulgaris)*. Bis zum Saisonausklang halten Duft-Veilchen oder Duftreseden ihre Fahnen hoch.

Zur Hauptrosenblüte bietet sich eine vielstimmige, nuancenreiche Untermalung mit Stauden und Sommerblumen an (siehe Tabelle). Mit den unterschiedlichen Aromen lassen sich ganz nach persönlichem Geschmack die verschiedensten Cocktails mixen. Das Sortiment der **Kräuter** (Tabelle siehe Seite 45) steuert herb-würzige Töne bei. Blumige Noten spenden neben den Rosen Lavendel, Nelken oder Reseden. Einen Schuss Heiterkeit und Frische bringen Zitrusdüfte ein, etwa von Duftgeranien *(Pelargonium*-Hybriden) im Topf, Zitronen-Thymian oder Zitronenmelisse *(Melissa officinalis)*, und mit orientalisch-schwerem, süßem Parfum untermalen Levkojen oder Lilien den Zusammenklang.

Mixen Sie mit Gefühl: Zu viele Starkdufter, wie Königslilien oder Ziertabak, die ihr Odeur verschwenderisch im Umkreis von Metern verströmen, können auf kleinem Raum auch schnell zu viel des Guten sein. Übrigens entfalten beide besonders in den Abendstunden und nachts ihren Duft, ebenso wie Nachtviole oder Nachtkerze. Das macht sie für all jene, die ihren Garten erst nach getaner Arbeit am Abend genießen, besonders interessant!

Das zarte Odeur von 'Leonardo da Vinci' verbindet sich dezent mit dem Parfum der Nelken.

Duftpflanzen als Rosenbegleiter

Name	Höhe in cm	Blütezeit (Monat)
▶ **Stauden**		
Pfingstnelke *(Dianthus gratianopolitanus)*	5 – 20	5 – 7
Nachtviole *(Hesperis matronalis)*	60 – 100	5 – 6
Lavendel *(Lavandula angustifolia)*	30 – 80	6 – 8
Madonnenlilie *(Lilium candidum)*	80 – 120	6 – 7
Königslilie *(Lilium regale)*	60 – 150	7
Nachtkerze *(Oenothera tetragona)*	40 – 70	6 – 9
Duft-Phlox *(Phlox paniculata)*	50 – 150	6 – 9
▶ **Einjährige**		
Vanilleblume *(Heliotropium arborescens)*	30 – 50	6 – 9
Duftwicke *(Lathyrus odoratus)*	bis 250	6 – 9
Duftsteinrich *(Lobularia maritima)*	5 – 15	6 – 10
Levkojen *(Matthiola incana)*	30 – 100	5 – 8
Ziertabak *(Nicotiana sylvestris)*	100 – 150	6 – 10
Resede *(Reseda odoratus)*	30 – 40	6 – 10

Auch die Jakobitenrose ('Maxima') duftet sehr reizvoll.

Alles im Kasten – Alte Rosen in Töpfen und Kübeln

Was tun, wenn die Liebe zu den Rosen größer ist als der Garten, der zur Verfügung steht? Oder noch schlimmer, wenn man gar keinen Garten besitzt? Kein Grund zu verzweifeln! Ein so majestätisches Gewächs hat auch ganz ohne Bodenhaftung große Auftritte. In Zeiten, da die Grundstücke immer weiter schrumpfen, spielen Terrasse und Balkon als grüne Oase eine immer wichtigere Rolle.

Im Zuge dieser Entwicklung hat man auch Rosen als Kübelpflanzen wieder entdeckt. Denn neu ist diese Art der Kultur keineswegs. Schon die Römer setzten die Königin der Blumen vor rund 2000 Jahren in silberne Gefäße und verliehen ihr damit noch mehr Glanz. Auch im 19. Jahrhundert war die Kübelhaltung der Rose keineswegs unüblich. Dann geriet sie für einige Zeit in Vergessenheit und erlebt jetzt seit etwa zwei Jahrzehnten eine kräftige Renaissance.

Dekorativ und mobil

Neben der Tatsache, dass damit auch steinerne Flächen mit Rosen verschönert werden können, locken weitere reizvolle Aspekte. Zum einen bietet eine riesige Auswahl an dekorativen Pflanzgefäßen zusätzliche Gestaltungsmöglichkeiten. Kübel von rustikal bis elegant, von klassisch bis modern, können den Schmuckwert der Pflanzen aufwerten und dem Ambiente zusätzliches Flair verleihen.

Zum anderen schafft die Mobilmachung der Rosen mehr Flexibilität in der Verwendung. Soll die Rose zur Blütezeit am Hauseingang repräsentieren, kann sie dennoch später an weniger exponierter Stelle neue Kräfte sammeln. Wirkt sie im Sommer am besten vor den Ritterspornkerzen im Beet, genießt man sie im Herbst vielleicht lieber zwischen Fetthennen oder Astern. Der Duft der Romantikrosen lässt sich so immer der Nase nachrücken und auch Standortproblemen kann man gelassen entgegensehen. Stellt sich ein Platz als ungeeignet heraus, postiert man eben um.

Nicht nur kleine Formen

Nicht zuletzt trug die Entwicklung kleinerer Rosenformen, vor allem

Bei guter Pflege gedeihen Alte Rosen sogar gut im Topf. Dann muss man auch auf Terrasse und Balkon nicht auf ihre Pracht verzichten.

der Zwergrosen, zur Popularität der Topfkultur bei. Sie kommen auch mit gängigen Topfgrößen und Balkonkasten-Formaten problemlos zurecht. Auch viele Beet- und Edelrosen fühlen sich im begrenzten Erdreich ganz wohl. Generell gilt: Je kleiner und kompakter die Sorte, desto besser eignet sie sich für Gefäße. Dennoch sind auch die stattlichen Strauch- und Kletterrosen, die ja das Gros der Alten Rosen ausmachen, durchaus in Kübeln zu halten. Ihr Gedeihen hängt dabei maßgeblich von der ausreichenden Topfgröße und der richtigen Pflege ab. Die Tabelle Seite 71 führt besonders geeignete Sorten auf.

Rosiger Sichtschutz

Mit **Kletterrosen** lassen sich mobile, transportable Sichtschutzwände gestalten, wenn Rankhilfe und Pflanztrog eine Einheit bilden. Man kann jedoch die Aufstiegshilfen für die Senkrechtstarter auch an Balkon- oder Terrassenwänden installieren. Dann muss man bei der Auswahl der Rosensorte sowie des Pflanzgefäßes jedoch besonderen Wert auf Frostbeständigkeit legen. Schließlich müssen Rose und Kübel, dann mit ihren am Mauerwerk befestigten Trieben vor Ort überwintern, da sie nicht eingeräumt werden können.

Effekte mit Stämmchen

Eine besonders reizende Figur machen **Hochstammrosen** im Topf. Sie sind ein gärtnerisches Kunstprodukt. Man veredelt meist Beet- oder Edelrosen auf vorgezogene Stämmchen, in 90 Zentimeter (Hochstamm), 60 Zentimeter (Halbstamm) oder 40 Zentimeter (Fußstamm) Höhe. Verwendet man Klettersorten, spricht man von Kaskadenrosen. Sie werden in 140 Zentimeter Höhe verdelt.

Mit Hochstämmchen lassen sich bezaubernde Effekte erzielen, etwa als Blütenposten links und rechts der Haustür, als Endpunkt einer Blickachse im Garten oder als Spalier entlang des Weges. In ausreichend großen Kübeln kann man sie dekorativ mit anderen Blühern unterpflanzen, etwa mit blauen oder weißen Lobelien, mit dem aromatischen Bergbohnenkraut oder ähnlich anspruchslosen Begleitern. So erhält man ein Platz sparendes »Gärtchen« auf zwei Etagen, das selbst auf dem kleinsten Balkon Platz findet. Auf stark zehrende Partner sollte man aus Konkurrenzgründen jedoch verzichten. Man pflanzt sie besser in eigene Töpfe und rahmt damit – wo immer es der Platz erlaubt – den Rosenkübel ein. So kann man den unterschiedlichen Bedürfnissen besser gerecht werden.

Regelmäßig wässern und düngen

Im Freiland sind gut eingewurzelte Rosen relativ pflegeleicht. Als Tiefwurzler überstehen sie auch Trockenperioden problemlos. Das begrenzte Erdvolumen im Pflanztrog erfordert jedoch sehr regelmäßiges Gießen, um die laufende Wasserversorgung sicherzustellen. An heißen Tagen greift man am besten zweimal am Tag, morgens und abends, zur Kanne. Alternativ bieten sich Gefäße mit integriertem Wasserspeicher an. Auch die sonst im Boden gespeicherten Nährstoffe müssen natürlich laufend in ausreichender Menge nach-

Oben: Besonders problemlos entwickeln sich Hochstämmchen im Kübel. Auf standfeste Gefäße achten!
Unten: Langzeitdünger sind meist in Kegelform im Handel, sie werden einfach in die Erde gedrückt.

geliefert werden. Hierzu empfiehlt sich der Einsatz von Langzeitdüngern im Frühjahr, die die Pflanzennährstoffe nach und nach in der von der Rose benötigten Menge abgeben, oder die regelmäßige Gabe von Flüssigdüngern mit dem Gießwasser. Sollen die Rosen im Freien überwintern, darf man allerdings auch hier, ebenso wie bei den Freilandrosen, ab Juli keinen Stickstoff mehr düngen, um die Frosthärte nicht zu gefährden.

Das richtige Pflanzgefäß

Die tief wurzelnde Rose ist für die Kübelkultur zunächst nicht unbedingt erste Wahl. Idealerweise trägt die Gefäßform dieser Eigenart Rechnung. Eine relativ hohe, zylinder- oder amphorenartige Gestalt erleichtert Rosen das Leben ohne Bodenkontakt. Die passende Topfgröße hängt von der Wüchsigkeit der Rosensorte ab. Abgesehen von ausgesprochenen Topfrosen, die als stecklingsvermehrte Massenware im Fachhandel oft als Zimmerpflanzen angeboten werden, sollte man für Freilandrosen Kübelgrößen von 30 Zentimetern Durchmesser bei gleicher Höhe nicht unterschreiten. Zwergrosen und auch viele Beetrosen kommen damit zurecht. Für Strauch- und Kletterrosen empfehlen sich größere Gefäße von mindestens 50 Zentimetern Durchmesser und idealerweise noch stattlicherer Höhe, damit sich die langen Wurzeln ausstrecken können. Unabdingbar sind Wasser-Abzugslöcher im Gefäßboden, denn Staunässe ist für Rosen tödlich. Darüber hinaus entscheiden vor allem ästhetische Gesichtspunkte sowie Materialeigenschaften über die Wahl des passenden Pflanzgefäßes.

Materialeigenschaften

- **Ton- oder Terracotta-Kübel** verfügen über einen guten Luft- und Wasserhaushalt, der den Wurzeln gut tut, der allerdings durch die höhere Verdunstung häufigeres Gießen erforderlich macht. Sie sind relativ standfest und, wenn sie bei ausreichend hohen Temperaturen gebrannt wurden, sogar frosthart. Das schlägt sich dann aber auch im Preis nieder. Ihr ansprechendes Aussehen fügt sich in fast jede Gartengestaltung. Vorsicht ist allerdings beim Verräumen geboten, denn sie sind leider zerbrechlich!
- Für **Keramik- und Steingutgefäße** ergibt sich eine ähnliche Bilanz. Farbige Glasuren verringern hier die Verdunstungsverluste. Der Fachhandel bietet sie in trendigen Farben und Formen oder mit asiatischen Mustern versehen als »Chinatöpfe« an.
- **Kunststoff** ist leicht und überall dort von Vorteil, wo die Töpfe häufig den Standort wechseln sollen. Für sehr hoch wachsende Ar-

Auch Kletterrosen gedeihen im Kübel. Ist die Rankhilfe jedoch an einer Wand befestigt, müssen sie draußen überwintern – daher frostfeste Töpfe wählen.

Steingefäße sind standfest und haltbar, allerdings auch sehr schwer und nicht zum häufigen Hin- und Herräumen geeignet.

ten oder kopflastige Hochstammrosen sind sie allerdings wegen mangelnder Standfestigkeit nicht erste Wahl. Es gibt Kunststoffkübel in vielen Stilrichtungen, für jeden Geschmack. Sie sind preiswert und halten das Wasser hervorragend, haben allerdings den Nachteil, dass sie schlecht isolieren. Insbesondere dunkel gefärbte Gefäße erhitzen sich an sonnigen Plätzen – und die bevorzugen Rosen nun mal – schnell und stark und können Wurzelschäden hervorrufen. Man setzt sie deshalb besser in Übertöpfe (Wasserabzug sicherstellen!). Das Gleiche gilt für **Metallgefäße.**

- **Holz-Kübel** empfehlen sich durch Schlag- und Bruchfestigkeit. Sie isolieren hervorragend, widerstehen Frösten und sind bei entsprechender Größe auch sehr standfest. Ihr Nachteil: Sie verwittern mit der Zeit. Mit ihrer rustikalen Ausstrahlung passen sie jedoch gut in ländliche und naturnahe Gärten.
- **Steintröge** sind witterungsbeständig, frostfest, aber extrem schwer und nur für Rosen zu empfehlen, die draußen überwintern. Es gibt sie in verschiedenem Design.

Sorten für die Kübelkultur

▶ **Alte Rosen:** 'Boule de Neige', 'Buff Beauty', 'De Meaux', 'Ghislaine de Féligonde', 'Hermosa', 'Jacques Cartier', 'Little White Pet', 'Louise Odier', 'Mme Boll', 'Mme Knorr', 'Old Blush', 'Petite de Hollande', 'Rose de Resht', 'Souvenir de la Malmaison', 'Ulrich Brunner Fils'.

▶ **Moderne romantische Sorten:** 'Abraham Darby', 'Concerto', 'Eden Rose '85', 'Graham Thomas', 'Heritage', 'Leonardo da Vinci', 'Raubritter'.

Kleine Topf-Praxis

So wird getopft

Verwendet man wurzelnackte Ware (siehe Seite 141) für die Kübelkultur, pflanzt man am besten im Frühjahr (März/April). Allerdings kann es für den Einsatz auf Terrasse und Balkon von Vorteil sein, auf Containerrosen zurückzugreifen. Sie verfügen bereits über einen fertig durchwurzelten Ballen und sind darüber hinaus rund um das Jahr erhältlich und verpflanzbar. Der neue Topf sollte dann so groß sein, dass zwischen Ballen und Gefäßrand ringsum zehn Zentimeter Platz bleiben.

Step by Step

In das Pflanzgefäß kommt zuunterst eine Lage aus Blähton, Kies oder Tonscherben als Drainageschicht. Je nach Kübelhöhe darf sie zwei bis fünf Zentimeter hoch sein. Um sicherzustellen, dass die Wasser-Abzugslöcher im Laufe der Zeit nicht verstopft werden, kann man ein wasserdurchlässiges Vlies darüber legen. Dann wird mit Erde aufgefüllt, die möglichst strukturstabil sein sollte. Diese Eigenschaft lässt sich durch das Untermischen von etwa zehn Prozent Blähton verbessern. Verwenden Sie für wurzelnackte Ware auf keinen Fall aufgedüngte Blumenerde oder Kompost! Beides ist viel zu nährstoffhaltig und kann Wurzelschäden verursachen. Zuletzt wird gut angegossen. Am besten stellt man die Rosentöpfe auf zwei Holzleisten, damit überschüssiges Wasser gut abfließen kann. Auf Untersetzer, in denen nach Niederschlägen das Regenwasser stehen bleibt, sollte man verzichten. Etwa alle zwei bis drei Jahre topft man in ein größeres Gefäß um. Erscheint eine »Vergrößerung« nicht mehr sinnvoll oder möglich, verkleinert man den Ballen mit einem Messer oder schneidet nach dem Herausspülen der Erde die Wurzeln mit der Schere zurück. Allerdings müssen dann auch die oberirdischen Triebe gestutzt werden. Der beste Zeitpunkt für diese »Radikalkur« ist März/April, bevor die Rose austreibt.

Frostschutz – eine Notwendigkeit

Auch wenn Rosen im Freiland ausgesprochen frosthart sind, brauchen sie in Gefäßkultur unbedingt etwas Winterschutz. Das begrenzte Erdvolumen kann bei entsprechenden Minusgraden komplett durchfrieren und lässt dann keine Wasserbewegung mehr zu. Die Rose vertrocknet. Man räumt die Kübel deshalb am besten an einen geschützten Ort, etwa in den Keller oder einen unbeheizten Wintergarten, der nicht unbedingt völlig frostfrei sein muss. Man kann die Pflanztröge aber auch im Freien überwintern. Dazu stellt man sie am besten auf Styropor oder auf Latten, und sorgt dadurch für eine isolierende Luftschicht. Dann ummantelt man den Kübel mit Isoliermaterial, etwa Noppenfolie, die man mehrfach herumwickelt. Man kann das Gefäß auch in ein größeres stellen (auf Wasserabzug achten!) oder mit Kokosmatten oder Hasendraht umstellen und die Zwischenräume anschließend mit trockenem Laub ausfüllen. An sonnigen Plätzen empfiehlt es sich, die oberirdischen Triebe mit Sackleinen oder Reisig vor allzu starken Temperaturschwankungen zu schützen. Diese sind für die Rosen nämlich wesentlich gefährlicher als Dauerfröste.

Wer will, kann die Kübel auch im Spätherbst einfach in den Gartenboden eingraben – ein etwas anstrengender, aber durchaus wirksamer Winterschutz. Steht die Rose unter einem Dach, ist gelegentliches sparsames Gießen angezeigt.

Alte Rosen im Haus – dekorativ und entspannend

So sehr man dem Aufblühen der ersten Rosenblüten im Garten entgegenfiebert – sind sie erst geöffnet und verströmen ihren berauschenden Duft, kann man meist der Versuchung nicht widerstehen, eine oder mehrere zu schneiden, in eine Vase zu stellen und sie aus der Nähe zu genießen. Ob schlichter Strauß oder raffiniertes Arrangement, gerne holt man sich den Zauber des Rosengartens auch in die Wohnräume. Die Königin der Blumen nimmt eben auch unter den Schnittblumen eine herausragende Stellung ein. Wie ein Blick in den nächsten Blumenladen zeigt, ist kaum eine andere Blüte in der Floristik so beliebt und wird so gerne verschenkt wie die Rose.

Rosen haben eine Botschaft

Beim Schenken von Rosen schwingt auch heute noch immer etwas Symbolik mit. Ein Strauß roter Rosen ist eine Geste, die über die Jahrhunderte nichts von ihrer Aussagekraft verloren hat. Die Rose steht für die Liebe schlechthin, und zwar für die spirituelle ebenso wie für die erotische. Das wird schon daraus deutlich, dass sie im Lauf der Zeit den unterschiedlichsten Liebesgöttinnen geweiht war: der griechischen Aphrodite und der römischen Venus, die beide auch für Schönheit stehen, der germanischen Frigg und der kleinasiatischen Kybele, die auch Fruchtbarkeit und Letztere sogar Ausschweifung symbolisieren, und schließlich der Jungfrau Maria, die die reine, göttliche Liebe repräsentiert. Die unterschiedlichen Facetten lassen sich durch die verschiedenen Blütenfarben ausdrücken. So versinnbildlichen weiße Rosen Reinheit, Unschuld und Verschwiegenheit, gelbe Glück und Freude, aber auch eifersüchtige Zuneigung, hellrosa Sympathie und Bewunderung und rote eben Verliebtheit und Leidenschaft. Nicht zuletzt trug sicher auch die Verbindung von zarter Blüte und verletzenden Stacheln zur Liebessymbolik bei. Schließlich liegen Liebe und Schmerz oft nah beieinander und der Weg zur wahren Liebe ist oft reichlich mit Dornen gespickt.

Links: Traum aus Duft und Farbe: ein Strauß aus Alten Rosen.
Rechts: Auch für Gestecke eignen sich die alten Sorten – hier in Kranzform, zusammen mit Christrosen, Spornblume und Fenchelgrün.

Sträuße für jede Stimmung und jeden Anlass

Aber jenseits aller Symbolik zeichnen vor allem Farbfülle, Blütenpracht und Langlebigkeit in der Vase verantwortlich für ihre Beliebtheit in der Floristik. Vor allem Edelrosen mit ihren vornehmen Blüten auf langen Stielen avancierten zu den klassischen Schnittblumen. Ihre hochgebauten Knospen sind im Aufgehen am schönsten, später fallen sie schnell auseinander.
Bei den Alten und romantischen Rosen ist es umgekehrt. Ihre schweren, dicht gefüllten Blüten entfalten, je weiter sie aufgehen, von Tag zu Tag mehr Charme und erweisen sich oft als wesentlich langlebiger. Durch die kürzeren Stiele wirken sie auch weicher und weniger steif. Im Handel werden sie jedoch nur selten als Schnittware angeboten – und wenn, dann sehr teuer. Wohl dem, der sie im eigenen Garten stehen hat, ihm eröffnet sich ein großes Experimentierfeld für eigene Schnittrosen-Dekorationen.

Romantische Blumengrüße

Ob als Mitbringsel für die Gastgeber der nächsten Sommer-Party oder für den eigenen Genuss: Ein üppiger Strauß aus Romantikrosen verfehlt nie seine Wirkung. Je nach Beiwerk und Ausgestaltung lassen sich dabei selbst die Blüten ein und desselben Strauches immer wieder neu inszenieren. So könnte etwa eine weiße 'Mme Hardy' mal vornehm kühl präsentiert werden, zusammen mit blauen Blüten von Sommersalbei, Feinstrahl oder Lein. Festlich und edel wirken weiße Begleiter, etwa weißer Phlox oder Glockenblumen. Dazwischen kann man ein paar Ranken weiß panaschierten Efeus hindurchziehen und dem Ganzen mit den großen Blättern einer Weißrand-Funkie einen stimmigen Rahmen geben. Wählt man sehr zierliche, weiße Blüten als Begleiter, etwa Schleierkraut, Jungfer im Grünen oder Duftsteinrich, ergibt sich ein gewisser Romantik-Effekt, der sich auch in Verbindung mit rosa blühenden Partnern erzielen lässt, wie Bechermalven oder Moschusmalven.
Frisch und heiter wie ein Sommermorgen kommt sie dagegen in Kombination mit grüngelben Frauenmantel-Schleiern daher, dessen große runde Blätter zusammen mit gelb panaschierten Laubschönheiten wie Kriechspindel, Funkien oder Efeu auch als Füllmaterial dienen können. Je nachdem, was Garten und Natur gerade hergeben, lassen sich immer wieder neue Stimmungen erzeugen. Mit öfterblühenden Sorten gelingen auch zauberhafte Herbstimpressionen. Bunt belaubte Triebe von Ahorn, Felsenbirne oder Berberitze sorgen für das Grundgerüst. Ein paar Büschel Gräser steuern Transparenz und Leichtigkeit bei. Astern unterstützen die Blütenpracht der Rosen und farbenfrohe Beeren setzen Tupfer ins Ganze. Dazu eignen sich übrigens auch die Hagebutten tragenden Triebe der einmalblühenden Rosen.

Bunter Rosenmix

Am imposantesten ist natürlich immer die Verbindung mit anderen Rosensorten. Ein pastellfarbenes

Nostalgisch und temperamentvoll wirkt dieses Potpourri aus kräftig gefärbten karmin- und violettfarbenen Alten Rosen.

Bouquet aus verschiedenfarbigen Romantiksorten, weiß, rosa, apricot, gelb, ist auch ohne jeden weiteren Begleiter ein Traum aus Duft und Farbe!

Vasenrosen richtig behandeln

Damit sie in der Vase so lange wie möglich frisch bleiben – und bei guter Behandlung halten sie ohne weiteres eine Woche und mehr aus –, sollte man einige Schnittregeln beachten:

- Schneiden Sie Rosen immer am frühen Morgen. Gelingt das nicht, warten Sie bis zum späten Abend. In den Mittagsstunden sinkt der Wassergehalt in den Pflanzen deutlich ab, wodurch die Haltbarkeit nachhaltig verringert wird.
- Wählen Sie Knospen, bei denen sich die grünen Kelchblätter bereits abspreizen und deren Blütenblätter schon so weit aufspringen, dass sie deutlich Farbe zeigen. Zu knospig geschnittene Rosen gehen in der Vase nicht auf. Das gilt besonders für die dicht gefüllten Varietäten.
- Achten Sie darauf, dass nicht mehr Laubblätter entfernt werden als notwendig, das schwächt den Strauch unnötig.

TIPP

Wirken Vasenrosen schon nach wenigen Tagen etwas schlapp, verhilft ihnen ein Wannenbad über Nacht zu neuer Lebenskraft. Lassen Sie dazu zwei bis drei Zentimeter Wasser in die Badewanne ein und legen Sie die Rosen hinein. Am nächsten Tag können sie erfrischt zurück in die Vase.

- Stellen Sie die geschnittenen Rosen nach Möglichkeit sofort – schon im Garten – in ein Gefäß mit Wasser. Setzen Sie sie nicht mehr der Sonne aus. Bleiben die Stiele zunächst an der Luft liegen, verstopfen »Luftblasen« die Leitungsbahnen und behindern die spätere Wasseraufnahme.
- Bevor die Rosen in die Vase kommen, schneidet man sie erneut an. Führen Sie dazu mit einem scharfen Messer einen möglichst langen (drei bis fünf Zentimeter), schräg zum Stiel verlaufenden Schnitt durch.
- Entfernen Sie alle Laubblätter, die ins Wasser tauchen würden, das senkt das Risiko der Fäulnisbildung.
- Verwenden Sie nur peinlich saubere Gefäße und frisches Wasser. Denn auch Algen und Bakterien, die sich in verschmutzten Gefäßen schneller bilden, können Leitungsbahnen verstopfen, ebenso wie zu sauerstoffreiches Wasser. Das entsteht oft, wenn die Vase zu sprudelnd befüllt wird. Am besten lässt man deshalb handwarmes Wasser langsam einlaufen.
- Frischhaltemittel verlängern die Haltbarkeit. Sie enthalten Nährstoffe und bakterienhemmende Substanzen. Bei ihrer Verwendung wird das Wasser nur aufgefüllt und nicht gewechselt. Manche Blumenfreunde schwören darauf, dass eine Prise Zucker oder ein Schuss Essig den gleichen Zweck erfüllen, die Wirkung ist jedoch umstritten.
- Stellen Sie den Strauß so auf, dass er weder direkter Sonne noch Zugluft ausgesetzt ist.
- Stellt man Rosen nachts kühl, verlängert das ihr Vasenleben.

Oben: Englische Rosen in hellen Pastelltönen im Mix mit weißen Blüten des Bauernjasmins.
Unten: Kontrastprogramm – mit Veilchen und Sterndolde.

Eine Auswahl schöner romantischer Vasenrosen

'Ferdinand Pichard', 'Frau Karl Druschki', 'Isphahan', 'Jacques Cartier', 'Louise Odier', 'Mme Hardy', 'Mme Pierre Oger', 'Perle d'Or', 'Variegata di Bologna', 'Abraham Darby', 'Constance Spry', 'Eden Rose '85', 'Gertrude Jekyll', 'Graham Thomas', 'Leonardo da Vinci', 'The Prince'.

Tischdekorationen

Es muss aber nicht immer gleich der große Strauß sein. Es ist auch nicht überall genügend Platz dafür. Auf einer reich gedeckten Tafel etwa sind langstielige Schnittblumen oft zu ausladend und platzintensiv. Weniger ist in diesem Fall mehr. Niedrige Gläser, Schalen, kleine Töpfchen oder Terrinen finden leichter Platz und erfüllen die Rolle des charmanten Hinguckers ebenso perfekt.

Gerade Alte und romantische Moderne Rosen eignen sich hervorragend für kurze Sträuße oder Gestecke. Mit ihrem prallen Blütenvolumen ergeben sie, kompakt gebündelt, dichte Rosenkissen von nostalgischem Zauber. In flachen Gefäßen sorgt feuchte Steckmasse, die man überall im Floristik-Fachhandel erhält, für den nötigen Halt. Sie versorgt die Blüten außerdem gleichmäßig mit Wasser und hält sie auf diese Weise länger frisch. In höheren Schalen kann ein Knäuel aus Hasendraht für den richtigen Stand sorgen. Die Stiele von Rosen und Begleitern lassen sich in den Maschen perfekt positionieren und fallen nicht so leicht auseinander.

Stilechte Gefäße und Accessoires

Auch aus einzelnen Rosenblüten mit etwas grünem Beiwerk lassen sich ebenfalls kleine Gestecke zaubern, die einen dekorativen Tischschmuck ergeben. Für festlichen Glanz sorgen Accessoires wie Perlenschnüre, Silber- oder Golddraht, die man rund um die Blüten drapiert. Silberne Gefäße, am besten in antiken Formen oder mit etwas Patina, unterstreichen hervorragend die Ausstrahlung nostalgischer Rosen. Auf rustikalen Tafeln sorgen kleine Weiden-Körbchen, mit Plastikfolie ausgeschlagen und Steckmasse bestückt, für ländliches Flair, wenn man sie stimmig mit bunten Sommerblühern wie Kapuzinerkresse oder Bechermalven schmückt. Etwas Birkenreisig oder

»Schwimmrosen«
Versehentlich abgerissenen oder abgeknickten Rosen verhilft man noch einmal zu einem großen Auftritt, wenn man sie kurz unterhalb des Blütenkopfes abschneidet und in einer wassergefüllten Schale treiben lässt. Setzt man Schwimmkerzen dazwischen, kann man sich mit Licht und Duft laue Sommerabende im Freien damit versüßen oder der Terrassenparty rosige Highlights verleihen.

Die Bourbon-Rosen auf dem Porzellan erhalten in der Tischdekoration Verstärkung durch frische Blütenköpfe alter Sorten.

Bast ergänzen das Ensemble stimmig. Der Fantasie sind hierbei kaum Grenzen gesetzt.

Getrocknete Rosen

Rosen lassen sich aber auch hervorragend trocknen. Sogar ganze Sträuße kann man auf diese Weise »konservieren«. Dazu hängt man sie kopfüber an einem luftigen, schattigen Platz auf, etwa einem Dachboden oder einem Schuppen. Die Blüten sollen langsam durchtrocknen. Das dauert in Abhängigkeit von Blütenfüllung und Temperaturen circa zwei bis vier Wochen. Sie behalten dabei weitgehend ihre natürliche Form. Die Farben verändern sich jedoch beim Trockenvorgang, je nach Sorte, mehr oder weniger deutlich. Meist verblassen sie mit der Zeit etwas. Sobald der Strauß rascheltrocken ist, kann man ihn wieder aufrichten und in ein Gefäß dekorieren.

Salzrosen

Möchte man die Blütenfarben »frisch« erhalten, kann man Rosen auch mit Salz, Silikatgranulat oder anderen Trockenmitteln trocknen, die in jedem Bastelladen erhältlich sind. Dazu gibt man in eine verschließbare Dose eine bodendeckende Schicht Trockenmittel und verteilt darauf die Blüten (oder auch nur die Blütenblätter) so, dass sie sich nicht berühren. Mit einer weiteren Salz- oder Granulatschicht werden sie dann zugedeckt. Die verschlossene Dose ein bis zwei Wochen bei Zimmertemperatur stehen lassen. Danach sind die Blüten getrocknet und stehen, nachdem sie vom Salz befreit wurden, für die verschiedensten Dekorationszwecke zur Verfügung.

Das Rosenparfum lässt sich in Duftpotpourris aus getrockneten Blütenblättern einfangen. In dekorative Säckchen gesteckt, sind sie auch ein optischer Genuss.

Mit Potpourris den Duft einfangen

Etwas so hochflüchtiges wie Duft lässt sich nicht festhalten – oder doch? Mit Duftpotpourris aus getrockneten Rosenblättern und Kräutern, die man leicht selbst herstellen kann, konserviert man die Sinnlichkeit des Sommers.

Man erntet zu diesem Zweck in den frühen Morgenstunden bereits aufgeblühte Rosen stark duftender Sorten und zupft deren Blütenblätter auseinander. Diese breitet man einzeln nebeneinander auf Küchenkrepp, Zeitungspapier oder einem Metallgitter aus und lässt sie an einem warmen, gut belüfteten Ort liegen. Das entzieht ihnen nach und nach das Wasser. Die getrockneten Blätter füllt man in dekorative Schalen oder Gläser. So parfümieren sie sanft die Wohnräume.

Um den Duft zu intensivieren und haltbarer zu machen, gibt man ein Fixativ dazu (zum Beispiel gemahlene Veilchenwurzel) sowie ein paar Tropfen Rosenöl aus dem Fläschchen und lässt das Ganze zunächst in einer geschlossenen Dose einige Tage durchziehen. Wer möchte, kann weitere aromatische Pflanzenteile darunter mischen, wie Lavendelblüten und Kräuterblätter. Zur Adventszeit kann man den Rosenduft mit schweren Gewürzaromen untermalen und Zimtstangen, Muskatnüsse, Nelken oder Sternanis dazugeben. Experimentieren Sie ruhig nach Lust und Laune: Erlaubt ist was gefällt.

Duftkissen oder -säckchen

Sie sind leicht selbst herzustellen und sowohl für den Eigengebrauch als auch als Mitbringsel mit persönlicher Note sehr überzeugend: Duftsäckchen und Duftkissen. Wählen Sie einen luftdurchlässigen, dekorativen Stoff aus, etwa Gaze, Tüll oder Organza. Schneiden Sie Rechtecke in der gewünschten Größe aus, nähen Sie sie an drei Seiten zu und füllen Sie den Hohlraum mit getrockneten Blütenblättern aus. Danach für ein Kissen die letzte Naht schließen oder mit einem Schmuckbändchen zu einem Säckchen zusammenbinden. Zur Verzierung können weitere Schmuckbänder die Seitennähte verschönern. Die kleinen Duftpolster dekorieren Tischchen, Fensterbänke oder Badezimmer oder sorgen in Wäscheschränken für blumige Noten.

Wellness-Kur mit Rosenwasser und Rosenöl

Als Blume der Aphrodite ist die Rose natürlich auch ein geschätztes Schönheits- und Körperpflegemittel. Der Träger des Duftes ist das ätherische Öl der Rose (siehe auch Seite 19). Einer schönen Sage nach entdeckte es die indische Prinzessin Nur Mahal im 17. Jahrhundert, als sie über einen Teich ruderte, der mit Rosenblüten bestreut war. Sie saugte mit einem Tuch den schimmernden, öligen Film von der Wasseroberfläche und nahm den intensiven Duft wahr.

Die entspannende Wirkung des Rosenduftes macht Rosenöl zur begehrten Zutat von Kosmetik- und Badeartikeln.

Frische oder getrocknete Blätter als Duftspender im Badewasser, dazu ein paar Tropfen Rosenöl in der Duftlampe – fertig ist die private Wellness-Kur.

Heute lässt sich Rosenöl ergiebiger durch Destillation, Enfleurage, Extraktion oder Auspressung gewinnen. Doch trotz modernster Verfahren gehört es noch immer zu den kostbarsten und kostspieligsten Essenzen, die es gibt. Um ein Kilogramm Öl zu erhalten, müssen 3000 bis 5000 Kilogramm Rosenblüten verarbeitet werden! Das erklärt auch den stolzen Preis. »Billiges« Rosenöl wird meist aus anderen Pflanzen gewonnen.

Im großen Maßstab widmet man sich in Bulgarien der Rosenölgewinnung. Rund um Kazanlik baut man vor allem die extrem duftende Damaszener-Rose 'Trigintipetala' zu diesem Zweck an. Auch das französische Städtchen Grasse ist ein Zentrum der Duftöl-Produktion und der Parfum-Industrie. Das kostbare Öl wird in kleinen Mengen den verschiedensten Kosmetikartikeln zugesetzt und verleiht ihnen die königliche Duftnote. Seifen, Cremes, Körper-Lotionen oder Badezusätze vieler verschiedener Hersteller betören mit rosigem Aroma die Sinne und versprechen Schönheit und Entspannung in einem.

Für königliche Bäder

Wer jedoch einen eigenen Rosengarten besitzt, kann sich preiswert und einfach seine individuelle, rosige Wellness-Kur im heimischen Badezimmer zusammenstellen. Wie ließe sich der Alltag besser abstreifen als in einem himmlisch duftenden Rosenbad? Nutzen Sie Ihren Heimvorteil: Nie entfaltet sich Rosenduft unverfälschter und unmittelbarer als an frisch geernteten Blütenblättern! Streut man einige Hände voll davon ins warme Badewasser, verduften Stress und Sorgen im Handumdrehen und man darf eintauchen und von Tausendundeiner Nacht träumen. Je duftintensiver die Sorte ist, desto mehr Parfum verströmt sie auch im Bad. Verwenden Sie zu diesem Zweck jedoch nur Blüten ungespritzter Sträucher!

Winterliche Duftfreuden

Wer auf diesen königlichen Luxus auch außerhalb der Blütezeiten nicht verzichten will, sollte beizeiten Blütenblätter trocknen und sich Badesäckchen herstellen. Man näht sie, wie die im Tipp Seite 76 beschriebenen Duftsäckchen, verwendet aber stabilere Baumwoll- oder Leinenstoffe. Diese hängt man dann, mit den getrockneten Blättern gefüllt, beim Einlaufen der Wanne unter den Wasserhahn. Auf diese Weise parfümieren sie dezent das Badewasser und man kann auch im Winter dem Zauber der Rose nachhängen. Wer möchte, kann das Ganze mit Meersalz, getrockneten Kräutern oder anderen Duftölen anreichern. Rosmarin etwa verleiht der Mischung eine anregende Wirkung, Lavendel verstärkt die entspannende Komponente. Nach Gebrauch kann man die Säckchen trocknen und wiederverwenden.

Ätherische Dämpfe

Möchte man nur in den Duft, nicht aber ins Wasser eintauchen, schenkt auch ein Rosendampfbad für das Gesicht bereits wohltuende Entspannung. Geben Sie ein bis zwei Hände voll Rosenblütenblätter in eine Schüssel mit heißem Wasser. Legen Sie sich ein Badetuch über den Kopf und halten Sie ihn über den heißen Dampf. Inhalieren Sie den wunderbaren Duft und genießen Sie dabei die porentiefe Reinigung der Haut. Aphrodite lässt grüßen!

Rosige Gaumenfreuden

Geruch und Geschmack sind eng miteinander verknüpft. Manche geschmackliche Details kann man gar nicht wahrnehmen, wenn man sich beim Schmecken die Nase zuhält. Klingt unglaublich, stimmt aber. Probieren Sie es aus! Was liegt also umgekehrt näher, als das königliche Aroma auch für die Küche zu nutzen?
Auch diese Idee ist keineswegs neu. Die genussfreudigen Römer parfümierten mit den Blütenblättern Wein und allerlei Speisen, sowohl herzhafter als auch süßer Natur.

Das Aroma der Rosen entfaltet auch in der Küche verführerische Seiten. Rosenwasser und -sirup sind vielseitige Basics, z. B. auch für die Kuchenglasur.

Duftender Genuss

Mit der Rückkehr des Rosenduftes ins moderne Sortiment feiert auch die Küchenverwendung eine wahre Renaissance. Denn nur intensiv duftende Sorten eignen sich als gute Aromaspender (siehe Liste Seite 81). Die jeweilige Note entspricht auch dem Geschmack. So liefern etwa historische Sorten, insbesondere Zentifolien und Gallica-Rosen, besonders süße, blumige Komponenten. Für einen Hauch von Zitrus sorgt etwa die Damaszener-Rose 'Mme Hardy', zartes Himbeeraroma liefert z. B. 'Mme Isaac Pereire', weitere fruchtige Noten findet man bei vielen Englischen Rosen oder modernen Romantiksorten, etwa aus der Reihe der Malerrosen von Delbard.
Wer also selbst Rosen im Garten pflegt, kann auf ein großes Arsenal an Geschmacksvarianten zurückgreifen und damit nach Herzenslust experimentieren. Ihm eröffnen sich ungleich mehr raffinierte Nuancen, als man sie mit der Verwendung von gekauftem Rosenöl erzielen kann. Wichtige Voraussetzung ist allerdings: Die Rosen dürfen nicht mit Pflanzenschutzmitteln behandelt worden sein!

Für Feinschmecker

Blüten für die Küche erntet man am besten vormittags. In der Mittagshitze verlieren sie schnell an Aroma. Wählen Sie nur aufgeblühte (aber nicht verblühte) Rosen und verarbeiten Sie sie möglichst frisch. Zupfen Sie die Blütenblätter auseinander und waschen Sie sie vorsichtig, wenn nötig. Feinschmecker entfernen vor der weiteren Verarbeitung den weißen Zipfel am Boden des Blütenblattes. Darin können sich Bitterstoffe befinden. In diesem gereinigten Zustand lassen sich die Blütenblätter übrigens auch hervorragend einfrieren, um zu anderen Jahreszeiten den Rohstoff für rosige Tafelfreuden abzugeben. Frisch verarbeitet ist das Geschmackserlebnis jedoch am intensivsten. Inzwischen gibt es zahlreiche Rezepte in Magazinen, Kochbüchern und der Rosenliteratur. Hier einige Anregungen für simpel herzustellende Klassiker:
Einfach und unkompliziert lässt sich **Rosentee** selbst machen. Man überbrüht einige frische oder getrocknete Rosenblütenblätter mit heißem Wasser, lässt das Ganze zehn Minuten ziehen und seiht den Tee dann ab. Das herrlich aromatische Getränk beruhigt das Herz und stärkt Leber und Galle. Wer möchte, kann mit Honig oder Zucker süßen und mit einem Hauch Zitrone für eine spritzige Note sorgen.
Für **Rosenwasser** nimmt man ein paar Hand voll Blüten, kocht etwa einen halben bis einen Liter Wasser auf, lässt ihn wieder etwas abkühlen und übergießt die Blätter damit. Das Gefäß abdecken und den Ansatz

zwei Tage ziehen lassen, dann abseihen. Rosenwasser lässt sich gut einfrieren und kann für Sorbets, Glasuren und Desserts verwendet werden. Es ist außerdem die Grundlage für den Rosen-Klassiker Marzipan, das seit eh und je aus Rosenwasser und Mandeln hergestellt wird.

Auch **Rosensirup** ist ein gutes Aroma-Basic für allerlei Desserts, Eis, Cremes und Tortenfüllungen. Dazu setzt man Blütenblätter mit Zitronensaft an und lässt sie einige Stunden durchziehen. Die Mengenangaben variieren von Rezept zu Rezept. Testen Sie die von Ihnen gewünschte Geschmacksintensität einfach aus. Danach kocht man die saure Mischung mit etwas Wasser auf und lässt sie nochmals etwa 20 Minuten durchziehen. Zuletzt mit der gleichen Menge Zucker aufkochen, etwas abkühlen lassen, abseihen und in Fläschchen füllen. Bewahren Sie den Sirup im Kühlschrank auf.

Eine **Rosenbowle** verleiht Ihrer Sommerparty das gewisse Etwas und gelingt garantiert immer. Vergessen Sie nicht: Jede Rosensorte steuert andere Aromavarianten bei und natürlich auch jeder Wein und Likör. Deshalb verspricht jede neue Melange immer wieder Überraschungen. Geben Sie fünf bis zehn Hände voll Blütenblätter von Duftrosen in eine Schale, fügen Sie 100 bis 150 Gramm Zucker dazu sowie zwei Schnapsgläschen Orangenlikör, Weinbrand oder Sherry. Übergießen Sie das Ganze mit einem halben Liter Wein und lassen sie es zwei bis vier Stunden durchziehen. Danach siebt man die Blütenblätter ab und gießt die restliche Flasche Wein sowie eine Flasche Sekt darüber. Wahlweise kann weiterer Wein zugegeben werden oder für den leichteren Genuss eine Flasche Mineralwasser. Das Getränk gut durchkühlen! Zur Dekoration streut man einige frische Blütenblätter darüber.

Einen wahrhaft coolen Deko-Effekt erzielt man mit **Roseneiswürfeln.** Geben Sie ganze Blüten kleinblütiger Rosensorten wie 'Goethe' in Eiswürfelbehälter, in jede Zelle ein Köpfchen. Füllen Sie das Gefäß zunächst zur Hälfte mit Wasser auf, lassen Sie es anfrieren und füllen Sie es dann ganz auf. Die fertigen Würfel sind echte Hingucker und kühlen zugleich wirksam und charmant Getränke und Speisen.

Eine Auswahl guter Küchenrosen
'Conditorum', 'Gertrude Jekyll', 'Isphahan', 'Jacques Cartier', 'Königin von Dänemark', 'Louise Odier', 'Mme Boll', 'Mme Hardy', 'Mme Isaac Pereire', 'Rose de Resht'.

Gesund und vitaminreich: Hagebutten

Während Rosenblüten in der Küche als hip und etwas extravagant gelten, kommt vielen die Verwertung der **Hagebutten** als sehr bodenständig und aus Großmutters Küche bestens vertraut vor. Die schmackhaften Vitamin-C-Spender blicken auf eine lange Tradition als Nahrungsmittel zurück. Weitere Vitamine, wie K und Provitamin A, Pektine, Fruchtsäuren sowie ein hoher Mineralstoffgehalt machen die Rosenfrüchte zu einem wertvollen und gesunden Stärkungsmittel. Man kann sie zu leckeren Marmeladen und Konfitüren verarbeiten. In Farbe und Form variieren Hagebutten stark von Rosenart zu Rosenart. Es gibt kugelige, ei-, birnen- oder flaschenförmige in Rot, Orange, Gelb, Braun oder Schwarz. Im Grunde eignen sich alle Hagebutten für den Verzehr. Am ergiebigsten, weil besonders dickfleischig, sind jedoch die Früchte der Kartoffelrose *(Rosa rugosa)*.

Hagebutten liefern seit Jahrhunderten einen begehrten Rohstoff für Marmeladen. Die fleischigen Früchte der Kartoffelrose sind dabei besonders ergiebig.

Die schönsten Sorten im Porträt

Wer die Wahl hat, hat die Qual! Wie wahr, wenn man an die Fülle des Rosensortiments denkt. Weltweit soll es mehr als 30 000 Varietäten geben, so schätzen Experten, und jährlich kommen neue dazu. Wie soll man da noch den Überblick behalten?
Hilfreich ist daher die Einteilung nach Gruppen oder Klassen. Alte Rosen unterteilt man nach ihrer Abstammung (z. B. in Gallica-, Damaszener-Rosen usw. ...). Diese Gruppierung gibt bereits wertvolle Hinweise auf Standort- und Pflegeansprüche der einzelnen Sorten.
Bei den Modernen Rosen dagegen, in die über Generationen so viele verschiedene Abstammungslinien und Eigenschaften eingekreuzt wurden, lässt sich ein klarer Stammbaum meist ohnehin nicht mehr nachvollziehen. Da bei diesen Züchtungen auch gleichzeitig Wuchsformen und Verwendungsmöglichkeiten eine völlig neue Bandbreite erfuhren, unterscheidet man das moderne Sortiment nur noch nach diesen wichtigen Kriterien, z. B. in Strauchrosen, Beetrosen, Kletterrosen usw.

Die Angaben in den Sortenporträts

An diese Einteilung hält sich auch der folgende Porträtteil. Dies erleichtert Ihnen auch den späteren Einkauf, da die meisten Rosengärtnereien ihr Sortiment in den Katalogen genauso untergliedern. Unter dem Namen und den gängigen synonymen Bezeichnungen der Sorte finden Sie daher in den Porträts unter der Rubrik »Gruppe« die Klassenzugehörigkeit der Rose. Details über Abstammung, Eigenschaften oder Gestaltungsqualitäten können Sie dann in den Kapiteln Geschichte, Gestaltung und Praxis nachlesen. Die Grafik auf der nächsten Seite gibt Ihnen zusätzlich noch einmal einen schnellen Überblick über die Zusammenhänge zwischen den einzelnen Gruppen und deren wichtigsten Eigenschaften. Außerdem führen die Porträts zum Aspekt des Blührhythmus eine eigene Rubrik. Schließlich spielt er bei der Auswahl der passenden Rose in der Regel eine wichtige Rolle. Sie finden folgende Stichworte dazu:

- **einmalblühend:** Diese Sorten blühen einmal im Jahr zur Hauptblütezeit im Juni/Juli sehr üppig. Danach sind keine weiteren Blumen zu erwarten, dafür setzen sie häufig dekorative Hagebutten an.
- **remontierend:** Hinter diesem Begriff stecken Rosen, die nach der Hauptblüte in der Regel eine Blühpause machen, um dann im Spätsommer oder Herbst noch einmal mehr oder minder üppig nachzublühen.
- **öfterblühend:** Damit bezeichnet man Varietäten, die auch nach der Hauptblüte weitgehend ununterbrochen bis zum Herbst Blüten hervorbringen.

Doch bei aller Systematik, die zwar die Auswahl der »richtigen« Rose für Ihren Standort erleichtert, bleibt bei dem riesigen Angebot Gott sei Dank noch viel Raum für eine Entscheidung ganz nach Ihren persönlichen Sympathien. Denn schließlich muss Ihnen die Rose einfach gefallen! Nehmen Sie sich also Zeit zum Schmökern und lassen Sie sich von den Porträts inspirieren.

Links: Die bezaubernde Englische Rose 'Abraham Darby' sieht verführerisch aus und duftet auch so.
Rechts: Die berühmte Zentifolie 'Fantin Latour'.

Das Rosensortiment und seine Gruppen

Alte Rosen
(fast ausnahmslos Strauchrosen, einige Kletterrosen)

Die Urahnen
(einmalblühend)

Gallica-Rosen
viele dunkel karminrosa Sorten
kompakter, relativ niedriger Wuchs

Alba-Rosen
vorwiegend weiße und hellrosa Sorten
meist graugrünes Laub
extrem frosthart
oft stattlicher Wuchs

Damaszener-Rosen
intensiver Duft
seidige Blütenblätter in hellen Farben
oft überhängender Wuchs

Zentifolien und Moosrosen
üppig gefüllt, stark duftend
lockerer Wuchs

China-Rosen (öfterblühend)
niedriger Wuchs
auch warmrote und gelbe Formen

Die Sorten des 19. Jahrhunderts
(remontierend = öfterblühend)

Portland-Rosen
kompakter Wuchs
kurze Blütenstiele

Bourbon-Rosen
üppig gefüllt
intensiver Duft
glänzendes Laub

Noisette-Rosen
viele Kletterrosen
viele gelbe Sorten
etwas frostempfindlich

Remontant-Rosen
riesige, runde Blüten
auch warme Rottöne

Moderne Romantikrosen
(fast ausnahmslos öfterblühend, viele Wuchsformen)

Strauchrosen
Höhen von 100 bis 200 cm

hierher gehören z. B.

die meisten Englischen Rosen

die meisten Rosen von Delbard

die meisten *»Rosa generosa«*

viele »Romantica-Rosen«

Beetrosen
Höhen von 40 bis 100 cm
Blüten meist in Büscheln

hierher gehören z. B.

einige Englische Rosen

viele »Romantica-Rosen«

einige »Märchen-Rosen«

Edelrosen
edle Blüten
einzeln am Stiel
gute Vasenrosen

hierher gehören z. B.

viele »Nostalgische Blütenträume«

einige »Romantica-Rosen«

Kletterrosen
Sorten mit meterlangen Trieben zum Beranken von Spalieren und Bögen

Ob alt oder brandneu lässt sich auf den ersten Blick kaum bestimmen: links die alte Zentifolie 'Robert le Diable', schon vor 1850 bekannt, und rechts 'Mariatheresia', gezüchtet im Jahr 2003.

'Abraham Darby'

Syn.: –
Gruppe: Moderne Strauchrose
Blührhythmus: öfterblühend
Beschreibung: Diese bezaubernd gefärbte Englische Rose erschuf David Austin 1985. Die großen, dicht gefüllten, apricotfarbenen Blüten erscheinen überreichlich und unermüdlich bis zum Herbst. Die zahlreichen Blütenblätter zeigen an ihrer Basis eher gelblichen, an den Rändern mehr rosa getönten Schimmer. Sie ordnen sich becherförmig an und reagieren mitunter etwas regenempfindlich. Der Duft verströmt sich intensiv und vereint eine fruchtige mit einer herben Note (Foto Seite 82).
Wuchs: Das glänzend dunkelgrüne Laub ist von ausgezeichneter Gesundheit. Die Triebe gedeihen buschig, auch leicht überhängend und werden 150 bis 200 cm lang. Unter günstigen Bedingungen kann die Sorte daher auch als niedrige Kletterrose verwendet werden.
Tipp: Ideal auch für die Kübelkultur und für den Vasenschnitt.

'Agnes Schilliger'

Syn.: –
Gruppe: Moderne Strauchrose
Blührhythmus: öfterblühend
Beschreibung: Diese ungewöhnliche Neuzüchtung aus dem Hause Guillot entstand im Jahr 2002 und gehört zu den unter der Bezeichnung »Rosa Generosa« vertriebenen neuen französischen Nostalgierosen. Die Sorte besticht durch ihre innovative, trendige Farbkombination. Die Blüten öffnen sich in der Mitte orangefarben und gehen zu den Rändern hin in kräftiges Purpurrosa über. Ihre Form mit der dichten romantischen Füllung strahlt aber den typischen Charme Alter Rosen aus. Geradezu betörend wirkt ihr sehr intensiver, fuchtiger Duft. Sie blüht unermüdlich bis zu den ersten Frösten.
Wuchs: Die kleine Strauchrose wächst kompakt etwa 100 cm hoch. Sie schmückt sich mit gesundem, kräftig dunkelgrünem Laub.
Tipp: Eine ideale Rose für üppige, duftende Sträuße, sie eignet sich aber auch für die Kübelkultur. Im Garten wirkt sie in kleinen Gruppen gepflanzt besonders eindrucksvoll.

'Alchymist'

Syn.: –
Gruppe: Moderne Kletterrose
Blührhythmus: einmalblühend
Beschreibung: Die Sorte gehört bereits zu den Klassikern im Kletterrosen-Sortiment! W. Kordes' Söhne brachten sie bereits 1956 auf den Markt. Aus runden Knospen öffnen sich becherförmige, gelb-orange bis apricotfarbe Blüten. Im Erblühen sind sie rötlich überhaucht. Sie besitzen eine sehr nostalgische Blütenform: groß und dicht gefüllt. Außerdem besticht die Rose durch intensiven Duft. Sie blüht zwar nur einmal, aber überreichlich.
Wuchs: Das dekorative glänzend dunkelgrüne Laub treibt bronzefarben aus und harmoniert mit der Blütenfarbe sehr wirkungsvoll. Es ist ausgesprochen robust und widerstandsfähig. Im Wuchs ist der gut bestachelte Rambler sehr kräftig und vital. Er erreicht Höhen von 200 bis 350 cm. Seine enorme Frosthärte macht ihn auch für kühlere Regionen attraktiv.

'Alfred Colomb'

Syn.: –
Gruppe: Remontant-Rose
Blührhythmus: remontierend
Beschreibung: Karmin- bis erdbeerrot leuchten die großen, kugeligen, sehr dicht gefüllten Blüten dieser Alten Rose. Die Petalen überziehen sich mit einem samtigen Schimmer. Das verleiht der Rose eine kostbare Note, die der intensive Duft noch unterstreicht. Der französische Züchter Lacharme schuf die Sorte 1865 aus 'Général Jacqueminot' und einem unbekannten Sämling.

Für ihre Entstehungszeit (1956) eher untypisch: 'Alchymist' mit nostalgischer Blütenfüllung.

Ein Hauch von Rosa legt sich über die Blüten von 'Alfred de Dalmas'. Die karminfarbenen Knospen dieser Moosrose sind mit dekorativen grünen Drüsenhaaren überzogen.

Wuchs: Der Strauch wächst dicht buschig 100 bis 150 cm hoch. Mit seinen überhängenden Trieben wird er etwa ebenso breit. Das große, dunkelgrüne Laub erweist sich als sehr robust und widerstandsfähig gegen Krankheiten. Die Triebe sind dicht mit Stacheln besetzt. Eine sehr frostharte Sorte.

'Alfred de Dalmas'

Syn.: 'Mousseline'
Gruppe: Moosrose
Blührhythmus: remontierend
Beschreibung: Die bezaubernd zarte Blütenfarbe changiert von durchscheinend hellrosa bis fast cremeweiß. Die gefüllten Blüten lassen in der Mitte goldfarbene Staubgefäße durchblitzen und erreichen eine mittlere Größe. Sie verströmen einen süßen Duft. Blütenkelch und Fruchtknoten umgibt hellgrünes, später braun färbendes Moos. Die Sorte entstand 1855. Es ist jedoch nicht ganz geklärt, ob sie bei Laffay oder Portemer entstand.
Wuchs: Der niedrige, kompakte Wuchs mit einer Höhe von 100 bis 120 cm, bei gleichzeitig dichter Verzweigung, bringt der Sorte viele Sympathien ein. Er prädestiniert sie für die Verwendung in Gruppen oder auch als Kübelpflanze. Die Triebe sind dicht mit hellbraunen, weichen Borsten überzogen. Die Pflanze ist pflegeleicht und relativ schattenverträglich.

'American Beauty'

Syn.: 'Mme Ferdinand Jamin'
Gruppe: Remontant-Rose
Blührhythmus: öfterblühend
Beschreibung: Aus rundlichen Knospen entstehen große, karminrosa bis leuchtend lilarote Blüten. Sie öffnen sich zu dicht gefüllten Bechern und überzeugen außerdem durch sehr intensiven Duft. Da die Rosen am Ende

Ihr Duft setzt Maßstäbe für eine ganze Marke (Crabtree & Evelyn): 'Apricot Parfait', auch 'Evelyn' genannt.

langer, kräftiger Stiele stehen, eignen sie sich auch hervorragend für den Vasenschnitt. Leider zeigt sich die Sorte, die 1875 bei Ledéchaux entstand, mitunter etwas anfällig für Rosenrost und Sternrußtau.
Wuchs: Hellgrüne Triebe bauen einen sehr stattlichen, bis 180 cm hohen Strauch auf.

'Apricot Parfait'

Syn.: 'Evelyn'
Gruppe: Moderne Strauchrose
Blührhythmus: öfterblühend
Beschreibung: Sie gilt als eine der am intensivsten duftenden Englischen Rosen. Ihr starkes fruchtig-rosiges Aroma verwendet der englische Parfumhersteller Crabtree & Evelyn für eine Reihe seiner Produkte. Der synonyme Name dieser Sorte spiegelt sich darin wider. Austin züchtete diese Rose 1991. Ihre riesigen, dicht gefüllten, flach aufgehenden Rosetten vollführen ein zauberhaftes zartpastelliges Farbspiel. Je nach Witterung setzen sich mal mehr gelbliche, mal apricotfarbene, mal lachsrosa Nuancen durch.
Wuchs: Die Rose kann als Beet- oder Strauchrose Verwendung finden. Sie wird 100 bis 120 cm hoch und gedeiht auch willig im Kübel. Die Blüten eignen sich gut als Vasenschmuck.

'Arthur de Sansal'

Syn.: –
Gruppe: Portland-Rose
Blührhythmus: remontierend
Beschreibung: Flach rosettenförmige, dicht gefüllte, mittelgroße Blüten glühen in dunklem Purpur bis Braunrot. Im Verblühen schillern sie fast violett. Die ungewöhnliche Farbe wird von gutem Duft begleitet. Die Sorte ist seit 1855 auf dem Markt.

'Augusta Luise' brilliert mit dem modischen Farbspiel Orange-Rosa, wobei die Farben eher temperamentvo l als pastellig ausfallen.

Wuchs: Der sympathisch kleine Strauch empfiehlt sich mit einer Höhe von 80 bis 100 cm auch für kleine Gärten. Er wächst aufrecht und schmückt sich mit auffallend dunkelgrünem Laub.

'Augusta Luise'

Syn.: –
Gruppe: Moderne Edelrose
Blührhythmus: öfterblühend
Beschreibung: Eine junge Sorte aus der Kollektion »Nostalgische Blütenträume« von Tantau, sie entstand 1999. Die sehr großen Rosen sind üppig gefüllt und verströmen intensiven, fruchtigen Duft. Dazu passt die Farbe: Sie geht von pfirsichfarben an der Basis der Blätter zu den Rändern hin in rosa über.
Wuchs: Der zierliche, aufrechte Busch schmückt sich mit glänzend dunkelgrünem, unempfindlichem Laub und bleibt 60 bis 90 cm klein.
Tipp: Typisch Edelrose: Die Blumen sitzen am Ende aufrechter Stiele und sind prädestiniert für den Vasenschnitt!

'Baron Girod de l'Ain'

Syn.: 'Princesse Christine von Salm', 'Royat Mondain'
Gruppe: Remontant-Rose
Blührhythmus: remontierend
Beschreibung: Diese Blüten fallen garantiert auf! Gewellte und gezackte Ränder sowie ein unregelmäßiger, schmaler weißer Saum um karminrote Petalen verleihen ihnen etwas Rüschchenhaftes. Im Verblühen changiert die Farbe zu Purpur- bis Braunrot. Die gut gefüllten Becherblüten erscheinen meist zu dritt im Büschel. Ihr Duft hat etwas Süßli-

ches. Es handelt sich bei dieser Sorte um einen Sport von 'Eugène Fürst', der von einem Gärtner aus Lyon 1897 entdeckt wurde. Für Sammler Alter Rosen unverzichtbar!
Wuchs: Der Strauch erreicht 100 bis 150 cm Höhe. Rundliche, ledrige Blätter lassen ihn auch in den Blühpausen gut aussehen.

Fällt garantiert auf: 'Baron Girod de l'Ain' mit seinen gezackten, weiß gesäumten Petalen.

'Belle Amour'

Syn.: –
Gruppe: Alba-Rose
Blührhythmus: einmalblühend
Beschreibung: Gleich mehrere Eigenschaften machen diese Alba-Rose zu einer auffallenden Erscheinung. Ein leicht lachsfarbener Unterton verleiht dem Rosa eine für Alte Rosen ungewöhnliche Farbnuance. Dazu überraschen die in Büscheln erscheinenden Blüten mit einem würzigen an Myrre oder Anis erinnernden Duft. In der Mitte zeigen sich gelbe Staubgefäße. Freunde farbenfroher Herbststräuße werden sich an den orangefarbenen, ovalen Hagebutten erfreuen. Wie und wo die Sorte entstand, ist unbekannt. Eine Engländerin, Nancy Lindsay, entdeckte sie 1940 im Kloster Elboeuf in der Normandie. Man vermutet, dass eine Damaszener-Rose am Stammbaum mitgewirkt hat.
Wuchs: Wie die meisten Alba-Rosen ist die Sorte ausgesprochen anspruchslos und robust. Sie kommt auch mit mageren Böden und halbschattigen Lagen zurecht. Der Strauch wächst buschig und etwas überhängend. Er wird etwa 150 cm hoch und etwa ebenso breit. Ihn kennzeichnet gesägtes, raues Laub.

'Belle de Crécy'

Syn.: 'Le Météor'
Gruppe: Gallica-Rose
Blührhythmus: einmalblühend
Beschreibung: Die »Schöne von Crécy« verhält sich etwas kapriziös und reagiert auf die Launen des Wetters. Ihre kirschroten Knospen öffnet sie zu gefüllten, flachen Blüten, die purpurfarben leuchten, bei starker Hitze und im Verblühen jedoch zu Mauve bis Violettgrau umschlagen. Ihr kleines Auge, die üppige, in Büscheln erscheinende Blüte sowie der starke Duft machen sie jedoch zu einer unwiderstehlichen Erscheinung. Sie existierte bereits vor 1836 und stammt aus dem französischen Züchterhaus Roeser in Crécyen-Brie.
Wuchs: So üppig die Blüte, so spärlich der Wuchs. Der Strauch wirkt locker, fast dünn und wird etwa 100 bis 120 cm hoch.
Tipp: Pflanzen Sie den Strauch nicht in die volle Sonne. Im Halbschatten und bei guter Wasser- und Nährstoffversorgung entfaltet er sein ganzes Potenzial.

'Belle de Crécy' changiert in verschiedenen dunklen Gallica-Farbtönen.

'Belle Isis'

Syn.: –
Gruppe: Gallica-Rose
Blührhythmus: einmalblühend
Beschreibung: Mit ihrer zart hellrosa Blütenfarbe, die bis cremeweiß aufhellen kann, zählt sie eher zu den ungewöhnlichen Erscheinungen unter den Gallica-Rosen – vielleicht daher der »himmlische« Name, der an die ägyptische Fruchtbarkeitsgöttin erinnert. Ihre Petalen ordnen sich zu einer hübsch geviertelten Mitte. Die Knospen wirken kugelig. Mit starkem Myrreduft verführt diese Sorte ihre Betrachter. Die bezaubernde Schöpfung des belgischen Züchters Parmentier aus dem Jahre 1845 vererbte ihre Schönheit als Muttersorte David Austin's 'Constance Spry' weiter.
Wuchs: Durch ihren zierlichen Wuchs, 90 bis 120 cm, eignet sie sich ideal für kleine Gärten und lässt sich auch prima mit Stauden kombinieren. Der stachelige, sehr frostharte Strauch trägt hellgrüne, gezähnte Blätter und verträgt auch Halbschatten ganz gut.

Die sattgelbe 'Bernsteinrose' eroberte sich schnell einen festen Platz im Rosensortiment.

'Bernsteinrose'

Syn.: –
Gruppe: Moderne Beetrose
Blührhythmus: öfterblühend
Beschreibung: Aus rundlichen, rötlich angehauchten Knospen öffnen sich mittelgroße, dicht nostalgisch gefüllte Blüten in warmem Bernsteingelb. Trotz starker Füllung erweisen sie sich als erstaunlich beständig und wetterfest. Ihnen haftet ein zarter herb-frischer Duft an. Diese reichblühende, büschelblütige Spitzensorte entstand bei Tantau 1987 und eroberte schnell einen festen Platz im modernen Rosensortiment.
Wuchs: Mit ihrem kompakten, aufrechten Wuchs von rund 40 bis 60 cm Größe fügt sie sich gut in gemischte Beete ein. Das Laub ist dunkelgrün, schmal, sehr gesund und widerstandsfähig gegen Sternrußtau und Mehltau. Ausgesprochen winterharte Sorte.

'Blanchefleur'

Syn.: –
Gruppe: Zentifolie
Blührhythmus: einmalblühend
Beschreibung: Im Frühsommer entwickeln sich aus rötlichen, kugeligen Knospen leuchtend weiße Blüten, deren Zentrum cremefarben bis zartrosa überhaucht ist. Dicht gefüllte Schalenblüten stehen in Büscheln zusammen. Ihr süßer Duft ist so zart wie die Farbgebung. Diese aparte Sorte verdankt die Rosenwelt dem berühmten französischen Züchter Vibert. Sie entstand 1835.
Wuchs: Ein kräftiger Wuchs und überhängende Zweige formen Sträucher von 120 bis 150 cm Höhe und Breite. Mit ihren extrem bestachelten Trieben sind sie äußerst wehrhaft.

Eine Zentifolie, wie sie im Buche steht: 'Blanchefleur' bezaubert mit üppig dicht gefüllten Blüten; aber Vorsicht, ihre Triebe sind ganz schön kratzbürstig.

'Blanche Moreau'

Syn.: –
Gruppe: Moosrose
Blührhythmus: einmalblühend
Beschreibung: Sie macht der Klasse der Moosrosen alle Ehre! Reichlich dunkelbräunliches Moos überzieht Knospen und Blütenstiele und steht in apartem Kontrast zu den weißen Blüten. Die dicht gefüllten Becher schimmern in der Mitte leicht rosa und erscheinen in Büscheln. Die Sorte blüht erst im Hochsommer auf und überzeugt mit ihrem harzig-würzigen Parfum auch als Duftrose. Sie entstand bei Moreau-Robert im Jahre 1880.
Wuchs: Auch das dunkelgrüne Laub hebt das Blütenweiß in seiner Wirkung. Stachelige Triebe formieren sich zu einer schlanken Erscheinung von rund 150 cm Höhe.
Tipp: Stellen Sie die Pflanze an einen luftigen, nicht zu trockenen Ort, denn sie zeigt sich leider etwas mehltauempfindlich.

Das dekorative »Moos« von 'Blanche Moreau' untermalt den Blütenduft mit einer harzigen Note.

'Blush Damask'

Syn.: 'Blush Gallica'
Gruppe: Damaszener-Rose
Blührhythmus: einmalblühend
Beschreibung: Ihr Name lässt sich mit »errötende Damaszener-Rose« übersetzen. Diese Tatsache und das Synonym weisen bereits darauf hin, dass sie Gallica- und Damaszener-Eigenschaften verbindet. Lilarosa bis mauvefarbige Blüten hellen zu den Rändern hin und im Verblühen deutlich auf. Die dicht gefüllten Rosetten erreichen mit Durchmessern von 5 cm nur mittlere Größe, erscheinen dafür aber umso zahlreicher und üppiger. Nickende Köpfchen geben ihr einen fragilen Touch. Die duftende Schönheit ist unbekannter Herkunft.
Wuchs: Der Strauch wächst dicht, gut verzweigt und breit überhängend. 150 bis 180 cm Höhe kann er entwickeln. Die Stacheln sind kurz, das Laub dunkelgrün. Die Sorte gehört zu den pflegeleichten, anspruchslosen Vertretern und gedeiht auch noch auf trockenen, nährstoffarmen Böden. Eine gute Alternative für »Sand-Gärtner«!

'Blush Hip'

Syn.: –
Gruppe: Alba-Rose
Blührhythmus: einmalblühend
Beschreibung: Viele halten sie für die beste Alba-Sorte! Die bereits im Frühsommer erscheinenden Blütenbüschel bündeln auf dekorative Weise gleichzeitig kirschrote Knospen und hellrosa, leicht fliedergetönte, dicht gefüllte Blüten. Diese werden nur mittelgroß, schmücken sich aber mit grünem Knopfauge. Ihr Parfum mutet frisch, fast herb an. Woher die Sorte stammt, ist unklar. Vermutlich entstand sie bereits vor 1840 in England.
Wuchs: Als typische Alba-Rose erreicht sie stattliche Ausmaße: Minimum 180 cm, aber auch zweieinhalb bis drei Meter sind keine Seltenheit. Dank ihrer weit überhängenden Triebe eignet sie sich unter günstigen Bedingungen auch als Kletterrose.

'Blush Noisette'

Syn.: 'Rosier de Philippe Noisette'
Gruppe: Noisette-Rose
Blührhythmus: remontierend
Beschreibung: Die Ur-Noisette-Rose erfreut sich noch heute größter Beliebtheit. Sie entstand vor 1817 in den USA bei Philippe Noisette. Er sandte sie seinem Bruder Louis nach Frankreich, der sie 1818 auf den Markt brachte. Gut gefüllte zartrosa Blüten, die später fast weiß aufhellen, stehen neben dunkel rosaroten Knospen zusammen in großen Büscheln. Sie überraschen mit einem seltenen, an Nelken erinnernden Duft.
Wuchs: Die reichbelaubte, fast stachellose Pflanze bildet einen kräftigen Strauch. Wegen ihres locker überhängenden Wuchses kann sie auch als Kletterrose eingesetzt werden. Besonders Säulen bekleidet sie mit Trieblängen von 150 bis 250 cm in idealer Weise.

'Boule de Neige'

Syn.: 'Snowball'
Gruppe: Bourbon-Rose
Blührhythmus: remontierend
Beschreibung: Die Knospen zeichnen rosa Streifen. Wenn die Blütenblätter langsam aufrollen, wird klar, warum die Sorte »Schneeball« heißt: Sie schlagen sich nach außen zurück und verleihen der dicht gefüllten Rose eine fast kugelrunde Form. Reinstes Rahmweiß leuchtet mit großer Fernwirkung, die der büschelige, voluminöse Blütenstand noch unterstreicht. Außerdem empfiehlt intensiver Duft diese Sorte von Lacharme aus dem Jahre 1867.
Wuchs: Das ledrig glänzende, dunkelgrüne Laub kontrastiert dekorativ zur hellen Blüte. Der Strauch wächst aufrecht, 100 bis 150 cm hoch, und ist nur leicht bestachelt. Er macht auch im Kübel und in schattigen Lagen Freude. In rauen Gegenden braucht er allerdings etwas Winterschutz.

'Bourbon Queen'

Syn.: 'Queen of Bourbons', 'Reine des Iles Bourbon', 'Souvenir de la Princesse de Lamballe'
Gruppe: Bourbon-Rosen
Blührhythmus: einmalblühend
Beschreibung: Rosarot, halbgefüllt und becherförmig mit sichtbaren Staubgefäßen, versprüht die Sorte ursprünglichen, ländlichen Charme. Sie existiert seit 1834, wurde von Bréon gezüchtet und durch Mauget auf den Markt gebracht und erfreut sich nach wie vor großer Beliebtheit. Sie blüht verschwenderisch, duftet angenehm und blüht unter guten

'Blush Noisette', die Erste ihrer Klasse, besticht durch zarte Farbe und würzigen Duft.

Bedingungen sogar im Herbst leicht nach.

Wuchs: Die Pflanze zeichnet sich durch Anspruchslosigkeit aus. Sie wächst ausladend buschig und kann bis zu 150 cm breit werden. Wo es ihr gefällt, lässt sie sich auch als Kletterrose verwenden, mit Trieblängen von 250 bis 300 cm. Für eine Bourbon-Rose ist sie gut frosthart.

'Brother Cadfael'

Syn.: –
Gruppe: Moderne Strauchrose
Blührhythmus: öfterblühend
Beschreibung: Riesige hellrosa Blüten, die meist einzeln erscheinen, sind das Markenzeichen dieser Englischen Rose. Sie entwickeln zunächst kugelige, dann pfingstrosenähnliche Form. Ihnen haftet ein sehr intensiver Duft an, der etwas an Bourbon-Rosen erinnert. David Austin brachte diese Englische Sorte 1990 auf den Markt.
Wuchs: Die Pflanze wächst buschig aufrecht und bleibt mit Maßen von 100 bis 120 cm Höhe bei 90 cm Breite relativ kompakt. Die Triebe biegen sich oft unter der Last der schweren Blüten. Gute Schnittrose!

'Buff Beauty'

Syn.: –
Gruppe: Moderne Strauchrose
Blührhythmus: öfterblühend
Beschreibung: Eine bezaubernde Moschata-Hybride im trendigen Farblook! Die mittelgroßen, flachen, dicht gefüllten Blüten leuchten warm in Goldgelb bis Apricot und stehen in üppigen Rispen zusammen. Später hellen sie vom Rand her auf. Von Juni bis zum Herbst erfreut die Sorte mit durchgehender Blütenpracht sowie intensivem, verführerischem Duft, der den ganzen Garten erfüllt. Sie stammt aus dem Jahr 1939 und geht auf den englischen Züchter Pemberton oder bereits auf seinen Nachfolger Bentall zurück.
Wuchs: Braunrote Triebe und im Austrieb rötliches Laub komponieren im Zusammenklang mit den Blüten und dem glänzend dunkelgrünen Laub ein interessantes Farbspiel. Der Strauch wächst rundlich und wird etwa 130 bis 150 cm hoch und fast ebenso breit. Mit seinen überhängenden, »fließenden« Zweigen macht er sich gut vor niedrigen Mauern oder als Hangbegrünung. Gönnen Sie ihm einen guten Winterschutz!

'Bullata'

Syn.: 'Lettuce-leaved Rose', 'Rose à Feuilles de Laitue', 'Monstruous'
Gruppe: Zentifolie
Blührhythmus: einmalblühend
Beschreibung: Eine uralte Sorte, deren Entstehung manche auf das 16. Jahrhundert, andere auf etwa 1800 datieren. Sie blüht rein rosa, mit silbrigem Touch. Die gefüllten Rosen werden groß und duften sehr intensiv. Leider vertragen sie Regen nicht besonders gut! Sie neigen dann zum vorzeitigen Faulen.
Wuchs: Die besondere Spezialität dieser Sorte ist jedoch ihr einzigartiges Laub. Groß, faltig, gerunzelt und frischgrün erinnert es an Salatblätter, worauf ihr synonymer Name verweist. Der Strauch gerät also garantiert zum Hingucker. Der Wuchs wirkt zentifolientypisch locker und leicht überhängend. Ausmaße von etwa 150 cm Höhe mal 150 cm Breite werden durchschnittlich erreicht.

'Camaieux'

Syn.: –
Gruppe: Gallica-Rose
Blührhythmus: einmalblühend
Beschreibung: Ihr faszinierendes Farbspiel gab der Rose ihren Namen. Er leitet sich von einer früher verbreiteten Ton-in-Ton-Maltechnik ab. Spannende Farbübergänge zieren die Blütenblätter dieser Sorte. Die hell magentafarbene Grundierung durchziehen purpurne Streifen, später

Ein herrlich warmtoniges Farbspiel liefert die vielseitige Moschata-Hybride 'Buff Beauty'.

Die auffällig gemusterte 'Camaieux' macht auch als Hecke und im Kübel eine gute Figur.

hellt das Ganze zu lilagrau auf. Diese aufregende Marmorierung erschuf der Züchter Vibert 1830. Die Einzelblüten sind locker gefüllt, mittelgroß und erscheinen in üppigen Büscheln. Sie erblühen relativ spät, behalten ihre Pracht aber lang. Süßlicher Duft begleitet den Flor.
Wuchs: 'Camaieux' entwickelt sich buschig und regelmäßig, mit Höhen um 100 cm. Sie trägt wenig Stacheln. Der Wuchs ist stark und etwas überhängend, das graugrüne Laub für eine Gallica-Rose eher ungewöhnlich.
Tipp: Die Sorte gedeiht prima auf eigener Wurzel, deshalb eignet sie sich gut für Hecken und wegen ihrer geringen Größe auch für die Kübelkultur. Sie kommt gut im Halbschatten zurecht.

'Candlelight'

Syn.: –
Gruppe: Moderne Edelrose
Blührhythmus: öfterblühend
Beschreibung: 2001 entstand diese Sorte aus der Reihe »Nostalgische Blütenträume« bei Tantau. Die Edelrose öffnet wunderbar nostalgisch gefüllte, satt goldgelbe Blüten von exquisitem, betörendem Duft. Selbst bei Regenwetter leidet diese Pracht nicht.
Wuchs: Der Strauch gedeiht für eine Edelrose kräftig und erreicht Höhen von 80 bis 100 cm. Er ist für etwas Winterschutz dankbar.
Tipp: Eine gute Sorte für den Vasenschnitt, die Blüten behalten ihre Schönheit sehr lange!

'Caramella'

Syn.: –
Gruppe: Moderne Strauchrose
Blührhythmus: öfterblühend
Beschreibung: Eine überaus reichblühende Sorte von W. Kordes' Söhne aus dem Jahre 2001. Sie gehört zur Kollektion »Märchen-Rosen«. Aus dicken Knospen entfalten sich bernsteingelbe, große Blüten. Sie öffnen sich üppig nostalgisch gefüllt und fast geviertelt. Leider fehlt ihnen der Duft.
Wuchs: Große, leicht glänzende Blätter schmücken dicht an dicht die Triebe. Die robuste, gesunde Pflanze gedeiht aufrecht und buschig. Sie wird bis 120 cm hoch.

Die überaus reich blühende 'Caramella' gehört in die Kollektion »Märchen-Rosen«.

Purpurträger wie der berühmte Namensvetter ist die Gallica-Rose 'Cardinal de Richelieu'.

'Celestial' bedeutet übersetzt himmlisch. Diesem Namen macht die Alba-Rose alle Ehre.

'Cardinal de Richelieu'

Syn.: 'Rose van Sian'
Gruppe: Gallica-Rose
Blührhythmus: einmalblühend
Beschreibung: Der Belgier Parmentier kreierte diese noch heute zu Recht berühmte Rose bereits vor 1847. Sie gehört zu den reichblühendsten Gallica-Rosen! Ihr Ruhm gründet sich außerdem auf die samtige, intensiv dunkel purpurviolette Blütenfarbe, die im Verblühen allerdings etwas verblasst, sowie auf den eindrucksvollen Duft. Vielleicht trug zu ihrer Karriere auch der schillernde, historische Namensvetter bei, seinerzeit Minister und Berater am Hofe Ludwigs des XIII. in Frankreich.
Wuchs: Der wenig bestachelte, breitbuschige Strauch wird 120 bis 150 cm hoch und entwickelt gesundes, dunkelgrünes Laub.
Tipp: Muten Sie ihm nicht zu viel pralle Sonne zu! Auch arme Böden sollte man meiden.

'Celestial'

Syn.: 'Celeste'
Gruppe: Alba-Rose
Blührhythmus: einmalblühend
Beschreibung: Ob sich der »himmlische« Name auf die zauberhafte Blüte oder den Duft bezieht, lässt sich schwer entscheiden. Vermutlich gilt er für die gesamte Erscheinung. Schon die Büschel rosafarbener Knospen wirken außergewöhnlich attraktiv. Die Blüten öffnen sich zu halbgefüllten Schalen, deren hell silbrig rosafarbene Petalen zart und transparent scheinen. In der Mitte leuchten goldgelbe Staubgefäße. Kein Wunder, dass diese Sorte auch nach rund 250 Jahren noch immer geschätzt und geliebt wird!

Ihr auffälligstes Merkmal ist für das Auge unsichtbar: der intensive Duft von 'Celsiana'.

Wuchs: Die romantischen Blüten werden von blaugrauem Laub wirkungsvoll unterstrichen. Die Pflanze wächst dicht aufrecht und erreicht mühelos 150 bis 180 cm Höhe. Wie die meisten Alba-Rosen stellt sie wenig Ansprüche, ist ausgesprochen pflegeleicht und arrangiert sich auch mit halbschattigen Plätzen.

'Celsiana'

Syn.: 'Rosier de Cels'
Gruppe: Damaszener-Rose
Blührhythmus: einmalblühend
Beschreibung: Die hellrosa, locker gefüllten Blüten lassen im Zentrum die Staubgefäße durchblitzen. Sie erreichen bis zu 10 cm Durchmesser und sind erstaunlich wetterfest. Die seidigen Petalen wirken mitunter etwas zerknittert, was den Rosen einen besonders fragilen Charme verleiht. Sie sitzen in kleinen Büscheln nickend an kurzen Blütenstielen. Typisch Damaszener-Rose: der intensive, süße Duft, der hier fast moschusartig ausfällt. Die uralte Sorte (vor 1750)

wurde häufig auf den Blumenstillleben holländischer Maler porträtiert. Benannt wurde sie nach einem damals berühmten Pariser Gärtner namens Cels.

Wuchs: Dichtes graugrünes Laub schmückt diese problemlose Sorte, die auch im Halbschatten klarkommt. Sie gedeiht aufrecht und wird etwa 150 cm hoch, bei einer Breite von 120 cm.

'Charles de Mills'

Syn.: 'Bizarre Triomphant'
Gruppe: Gallica-Rose
Blührhythmus: einmalblühend
Beschreibung: Diese uralte Sorte gehört zu den bezauberndsten Alten Rosen und verkörpert alles, was deren typischen Charme ausmacht! Aus kugeligen Knospen entfalten sich dunkel karminfarbene bis purpurrote Blüten mit violetten Nuancen. Die Rosen sind groß, flach, dicht gefüllt und im Zentrum geviertelt. Sie erscheinen über viele Wochen hinweg. Ihr süßer Duft ist betörend. Die Herkunft dieser Schönheit ist unbekannt. Manche Quellen behaupten, sie sei vor 1811 entstanden, andere datieren ihre Entstehung sogar ins 16. Jahrhundert zurück. Der heute gebräuchliche Name geht vermutlich auf einen im 19. Jahrhundert in Rom lebenden Engländer namens Mills zurück, der eine berühmte Rosen-Pergola besaß.

Wuchs: Im Wuchs zeigt sich die Sorte breit überhängend, manchmal sogar breiter als hoch. Sie erreicht Durchschnittshöhen von 130 bis 150 cm, bei guten Bedingungen auch mehr. Sie gedeiht auch gut auf eigener Wurzel sowie im Halbschatten. Das dunkle, wenig bestachelte Laub erweist sich als ausgesprochen gesund und widerstandsfähig.

Gehört zu den absoluten Highlights im Sortiment Alter Rosen: die prächtige 'Charles de Mills'.

'Chartreuse de Parme'

Syn.: –
Gruppe: Moderne Strauchrose
Blührhythmus: öfterblühend
Beschreibung: Diese hübsch gezeichnete Rose stammt aus dem Hause Delbard und gehört in die Reihe »Souvenir d' Amour«. Die Blüten sind dicht gefüllt und von herrlich intensivem, warmem Dunkellila. Ihr auffälligstes Merkmal ist der üppige, sich verströmende Duft, der sich aus verschiedenen fruchtigen Noten zusammensetzt.

Wuchs: Der Strauch wächst buschig kompakt und behält mit einer Höhe von 80 bis 90 cm eine handliche Gestalt, die sich gut in gemischte Beete integrieren lässt.

Bleibt handlich und kompakt: 'Chartreuse de Parme', eine neue Romantikrose aus Frankreich.

'Chloris'

Syn.: 'Rosée du Matin'
Gruppe: Alba-Rose
Blührhythmus: einmalblühend
Beschreibung: Nur mittelgroße, aber ganz liebenswert romantische Blüten bringt 'Chloris' hervor. Nicht von ungefähr stand die griechische Göttin der Blumen für ihren Namen Pate. In zahlreichen Büscheln entfalten sich elfenhaft zarte, rosafarbene Röschen, die am Rand weißlich aufhellen. Die dicht gefüllte Mitte ist hübsch geviertelt und gibt häufig ein kleines Knopfauge frei. Auch die Nase wird nicht enttäuscht. Schon vor 1835 bekannt.
Wuchs: Im dekorativen Kontrast zur hellen Blüte stehen die dunklen Blätter. Der Wuchs ist kräftig und dicht und dank überhängender Triebe breiter als hoch: 150 cm hoch, bis 170 cm breit.

'Colette'

Syn.: –
Gruppe: Moderne Strauchrose
Blührhythmus: öfterblühend
Beschreibung: Diese Rose von Meilland aus dem Jahre 1993 trägt große, rosettenartig dicht gefüllte Blumen in Lachsrosa, das im Verblühen in Goldbraun übergeht. Die ungewöhnliche Farbe ist auch noch mit gutem Duft kombiniert. Sie gehört in die Reihe der »Romantica-Rosen«.
Wuchs: Die Pflanze gedeiht zunächst aufrecht. Später biegen sich die Zweige leicht überhängend zu Boden. Sie erreichen Längen um 200 cm. Die Sorte kann auch Säulen beranken und fühlt sich sogar in Trögen wohl. Die Rosen empfehlen sich für den Vasenschnitt (Foto Seite 52).

'Commandant Beaurepaire'

Syn.: 'Panachée d'Angers'
Gruppe: Bourbon-Rose
Blührhythmus: remontierend
Beschreibung: Mit Spannung darf man das Aufgehen jeder Blüte erwarten, denn jede sieht anders aus! Die rosa Rosen schmücken sich mit einer purpurvioletten und weißen Marmorierung. Die Einzelblüten sind groß, becherförmig und gut gefüllt. Sie verströmen einen wunderbaren Duft. Eine leichte Nachblüte im Herbst bringt besonders schöne Einzelexemplare hervor. Die Sorte stammt aus der Züchterwerkstatt Moreau-Robert (1874).
Wuchs: Die stacheligen Triebe tragen auffallend frischgrüne, schmale Blätter. Wegen seiner dichten Belaubung eignet sich der Strauch hervorragend als Heckenpflanze. Er wird etwa 150 cm hoch und bevorzugt kühles Wetter und Halbschatten.

'Comte de Chambord'

Syn.: –
Gruppe: Portland-Rose
Blührhythmus: remontierend
Beschreibung: Viele Rosenfans halten sie für die Schönste ihrer Klasse! Fest steht: sie gehört noch heute zu den beliebtesten Portland-Rosen. Moreau und Robert brachten sie 1860 in den Handel. Sie überzeugt mit kräftig rosafarbenen, sehr dicht gefüllten Blüten, die zum Rand hin aufhellen. Die Mitte ist oft geviertelt. Die ausgesprochen großen Rosen duften stark und öffnen sich auch bei feuchtem Wetter gut. Benannt wurde sie nach dem verbannten französischen Thronerben, der ab 1844 den Namen Comte de Chambord trug.
Wuchs: Ein etwas steifer, aufrechter Wuchs sorgt für eine schmale Silhouette: Höhe 120 bis 150 cm bei 80 cm Breite. Er prädestiniert den Strauch für Rabattenpflanzungen. Ideale Vasenrose.

'Comte de Chambord' verkörpert alles, was man an Alten Rosen liebt: üppige Blüten, intensiven Duft.

Die Moosrose 'Comtesse de Murinais' mixt einen herrlichen süß-würzigen Duft-Cocktail.

'Comtesse de Murinais'

Syn.: –
Gruppe: Moosrose
Blührhythmus: einmalblühend
Beschreibung: Der französische Züchter Vibert schuf diese Schönheit 1843. Die Rosen öffnen sich zartrosa und hellen später zu cremeweiß auf. Zahlreiche Blütenblätter sorgen für eine dichte Füllung und eine meist geviertelte Mitte, aus der häufig ein Knopfauge blinzelt. Komplexer, süßer Blütenduft mischt sich reizvoll mit der balsamischen Note des dunkelgrünen Mooses.
Wuchs: Leuchtend hellgrüne Blätter wachsen an kräftigen, teils überhängenden Trieben. Der Strauch wird bis zu 180 cm hoch, bei etwa 120 cm Breite.

'Comtesse de Ségur'

Syn.: –
Gruppe: Moderne Strauchrose
Blührhythmus: öfterblühend
Beschreibung: Eine herrlich rosig-fruchtig duftende Schönheit aus der Kollektion »Souvenir d' Amour« von Delbard. Die zartrosa, üppig nostalgisch gefüllten Blüten erscheinen reichlich und stets in lockeren Dolden.
Wuchs: Das dunkelgrüne Laub hebt die hellen, romantischen Blüten in ihrer Wirkung. Es erweist sich als robust und widerstandsfähig. Der Strauch wächst kräftig üppig und wird etwa 100 cm hoch.

'Concerto'

Syn.: –
Gruppe: Moderne Strauchrose
Blührhythmus: öfterblühend
Beschreibung: Eine bezaubernde und zugleich robuste Rose, aus der Reihe der »Romantica-Rosen« von Meilland. Sie entstand 1994. Die mittelgroßen, rosettenartigen Blüten sind stark gefüllt und öffnen sich zunächst honiggelb. Später färben sie sich mehr und mehr rosa ein. Sie erscheinen in dichten Büscheln und erweisen sich als ausgesprochen haltbar und außerdem sehr regenfest. Nur der Duft fehlt ihnen leider.
Wuchs: Die sehr gesunde, 80 bis 100 cm hohe Pflanze ist vielseitig verwendbar.
Tipp: Sie macht nicht nur im Beet eine gute Figur. Mit ihrem breitbuschigen Wuchs eignet sie sich sowohl für flächige Pflanzungen als auch für Hecken, kann aber auch als Kübelpflanze gehalten werden.

'Conditorium'

Syn.: 'Ungarische Rose', 'Konditor-Rose'
Gruppe: Gallica-Rose
Blührhythmus: einmalblühend
Beschreibung: Die dunkel rosarot bis purpurfarbenen Blüten dieser aromaintensiven Sorte verarbeiteten Konditoren früher in der Zuckerbäckerei sowie bei der Herstellung von Gebäck und Rosenwasser. Daher auch ihre synonyme Bezeichnung.

Mittelgroße, regenfeste und äußerst haltbare Rosettenblüten in dichten Büscheln kennzeichnen 'Concerto'. Ihre Farbe verläuft von Honiggelb zu Rosa.

Die Knospen öffnen sich zu großen, locker gefüllten Blüten, die in Büscheln beieinander stehen. In voll erblühtem Zustand sieht man die gelben Staubgefäße leuchten. Die Ungarische Rose, wie sie auch genannt wird, wurde erst 1889 von Dr. Dieck, einem Wildpflanzen-Sammler, nach Deutschland gebracht.

Wuchs: Der Strauch wächst buschig, relativ dicht und wird 100 bis 120 cm hoch. Er gedeiht auch im Halbschatten gut. Die stachelarmen, stark belaubten Triebe tragen dunkelgrüne Blätter.

'Constance Spry'

Syn.: –
Gruppe: Moderne Kletterrose
Blührhythmus: einmalblühend
Beschreibung: Eine sehr frühe Austin-Züchtung aus dem Jahre 1961. Obwohl diese Englische Rose nur einmal – aber überreichlich – blüht, gehört sie zu Recht zu den Klassikern ihrer Gruppe. Sehr große, nostalgisch dicht gefüllte Blüten in klarem, leuchtkräftigem Rosa entfalten sich pfingstrosenähnlich. Sie besitzen einen myrreartigen Duft, den die Sorte an viele Nachkommen weitervererbt hat.

Wuchs: Große, sehr gesunde, graugrüne Blätter zieren die Pflanze sowie zahlreiche Stacheln. Sie wächst kräftig und bildet lange Triebe. Als Strauch oder Hecke erreicht sie Höhen von 180 bis 200 cm. Am eindrucksvollsten wirkt sie jedoch als Kletterrose mit Trieblängen bis 350 cm. Sie toleriert auch Halbschatten.

'Cornelia'

Syn.: –
Gruppe: Moderne Strauchrose
Blührhythmus: öfterblühend
Beschreibung: Mit dieser Rose ist Reverend Pemberton 1925 eine aufregende Sorte gelungen. Die rosettenförmigen Blüten bleiben zwar eher klein, zeigen sich aber gut gefüllt und zelebrieren ein herrliches Farbspiel. Außen wirken sie kräftig apricot- oder lachsfarben, mitunter sogar himbeerrosa angehaucht. Innen changiert die Farbe von zartrosa bis goldgelb. Sie stehen in üppigen, hängenden Büscheln zusammen und verströmen freigiebig den typischen, süßen, moschusartigen Moschata-Duft. Die Pracht währt ununterbrochen von Mitte Juli über den ganzen Sommer bis zum ersten Frost, wobei die Herbstblüte den Höhepunkt darstellt.

Wuchs: Die Blütenfarbe korrespondiert dekorativ mit kupfrig bronzefarbenem Laub von feinem Glanz. Kräftiger, buschig breiter Wuchs von 150 bis 180 cm Höhe und etwa 150 cm Breite macht den Strauch zur imponierenden Erscheinung. Die Sorte ist stachellos.

Tipp: Weisen Sie 'Cornelia' einen sonnigen und windgeschützten Platz zu. Wie viele Moschata-Hybriden kann sie in strengen Wintern zurückfrieren, baut sich aber danach schnell wieder auf.

'Cristata'

Syn.: 'Chapeau de Napoléon', 'Crested Moss'
Gruppe: Zentifolie
Blührhythmus: einmalblühend
Beschreibung: Der Napoleonshut, wie das Synonym übersetzt lautet, erhielt diesen Beinamen, weil moosartige Kelchblätter, mit gefiederten Blattauswüchsen, die junge Knospe so ummanteln, dass sie wie der berühmte Dreispitz des kleinen Korsen aussieht. Andere Pflanzenteile sind

Der Klassiker unter den Austin-Rosen: 'Constance Spry' blüht einmal, aber atemberaubend schön.

Die besondere, moosbesetzte Ummantelung der Knospen verlieh 'Cristata' ihren synonymen Namen 'Napoleonshut'. Sie duftet angenehm balsamisch.

jedoch nicht bemoost, deshalb reiht man die Sorte in der Regel unter die Zentifolien ein. Ihre Blüten sind silbrig rosa, groß, stark gefüllt und von wunderbar harzigem Duft. Eine der schönsten Zentifolien! Man kennt sie seit Beginn des 19. Jahrhunderts. Vermutlich handelt es sich um einen Sämling oder eine Mutation von *R.* × *centifolia*.

Wuchs: Die robuste, pflegeleichte Pflanze ist von typischem, offen lockerem Zentifolien-Wuchs. Sie erreicht Höhen um die 150 cm und wird nahezu ebenso breit.

'De Meaux'

Syn.: 'Rose de Meaux', *Rosa centifolia pomponia*

Gruppe: Zentifolie

Blührhythmus: einmalblühend

Beschreibung: Eine bezaubernde und ausgesprochen vielseitige »Zwerg-Zentifolie«. Man spricht auch von Pomponröschen. Die zart hellrosa gefärbten Blütchen werden selten größer als 3 bis 4 cm, blühen aber dicht gefüllt und duften leicht. Vermutlich entstand sie schon vor 1789. Sie soll im Garten des Bischofs von Meaux entdeckt worden sein.

Wuchs: Der ziemlich borstig-stachelige Strauch bleibt meist 50 bis 90 cm klein und wird bis zu 80 cm breit. Graue Triebe tragen kleine, raue Blätter.

Tipp: Die Sorte ist prädestiniert für niedrige Einfassungshecken oder als pflegeleichter Bodendecker. Aufgrund ihres Zwergenwuchses eignet sie sich auch ideal für die Kübelkultur.

'Desprez à Fleurs Jaunes'

Syn.: 'Jaune Desprez', 'Noisette Desprez'

Gruppe: Noisette-Rose

Blührhythmus: remontierend

Beschreibung: Aus rosa Knospen entwickeln sich Blüten von warmem Gelb mit aprikosen- oder orangefarbenen Schattierungen. Sie sind gut gefüllt und im Zentrum oft dekorativ geviertelt. Die individuelle Ausfärbung hängt von den jeweiligen Boden- und Klimaverhältnissen ab. Der starke, leicht bananenähnliche Duft macht sie noch reizvoller. Die char-

Die zierliche Zentifolie 'De Meaux' ist prädestiniert für die Kultur in Töpfen und Kübeln.

mante Erscheinung erschuf der Liebhaberzüchter Romain Desprez 1835.
Wuchs: Dieser starkwüchsige, fast stachellose Rambler erreicht kletternd meist 300 bis 400 cm Höhe, in milden Gegenden auch mühelos bis 600 cm. Sein hellgrünes Laub glänzt spiegelblank. Als typische Noisette-Rose ist sie leider etwas frostempfindlich.
Tipp: Erobert in geschützten Lagen willig Bögen, Spaliere und auch Bäume.

'Duchesse de Montebello'

Syn.: –
Gruppe: Gallica-Rose
Blührhythmus: einmalblühend
Beschreibung: Sie startet ihre Blütenpracht schon zeitig in der Saison. Dabei entfaltet sie verschwenderisch viele, üppige Rosenbüschel, deren mittelgroße, geviertelte Einzelblüten perlmuttrosa aufgehen und später zu rosé verblassen. Laffay gab ihr auch einen verführerischen, süßlichen Duft mit. Sie entstand vor 1829.
Wuchs: Die Triebe wachsen kräftig, stark überhängend, sodass die Pflanze Ausmaße von etwa 150 mal 150 cm erlangt. Sie entwickelt ein für Gallica-Rosen etwas untypisch graugrünes Laub und toleriert auch nährstoffarme Böden.

'Duchesse de Montebello': zarte Farbe, verschwenderischer Duft

Mit 'Eden Rose '85' schuf der französische Züchter Meilland eine der ersten Sorten aus der wunderbaren Reihe der »Romantica-Rosen«. Sie wirkt im Garten und in der Vase.

'Eclair'

Syn.: 'Gartendirektor Lauche'
Gruppe: Remontant-Rose
Blührhythmus: remontierend
Beschreibung: Als Lacharme 1838 diese Sorte auf den Markt brachte, sorgte ihr warmes Rot für Aufsehen. War es doch zu dieser Zeit noch eine sehr außergewöhnliche Rosenfarbe. Dies schlägt sich im französischen Namen »Blitz« nieder, der für das Feuer der Farbe steht. Für heutige Verhältnisse wirken die Blumen eher dunkelrot, mit schwärzlichen Schattierungen. Die äußeren Petalen schimmern samtig um eine sehr kompakt gefüllte, geviertelte Mitte. Der hervorragende Duft betört die Sinne.
Wuchs: Die Pflanze erscheint buschig und gedrungen mit Höhen von 100 bis 120 cm. Sie entwickelt relativ wenige Blätter, Stacheln dafür umso großzügiger.
Tipp: Eine hervorragende Schnittrose!

'Eden Rose '85'

Syn.: 'Pierre de Ronsard'
Gruppe: Moderne Strauchrose
Blührhythmus: öfterblühend
Beschreibung: Sie gehört schon jetzt zu den Klassikern unter den Modernen Romantikrosen. 1985 schuf Meilland diese herrlich »altmodische«, aber öfterblühende Sorte als eine der ersten der »Romantica-Rosen«-Reihe. Die Blüten entfalten sich mit kräftig rosafarbenem Kern. Nach außen hin verblasst die Farbe zunehmend, die Ränder schimmern seidig cremeweiß. Die ballförmigen Blumen erreichen bis zu 12 cm Durchmesser, sind dicht nostalgisch gefüllt und von zartem Duft. Meist stehen sie zu zweit oder zu dritt an einem Stiel.
Wuchs: Der kräftige, aufrechte Strauch wird 100 bis 150 cm hoch, mitunter auch mehr. Seine Blätter glänzen dunkelgrün und sind recht widerstandsfähig.
Tipp: Nährstoffreiche und sonnige Standorte werden bevorzugt. Hervorragende Vasenrose.

'Elfe'

Syn.: 'Francine Jordi'
Gruppe: Moderne Kletterrose
Blührhythmus: öfterblühend
Beschreibung: Ihr hervorstechendstes Merkmal ist die einmalige, ganz außergewöhnliche Farbe: ein reines Elfenbeinweiß mit grünlichem Hauch! Die sehr großen, in Büscheln erscheinenden Blüten sind sehr stark gefüllt und in der Mitte geviertelt, wie Alte Rosen. Sie verströmen einen betörenden, fruchtigen Duft. Leider sind sie etwas regenempfindlich. Bei Nässe verkleben die dicht gepackten Petalen leicht, die Blumen öffnen dann nicht zuverlässig. Die elfenhafte Sorte entstand im Jahr 2000 bei Tantau in der Reihe »Nostalgische Blütenträume«.
Wuchs: Großes, glänzendes, gesundes Laub schmückt die kräftigen langen Triebe, die bis zu 300 cm hoch werden und die Sorte als Kletterrose empfehlen.

'Eliane Gillet'

Syn.: –
Gruppe: Moderne Strauchrose
Blührhythmus: öfterblühend
Beschreibung: Aus weißen Knospen, die wie mit rotem Puder bestäubt wirken, entfalten sich große, cremeweiße, unregelmäßig rosa überhauchte Blüten. Sie sind dicht gefüllt und von wundervoll romantischer Ausstrahlung. Das ungewöhnliche Farbspiel ist typisch für diese neue Generation aus dem Hause Guillot. Die reichblühende Sorte entstand 1998 in der Reihe der »Rosa generosa«. Sie duftet zart.
Wuchs: Das glänzend dunkelgrüne Blattwerk kontrastiert dekorativ zur weißen Blüte. Der Strauch wächst buschig und kompakt. Er erreicht Höhen von 100 bis 120 cm.

'Empereur du Maroc'

Syn.: –
Gruppe: Remontant-Rose
Blührhythmus: remontierend
Beschreibung: 1858 entstand diese Sorte bei Guinoisseau. Sie galt als erste rein dunkelrote Rose. Die Farbe entwickelt sich karmesinrot mit purpur bis bräunlich-violetten Nuancen. Mittelgroße Blüten erscheinen in Büscheln und öffnen sich dicht gefüllt. Ein herrlicher Duft geht von ihnen aus.
Wuchs: Der kleinblättrige, eher schwachtriebige Strauch wird 120 mal 100 cm groß und breit.
Tipp: Er schätzt gute Pflege und erweist sich unter ungünstigen Bedingungen leider als etwas mehltauanfällig.

'Fantin Latour'

Syn.: –
Gruppe: Zentifolie
Blührhythmus: einmalblühend
Beschreibung: Ein Klassiker unter den Alten Rosen! Eine herrliche Zentifolie mit prachtvollen, dicht gefüllten, zartrosa Blüten, deren Mitte etwas kräftiger gefärbt und dekorativ gedreht ist. Die Rosen nehmen zunächst becherförmige Gestalt an, später rollen die Petalen nach außen um. Der französische Maler Henri Fantin Latour (1836 – 1904) stellte auf seinen Stillleben häufig so ätherische Blütenschönheiten dar. Vermutlich wurde diese Sorte unbekannter Herkunft deshalb nach ihm benannt. Schade, dass kein Bild der Welt ihren atemberaubenden Duft festhalten kann! Bild siehe Seite 83.
Wuchs: Der Strauch wächst zu stattlichen Ausmaßen von 150 bis 200 cm Höhe und etwa 150 cm Breite heran, unter günstigen Bedingungen auch mehr. Er weist kaum Stacheln auf. Sein Laub ist rundlich, groß, dunkelgrün und glänzend.
Tipp: Die dankbare Sorte toleriert sowohl arme Böden als auch Halbschatten.

'Empereur du Maroc': Die Remontant-Rose galt einst als erste dunkelrote Rose.

Die zarte Farbe der 'Félicité Parmentier' steht im Widerspruch zu ihrer robusten Natur.

'Felicia'

Syn.: –
Gruppe: Moderne Strauchrose
Blührhythmus: öfterblühend
Beschreibung: Rosafarben mit einem Touch Cremegelb entfalten sich die großen, gefüllten Blüten dieser Moschata-Hybride. Sie hellen später fast weiß auf. Diese bezaubernde, pflegeleichte Sorte blüht üppig und verströmt verschwenderisch ihren fruchtigen Duft. Sie entstand bei Pemberton 1928.
Wuchs: Der Strauch empfiehlt sich auch durch Gesundheit und üppige Belaubung. Er wird etwa 150 cm hoch.

'Félicité Parmentier'

Syn.: –
Gruppe: Alba-Rose
Blührhythmus: einmalblühend
Beschreibung: Aus dicken Knospen werden fleischrosa bis roséfarbene, dicht gefüllte Blüten von runder Form, die mit zunehmender Öffnung in cremeweiß übergehen. Eine hervorragende Sorte für den Vasenschnitt, nicht zuletzt auch wegen des intensiven Duftes. Sie entstand vor 1834, die Elternsorten sind unbekannt.
Wuchs: Schwere Blütenbüschel ziehen die langen Triebe Richtung Boden und lassen den kräftigen, eigentlich kompakten Wuchs etwas ausladend wirken. Mit 120 bis 150 cm Größe bleibt der robuste Strauch für eine Alba-Rose relativ klein. Er trägt das albatypische hell graugrüne Laub.
Tipp: Geeignet für Halbschattenlagen und karge Böden; sehr frosthart.

'Felidaé'

Syn.: –
Gruppe: Moderne Strauchrose
Blührhythmus: öfterblühend
Beschreibung: Diese zauberhafte, aparte Romantikrose stammt aus der Züchterwerkstatt von Schultheis. Das Traditionsunternehmen brachte sie 2001 auf den Markt. Sie changiert in den aktuellen Rosen-Trendfarben: Im Zentrum glüht es apricotfarben, dann folgen pastellige Gelbnuancen, die zum Rand hin in Cremeweiß übergehen. Die großen dicht gefüllten Blumen verströmen einen herrlichen Duft und erweisen sich als sehr haltbar.
Warum sie nach den »Katzenartigen« benannt wurde? – Vielleicht wegen der Eleganz, die sie ausstrahlt.
Wuchs: Das glänzend dunkelgrüne Laub ist recht widerstandsfähig gegen Krankheiten. Die Pflanze erreicht 120 cm Höhe, lässt sich aber dennoch auch im Kübel halten.
Tipp: Die Rosen machen sich auch in der Vase gut.

'Ferdinand Pichard'

Syn.: –
Gruppe: Remontant-Rose
Blührhythmus: remontierend
Beschreibung: Eine der besten panaschierten Sorten und eine der letzten Remontant-Rosen, die auf den Markt kamen! Die riesigen, bis 10 cm großen und üppig gefüllten Schalenblüten sind wild karminrosa, rosa und weiß marmoriert. Die Rose blüht überreich in Büscheln von drei bis fünf Einzelblüten. Sie verwöhnt die Nase mit einem herrlichen, leicht herben Duft. Gute Vasenrose, sie wurde von Tanne 1921 eingeführt. Ihre Abstammung ist unbekannt.
Wuchs: Der wüchsige Strauch wächst straff aufrecht 120 bis 150 cm hoch. Das dunkelgrüne Laub ist sehr gesund.
Tipp: Die Sorte macht bei guter Düngung auch als Heckenpflanze große Freude.

Hinreißenden Charme und Eleganz versprüht die apricot-gelbe Neuschöpfung 'Felidaé'.

'Ferdinand Pichard' ist eine der bekanntesten zweifarbigen Sorten unter den Alten Rosen. Die Remontant-Rose bildet bis zu 10 cm große Blüten und besitzt einen leicht herben Duft.

'Fisher & Holmes'

Syn.: –
Gruppe: Remontant-Rose
Blührhythmus: remontierend
Beschreibung: Diese Rose ist vor allem wegen ihres verschwenderischen Dufts noch immer sehr beliebt! In der Vase parfümiert sie einen ganzen Raum. Sie entstand bei Verdier 1865. Aus langen spitzen Knospen öffnen sich samtige, tief scharlachrote Blüten mit purpurroten Schattierungen. Sie entwickeln sich zu großen, gut gefüllten Schalen und stehen am Ende langer Stiele.
Wuchs: Die Pflanze treibt lange, kräftige, aufrechte Triebe von 100 bis 150 cm Höhe, die sattgrüne Blätter tragen. An ungünstigen Plätzen leider etwas mehltauanfällig!

'Francesca'

Syn.: –
Gruppe: Noisette-Rose
Blührhythmus: öfterblühend
Beschreibung: Zart apricotfarben bis gelb changiert die locker gefüllte Blüte. Mehrere Einzelblüten bilden ein Büschel, das leicht nickend am Strauch sitzt. Sie besitzen einen leichten, süßen Duft. Pemberton züchtete diese Rose und brachte sie 1922 auf den Markt.
Wuchs: Ihr gesundes Laub glänzt dunkelgrün und bleibt in milden Klimaten oft über den Winter hängen. Die braunroten Triebe harmonieren hervorragend zur warmtonigen Blütenfarbe. Der Strauch wächst kräftig und breit. Er erreicht Ausmaße von etwa 150 mal 120 cm.

'Frau Karl Druschki'

Syn.: 'Schneekönigin', 'Snow Queen', 'Reine de Neige', 'White American Beauty'
Gruppe: Remontant-Rose
Blührhythmus: remontierend
Beschreibung: Eine Rose von Weltruhm unter den Alten Sorten! Das macht schon die Fülle ihrer synonymen Namen deutlich. Sie gelang dem deutschen Züchter Peter Lambert 1901 und wurde zur Mutter vieler weiterer Sorten. Er benannte sie nach der Frau des damals amtierenden Vorsitzenden des Vereins deutscher Rosenfreunde. Für Aufsehen sorgte ihre große, wirklich schneeweiße, edelrosenähnliche Blüte, die sich auch gut für die Vase eignet. Leider erweist sie sich als etwas regenempfindlich und frei von Duft.
Wuchs: Der Strauch gedeiht kraftvoll, ist winterhart, trägt eindrucksvolle Stacheln und großes mattgrünes Laub. Im Herbst schmückt er den Garten mit vielen roten, kugeligen Hagebutten. Höhe: 120 bis 160 cm.

Aus den schneeweißen Blüten der 'Frau Karl Druschki' werden im Herbst kugelige Hagebutten.

'Général Kléber'

Syn.: –
Gruppe: Moosrose
Blührhythmus: einmalblühend
Beschreibung: Warum Robert 1856 diese überaus charmante Erscheinung nach einem General aus Napoleons Armee benannte, bleibt ein Rätsel. Sie gehört zu den schönsten Moosrosen überhaupt. Sie trägt überreichlich leuchtend silbrig rosafarbene Blüten. Sie sind groß, flach und dicht gefüllt mit seidigen Petalen. Knospen, Kelch und Blütenstiele ziert dichtes, weiches, hellgrünes Moos. Ein leichter Duft geht von ihnen aus.
Wuchs: Auch der Wuchs wirkt ausgesprochen gefällig. 130 bis 150 cm hohe Triebe hängen leicht über.

'Gertrude Jekyll'

Syn.: –
Gruppe: Moderne Strauchrose
Blührhythmus: öfterblühend
Beschreibung: Ein köstlicher, intensiver Duft geht von dieser Sorte aus. Austin brachte sie 1986 auf den Markt. Aus hübschen tiefrosa Knospen entfalten sich große, dicht gefüllte Blütenrosetten in kräftig strahlendem Rosa, die zu den Rändern hin etwas aufhellen. In der Mitte zeigt sich oft ein kleines Auge. Die Englische Rose macht ihrer Namenspatronin, der berühmten englischen Gartenarchitektin, mit ihrer Attraktivität alle Ehre.
Wuchs: Der Strauch wächst kräftig und aufrecht. Er erreicht die stattliche Größe von 150 bis 180 cm. Er verträgt auch Halbschatten und hält in Hecken die Stellung.
Tipp: Gute Schnitt- und Küchenrose!

'Ghislaine de Féligonde'

Syn.: –
Gruppe: Moderne Strauchrose
Blührhythmus: öfterblühend
Beschreibung: Diesen Rambler muss man einfach lieben! Er setzt überreichlich üppige Blütenrispen mit bis zu 20 Einzelblüten an. Die kleinen bis mittelgroßen Röschen entwickeln sich aus orangefarbenen Knospen und bezaubern dann durch ihr herrliches Farbspiel, das von lachs- über apricotfarben bis zartgelb und cremeweiß reicht. 1916 gelang Turbat diese Moschata-Hybride, die auch noch zart duftet.
Wuchs: Der Strauch setzt die Liste der Vorzüge fort: gesundes, mattglänzendes Laub, wenig Stacheln und im Herbst dekorative Früchte. Der dankbare Rambler erreicht Höhen bis 250 cm und gedeiht auf jedem Boden, auch im Halbschatten.

Links die köstlich duftende 'Gertrude Jeckyll'; rechts die büschelblütige 'Ghislaine de Féligonde'.

'Gloire de Dijon'

Syn.: 'Old Glory'
Gruppe: Teerose/Noisette-Rose
Blührhythmus: öfterblühend
Beschreibung: Eine wirklich ruhmreiche Rose, wie der Name schon verspricht! Sie gehört nach wie vor zu den Klassikern im Rosensortiment. Ihre Beliebtheit ist ungebrochen und das zu Recht. Sie schmückt sich mit sehr großen, dicht gefüllten und im Zentrum hübsch geviertelten Blüten, deren Farbe stark variieren kann. In der Mitte apricot- bis orangefarben, hellt sie zum Rand und mit fortschreitender Blüte cremeweiß auf. Rosige Schattierungen legen sich darüber. Bei kühler Witterung färbt sie sich auch komplett fleischrosa. Sie verströmt betörenden Duft! Über ihre Zuordnung sind sich selbst Experten uneins. Jacotot schuf sie 1853, vermutlich aus 'Desprez à Fleurs Jaunes' × 'Souvenir de la Malmaison'. Deshalb wird sie mal als Teerose, mal als Noisette-Rose oder auch als Bourbon-Rose gehandelt.
Wuchs: Die überaus wuchsfreudige Kletterin erreicht mühelos 300 bis 400 cm Höhe. Sie ist trotz ihrer Abstammung relativ gut winterhart und kommt auch im Halbschatten klar.

'Gloire de France'

Syn.: 'Glory of France'
Gruppe: Gallica-Rose
Blührhythmus: einmalblühend
Beschreibung: Sie entstand in Frankreich vor 1819 und ist unbekannter Abstammung. Die intensiv rosa gefärbten Rosen gehen am Rand in Lila über. Sie öffnen sich zu großen, gefüllten Becherblüten von intensivem Duft.
Wuchs: Der Strauch wächst kräftig, stark überhängend. Er wird 150 cm hoch und trägt dunkelgrünes Laub.

Die Gallica-Rose 'Gloire de France' wächst kräftig und überhängend. Ihre riesigen und gut gefüllten Becherblüten verbreiten intensiven Duft.

'Graham Thomas'

Syn.: –
Gruppe: Moderne Strauchrose
Blührhythmus: öfterblühend
Beschreibung: Gilt heute als eine der gelben Sorten schlechthin und zählt unter den Englischen Rosen zu den beliebtesten. Mittelgroß und schalenförmig öffnen sich die dicht gefüllten Blüten. Sie leuchten strahlend gelb, verblassen im Verblühen etwas. Die ausgesprochen blühfreudige Sorte überzeugt außerdem durch intensiven Teerosenduft. David Austin kreierte diese Sorte 1983 und benannte sie nach einem einflussreichen englischen Gartenexperten und Sammler Alter Rosen.
Wuchs: Der Strauch entwickelt sich aufrecht, aber buschig und sehr starkwüchsig. Er erreicht Höhen von 120 bis 150 cm und mehr. Sein glänzend hellgrünes Laub harmoniert wirkungsvoll mit der gelben Blüte.
Tipp: In milden Klimaregionen lässt sich die Sorte auch als Kletterer verwenden und erreicht dann bis zu 300 cm Höhe. Der dankbare und vielseitige Strauch gedeiht aber auch im Kübel, in Hecken und toleriert sogar Halbschatten. Die Blüten machen sich auch gut in der Vase.

Die dankbare und vielseitige 'Graham Thomas' ist eine der populärsten Englischen Rosen.

Die Bourbon-Rose 'Gruß an Teplitz' stammt aus der Züchtung von Rudolf Geschwind.

'Gruß an Teplitz'

Syn.: –
Gruppe: Bourbon-Rose
Blührhythmus: öfterblühend
Beschreibung: Eine leuchtend hell karminrote Rose mit samtig wirkendem Rand aus der Züchtung Rudolf Geschwinds (1896). Sie trägt den Namen seiner Heimatstadt. Die halbgefüllten Blüten werden mittelgroß und verbreiten einen starken, würzigen Duft.
Wuchs: An aufrechten Trieben stehen große gezähnte, dunkel- bis bronzegrüne Blätter, die im Austrieb rot leuchten. Die starkwüchsige Pflanze wird bis zu 180 cm hoch und kann auch als Kletterrose verwendet werden.

'Heinrich Münch'

Syn.: –
Gruppe: Remontant-Rose
Blührhythmus: remontierend
Beschreibung: Die Baumschule Münch und Haufe aus Dresden verbreitete diese ideale Ausstellungsrose aus der Züchterwerkstatt von Hinner (1911), die jedoch auch im Garten eine gute Figur macht. Aus dicken, runden Knospen entfalten sich zart silbrig rosafarbene Blüten von enormer Größe. Sie stehen einzeln auf langen Trieben, sind dichtgefüllt und duften freizügig. Die Sorte ist ein Abkömmling von 'Frau Karl Druschki'.
Wuchs: Die Pflanze entwickelt sich aufrecht und kompakt Sie wird etwa 120 cm groß und trägt reichlich zartgrünes Laub.

'Heritage'

Syn.: –
Gruppe: Moderne Strauchrose
Blührhythmus: öfterblühend
Beschreibung: 1984 entstand dieser Klassiker unter den Englischen Rosen bei David Austin. Aus dicken kugeligen Knospen öffnen sich mittelgroße, dicht romantisch gefüllte Schalenblüten von zart seidigem Rosa. Sie sind im Zentrum dunkler und hellen zu den Rändern hin fleischfarben-rosé bis weißlich auf. Sie überzeugen außerdem durch reichlichen, intensiven Duft, der sich aus fruchtigen Komponenten sowie jeweils einem Hauch Honig, Nelke und Myrre zusammensetzt.
Wuchs: Die Pflanze wächst buschig und gut verzweigt. Sie erreicht Höhen von 120 bis 150 cm und wird etwa ebenso breit.
Tipp: Ihre Blüten machen sich auch in der Vase gut.

'Hermosa'

Syn.: 'Armosa', 'Melanie Lemaire', 'Mme Neumann'
Gruppe: China-Rose
Blührhythmus: öfterblühend
Beschreibung: Diese fragil wirkende Sorte gehört zu den Klassikern im Sortiment. Der französische Züchter Marchesseau gab sie 1840 in den Handel. Die mittelgroßen, silbrig rosafarbenen Blüten zeigen sich hochgebaut und locker gefüllt. Sie entfalten sich aus spitzen Knospen und duften sehr angenehm.
Wuchs: Der mit 60 bis 90 cm Höhe recht zierliche Strauch wächst ge-

Bezaubernd zart und elfenhaft wirken die roséfarbenen Blüten der Austin-Rose 'Heritage'; dafür verbreiten sie ein umso kräftigeres Parfum, das sich aus süßen und herben Noten zusammensetzt.

Klein, aber fein: Die Blüten der 'Hippolyte' leuchten intensiv, werden aber meist nicht größer als 4 cm.

sund und buschig. Für eine China-Rose ist er relativ winterhart. Das kleinblättrige, graugrüne Laub unterstreicht die zarte Gesamtwirkung.
Tipp: Wer eine Alte Rose für die problemlose Topf- und Kübelkultur sucht, liegt mit 'Hermosa' goldrichtig. Sie eignet sich aber auch gut als Gruppenpflanze sowie für den Vordergrund von Beeten.

'Hippolyte'

Syn.: 'Souvenir de Kean'
Gruppe: Gallica-Rose
Blührhythmus: einmalblühend
Beschreibung: Benannt wurde die Sorte nach einer Amazone der griechischen Sage. Die nur etwa 4 cm kleinen Röschen öffnen sich zu karminroten bis purpur-violetten, dicht gefüllten Pompons. Wenn sie vollständig aufgegangen sind, changieren sie zu weinrot und zeigen in der Mitte eine helle Basis. Schon vor 1842 kannte man diese überreich blühende Sorte.
Wuchs: Mit ihrem buschigen Wuchs erreicht sie Höhen von rund 150 cm. Ihre Zweige weisen fast keine Stacheln auf, schmücken sich dafür mit hübschen, zierlichen Blättern.
Tipp: Eine schöne Rose für kleine Gärten und niedrige Hecken.

'Home & Garden'

Syn.: –
Gruppe: Moderne Beetrose
Blührhythmus: öfterblühend
Beschreibung: Eine bezaubernde junge Beetrose aus dem Jahr 2001. Sie entstand in der Züchterwerkstatt W. Kordes' Söhne und wurde in die Kollektion »Märchen-Rosen« eingereiht. Aus rosafarbenen, grün überhauchten Knospen entfalten sich rein rosafarbene Blumen, die im Verblühen zu sehr zartem Hellrosa aufhellen. Die Blütenschalen sind groß, stark gefüllt und nostalgisch geviertelt. Sie stehen in Dolden zusammen und erscheinen unermüdlich.
Wuchs: Dunkelgrüne, stark glänzende, mittelgroße Blätter bilden einen hübschen Kontrast zur Pastellblüte. Die robuste Pflanze entwickelt sich aufrecht und buschig, bleibt jedoch mit 60 bis 80 cm Höhe – typisch Beetrose – recht kompakt und klein.
Tipp: Eine Bereicherung für gemischte Beete, aber auch gut zur Gruppenpflanzung geeignet.

'Honorine de Brabant'

Syn.: –
Gruppe: Bourbon-Rose
Blührhythmus: remontierend
Beschreibung: Sie gehört zu den wenigen panaschierten Alten Rosen. Die Blüten sind zart lilarosa und weisen eine lilafarbene, violette und weißliche Marmorierung auf. Sie werden groß, entfalten sich locker gefüllt und becherförmig. Guter Duft verleiht ihnen zusätzlichen Charme. Die Rose ist ein Sport von 'Commandant Beaurepaire'.
Wuchs: Die Pflanze entwickelt sich aufrecht kompakt. Sie erreicht stattliche 150 bis 180 cm Höhe. Sie ist üppig hellgrün, belaubt. Ihr Einsatz am Zaun oder im Hintergrund von Rabatten ist besonders wirkungsvoll.

'Honorine de Brabant' gehört zu den weniger bekannten mehrfarbigen Sorten, dabei ist ihr Auftritt sehr überzeugend. Mit ihrer stattlichen Größe passt sie gut in den Hintergrund von Stauden.

'Impératrice Joséphine'

Syn.: 'Empress Josephine', 'Souvenir de l'Impératrice Josephine'
Gruppe: Gallica-Rose
Blührhythmus: einmalblühend
Beschreibung: Die leuchtend rosafarbenen, locker gefüllten Rosen fallen durch ihre gewellten Blütenblätter mit deutlicher dunkler, purpurrosa Aderung auf. Sie duften zart. Die Sorte entstand schon vor 1824 und soll der Liebling der Rosensammlerin Joséphine de Beauharnais, Napoleons Frau, gewesen sein.
Wuchs: Der Strauch entwickelt sich unregelmäßig, aber gefällig, mit Ausmaßen von 120 mal 120 cm. Mit Halbschatten kommt er gut zurecht. Das Holz ist dicht belaubt. Im Spätherbst erscheinen große, dekorative Hagebutten.

'Isphahan'

Syn.: 'Pompon des Princes', 'Rose d'Isphahan'
Gruppe: Damaszener-Rose
Blührhythmus: einmalblühend
Beschreibung: Der Name ist Programm! Zum einen verweist er auf die orientalische Herkunft der Damaszener-Rose, zum anderen war die persische Stadt Isfahan seit Jahrhunderten ein Schmuckstück mit zahlreichen Palästen und einer langen Rosentradition. Ob die Sorte dort ihren Ursprung hat, bleibt unklar. Im Handel ist die außergewöhnliche Schönheit seit 1832. Ihre Blüten werden mittelgroß bis groß und entfalten sich dicht gefüllt mit seidigen, dunkelrosa Blütenblättern. Ein paar hellere Schattierungen legen sich dazwischen. Die Pracht währt mindestens sechs Wochen und damit ungewöhnlich lange. Wirklich exzeptionell ist ihr wunderbarer Duft, der dem Ruf der Damaszener-Rosen mehr als gerecht wird. Bild siehe Seite 35.
Wuchs: Zu ihrer Beliebtheit trug auch der breit überhängende, gute Wuchs bei sowie das dekorative, dichte, sattgrüne und sehr robuste Laub. Höhe etwa 150 cm.
Tipp: Das ausgesprochene Multitalent macht in vielen Rollen eine gute Figur: Es eignet sich für Hecken, für Topf- und Kübelkultur, aber auch für die Vase. Selbst arme Böden werden toleriert.

Von oben nach unten: 'Impératrice Joséphine', 'Isphahan', 'Jacques Cartier'.

'Jacques Cartier'

Syn.: 'Marchesa Bocella'
Gruppe: Damaszener-Rose
Blührhythmus: remontierend
Beschreibung: Diese Sorte gehört völlig zu Recht zu den Klassikern im Alte-Rosen-Sortiment! Sie stammt aus der Züchterwerkstatt Moreau-Robert (1868). Die Knospen leuchten dunkelrosa. Die Blüten erscheinen in Büscheln über einen langen Zeitraum und sind der Inbegriff von Romantik: groß, leuchtend rosa, dicht gefüllt, geviertelt, mit gewellten Petalen, die sich im Zentrum nach innen wölben und die Staubgefäße verdecken. Im Verblühen hellen sie auf. Die Rose verströmt einen phänomenalen Duft! Experten streiten sich, ob sie den Damaszener- oder den Portland-Rosen zuzurechnen ist, da sie von beiden Klassen typische Merkmale aufweist. Auch ob es sich bei ihrem Namenspatron um den Entdecker Kanadas oder um einen Rosenzüchter handelt, ist unklar.
Wuchs: Der Strauch wächst leicht überhängend und trägt auffallend üppiges, robustes Laubwerk. Er erreicht Höhen von 120 bis 150 cm.

'Kir Royal'

Syn.: –
Gruppe: Moderne Kletterrose
Blührhythmus: remontierend
Beschreibung: Wie der farbenfrohe Cocktail, der Namenspate wurde, leuchten die seidigen, leicht gewellten Blütenblätter in einem fruchtigen Rosé. Sie sind mit roten Sprenkeln getupft und von zartem Duft. Meilland schuf die Sorte aus der Reihe »Romantica-Rosen« 1995. 2002 wurde ihr das ADR-Prädikat verliehen. Sie blüht überreichlich im ersten Flor, die Nachblüte im Spätsommer fällt etwas schwächer aus.
Wuchs: Die gesunde, robuste und sehr frostharte Klettersorte rankt 200 bis 300 cm hoch.

'Königin von Dänemark'

Syn.: 'Queen of Denmark', 'Naissance de Venus'
Gruppe: Alba-Rose
Blührhythmus: einmalblühend
Beschreibung: Eine der schönsten Alba-Rosen! Sie blüht sehr lange in zahlreichen Büscheln, die zunächst karminrosa Knospen tragen. Später entfalten sich daraus leuchtend rosafarbene, üppig dicht gefüllte, im Zentrum geviertelte Rosen von wunderbarem Duft. Sie erweisen sich sogar bei Regenwetter erstaunlich formstabil und eignen sich auch gut für den Vasenschnitt. Die Sorte ist ein Sämling von 'Maiden's Blush' und eine echt europäische Mixtur: Sie entstand 1816 in der Flottbeker Baumschule des gebürtigen Schotten James Booth. Dieses Gebiet in unmittelbarer Nähe Hamburgs war damals mit Dänemark verbunden. Mit der Namensgebung ehrte man Marie Sophie Friederike, die Frau Friedrichs VI. von Dänemark, die wiederum deutscher Abstammung war.
Wuchs: Typisch Alba-Rose ist das gesunde, graugrüne Laub und die enorme Frosthärte. Der Wuchs ist kräftig, breit buschig mit überhängenden Zweigen, die reichlich bestachelt sind. Die Pflanze wird etwa 150 cm hoch und breit.

'Kronprinzessin Victoria'

Syn.: 'Gelbe Malmaison'
Gruppe: Bourbon-Rose
Blührhythmus: öfterblühend
Beschreibung: Ihr Synonym verrät bereits das meiste über diese Rose. Es handelt sich um einen Sport von 'Souvenir de la Malmaison', der ihr abgesehen von der Blütenfarbe auch sehr ähnelt. Die Rosen sind rahmweiß, mit hellgelber Mitte, gleichen ihrer Ausgangsform aber in der Größe, der üppigen Füllung und dem herrlichen, süßen Duft. Ein Züchter namens Vollert entdeckte die Sorte, die Baumschule Späth brachte sie 1888 auf den Markt. Gewidmet wurde sie der ältesten Tochter Queen Victorias, die später als Frau Friedrichs III. deutsche Kaiserin wurde.
Wuchs: Auch im Wuchs gleicht sie ihrer Ausgangsform. Sie bleibt rund, 80 cm klein und empfiehlt sich damit als gute Beetrose.

'La Noblesse'

Syn.: –
Gruppe: Zentifolie
Blührhythmus: einmalblühend
Beschreibung: Der Name verspricht nicht zu viel! Soupert & Notting führten diese edle Sorte 1857 ein. Die Blütenblätter schimmern transparent hellrosa, in der Mitte leuchtet

Von oben nach unten: 'Kir Royal', 'Königin von Dänemark', 'Kronprinzessin Victoria'.

es kräftig karminrot. Die Rosen zeigen sich groß, gut gefüllt und becherförmig. Sie blühen spät im Sommer, aber dafür umso reichlicher. Es haftet ihnen ein angenehmer Duft an.
Wuchs: Der robuste, dichtbelaubte Strauch gedeiht kräftig, aufrecht und kompakt. Er wird etwa 150 mal 150 cm hoch und breit und ist gut winterhart.

'Leda'

Syn.: 'Painted Damask'
Gruppe: Damaszener-Rose
Blührhythmus: remontierend
Beschreibung: Leda, die Königin von Sparta, war so schön, dass selbst Zeus, in Gestalt eines Schwans, sie verführen wollte. Eine Schönheit ist auch diese Sorte. Aus rotbraunen Knospen entfalten sich weiße Blüten, deren äußerste Petalenreihe schmale, karminrote Spitzen zeigt. Die Blüten sind groß, dicht gefüllt und entwickeln sich zunächst ballförmig, später zu schönen Rosetten mit Knopfauge. Ihr Duft ist verführerisch wie die Namenspatronin. Sie entstand vor 1827.
Wuchs: In dekorativem Kontrast zur weißen Blüte stehen die tief dunkelgrünen Blätter und das dunkle Holz. Der sehr krankheitsfeste Strauch wächst stark verästelt und eher breit. Er wird 100 bis 130 cm groß und überzeugt auch durch gute Winterhärte.

'Leonardo da Vinci'

Syn.: –
Gruppe: Moderne Beetrose
Blührhythmus: öfterblühend
Beschreibung: Genial wie der Künstler und Wissenschaftler, nach dem sie benannt wurde, ist diese moderne Romantikrose aus dem Hause Meilland (1993). Sie gehört zur Reihe »Romantica-Rosen«. Herrlich dicht gefüllte, nostalgisch geviertelte Rosetten blühen in Dunkelrosa. Die Farbe ist außerordentlich stabil, verblasst kaum und hält auch Regen aus. Üppige, leicht duftende Dolden erscheinen in unermüdlicher Folge.
Wuchs: Die kerngesunde, frostharte Pflanze schmückt sich mit dichtem, dunkelgrünem, lederartigen Laub. Sie wächst aufrecht buschig und sehr kompakt, mit Höhen von 40 bis 60 cm, bei 50 cm Breite.

Links: Nomen est omen – die Blütenbecher von 'La Noblesse' mit ihrer Fülle durchscheinend zarter Petalen strahlen ungeheure aristokratische Eleganz aus. Rechts: Die ungewöhnlich gefärbte Damaszener-Rose 'Leda' mit ihren karminroten Tupfen am Blütenrand wirkt immer als Hingucker.

Die Romantica-Rose 'Leonardo da Vinci' kam erst 1993 auf den Markt, machte mit ihren perfekten, regenfesten Blüten und ihrer enormen Gesundheit aber nicht von ungefähr eine rasante Karriere.

Tipp: Eine ungeheuer dankbare und vielseitige Rose. Sie macht sich als typische Beetrose in Flächenpflanzungen ebenso gut wie einzeln in gemischten Beeten. Selbst im Halbschatten fühlt sie sich wohl. Sie eignet sich sowohl für Heckenpflanzung als auch für die Kübelkultur. Mit den üppigen Dolden lassen sich herrliche Sträuße gestalten.

'Little White Pet'

Syn.: 'Belle de Teheran', 'White Pet'
Gruppe: China-Rose
Blührhythmus: öfterblühend
Beschreibung: Ein smartes, apartes Röschen, das reich und durchgehend blüht. Kleine weiße, dicht gefüllte, runde Pomponblüten entfalten sich in üppigen Büscheln aus rosa Knospen. Sie weisen einen leichten Moschus-Duft auf. Eingeführt durch Henderson 1879.
Wuchs: Der niedliche Strauch trägt gesundes, glänzend dunkelgrünes Laub, das einen hübschen Kontrast zur weißen Blüte bildet. Er bleibt im Wuchs mit 30 bis 50 cm sehr kompakt, geht dabei eher in die Breite und ist für eine China-Rose erstaunlich winterhart.
Tipp: Der Winzling ist an Vielseitigkeit kaum zu überbieten: Er macht sich als Beet- und Bodendeckerrose gut, wirkt als Hochstamm äußerst dekorativ, gedeiht gut im Topf und schenkt mit seinen üppigen Blütenbüscheln hübsche Sträuße für die Vase. Bild siehe Seite 14.

'Louise Odier'

Syn.: –
Gruppe: Bourbon-Rose
Blührhythmus: öfterblühend
Beschreibung: Eine Berühmtheit unter den Alten Rosen, und das nicht von ungefähr. Sie verbindet perfekt geformte Blüten mit einem mengenmäßig überreichen Flor und fast durchgehender Blütezeit. Margottin kreierte die Top-Sorte 1851. Ihre kräftig rosafarbenen, großen, kugeligen Rosen öffnen sich stark gefüllt, sind im Zentrum gewirbelt und mitunter geviertelt. Es geht ein starker, betörender Duft von ihnen aus. Bild siehe Seite 69.
Wuchs: Die Elite-Sorte überzeugt auch im Wuchs: Kräftige Triebe schießen 180 bis 200 cm auf. Sie tragen helles, mattgrünes Laub.
Tipp: Verzichtet man auf Schnitt und bindet die langen Zweige auf, berankt 'Louise Odier' auch willig Säulen und Zäune. Sie gedeiht auch als Heckenpflanze und im Halbschatten. Berühmt ist sie auch für ihre lange Haltbarkeit als Schnittrose.

'Maiden's Blush'

Syn.: 'Cuisse de Nymphe'
Gruppe: Alba-Rose
Blührhythmus: einmalblühend
Beschreibung: Eine uralte Sorte, die vermutlich schon im 16. Jahrhundert entstand. Zart hellrosa Blüten öffnen sich dicht gefüllt und hellen zu den Rändern hin fast cremeweiß auf. Sie sind kugelig bis becherförmig und verbreiten verschwenderisch ihr süßes Parfum.

Ein Methusalem unter den Alten Rosen: 'Maiden's Blush' stammt vermutlich aus dem 16. Jahrhundert.

Wuchs: Der pflegeleichte, wenig bestachelte Strauch wächst kräftig und leicht überhängend. Er erreicht Maße von etwa 150 mal 150 cm und ist wie alle Alba-Rosen ausgesprochen frosthart. Seine Triebe sind dicht graugrün belaubt.

'Marbrée'

Syn.: –
Gruppe: Portland-Rose
Blührhythmus: remontierend
Beschreibung: Die Sorte überrascht mit einer ausgefallenen Maserung. Auf karminrosa Petalen leuchten hellrosa Sprenkel. Das Innere der hübsch marmorierten, halbgefüllten Blüten, die dicht über dem Laub erscheinen, gibt goldene Staubgefäße frei. Die Rosen sind groß und von süßem Duft. Züchter: Moreau-Robert (1858).
Wuchs: Die Pflanze ergibt einen buschigen, aufrechten Strauch mit hellgrünem, spitz zulaufendem Laub. Sie eignet sich auch für Hecken und wird 100 bis 150 cm groß.

'Maréchal Davoust'

Syn.: –
Gruppe: Moosrose
Blührhythmus: einmalblühend
Beschreibung: Der Namensgeber kämpfte in Napoleons Armee. Der Rose gereichen ihr reizvoller Duft sowie ihre großen, becherförmigen, üppig gefüllten Blüten in Lilarosa zum Ruhm. Das Zentrum schimmert eher violett, die Ränder hellen mauvefarben auf. Alle Knospen weisen eine hübsche bräunliche Bemoosung auf. Robert schuf diese Sorte im Jahre 1853.
Wuchs: Kleine, spitze, auffallend dunkelgrüne Blätter sitzen an einem aufrechten, sehr frostharten Strauch von 150 mal 120 cm Höhe und Breite.

'Maréchal Niel'

Syn.: –
Gruppe: Noisette-Rose
Blührhythmus: einmalblühend
Beschreibung: Einst Moderose von Weltruhm, rangiert die Sorte heute eher unter Sammlerobjekt oder Liebhaberspezialität. Zweifellos bezaubernd sind die schwefelgelben, sehr dicht gefüllten Blüten, die reichlich in Büscheln erscheinen. Sie sitzen auf schwachen Stielen und nicken daher, was der Rose einen besonders fragilen Charme verleiht. Dazu verströmt sie einen hinreißend intensiven Teerosenduft. Gezüchtet wurde sie von Henri Pradel, verbreitet durch Victor Verdier 1864. Warum diese elfenhafte Schönheit nach einem erfolgreichen französischen General benannt wurde, weiß nur ihr Namensgeber.
Wuchs: Weiche frischgrüne Blätter passen gut zur gelben Blüte. Viele hakenförmige Stacheln stehen entlang der kletternden Triebe. Die Sorte wird spielend 300 bis 450 cm hoch und bekleidet mühelos Spaliere und Pergolen. Ihr Manko: Sie ist sehr frostempfindlich! Ab drei Grad Celsius kapituliert sie vor der Kälte. Deshalb eignet sie sich nur für sehr frostgeschützte Lagen in milden Regionen oder für die Kultur unter Glas (in einem Kalthaus). Dort kann sie bis zu acht Meter lange Triebe entwickeln.
Tipp: Sie gedeiht auch gut im Kübel und ergibt eine gute Schnittrose (einst beliebt für Brautsträuße).

Betrachtet man 'Marbrée' aus größerer Nähe, erkennt man feine helle Sprenkel auf den karminrosa Blütenblättern. Eine gute Heckenpflanze.

'Mariatheresia'

Syn.: –
Gruppe: Moderne Beetrose
Blührhythmus: öfterblühend
Beschreibung: Eine taufrische Züchtung des Jahres 2003 aus dem Hause Tantau. Sie gehört zur Reihe »Nostalgische Blütenträume« und der Programmname verspricht nicht zu viel. Sehr dicht »altmodisch« gefüllte und geviertelte Blütenschalen erscheinen in großen Dolden. Sie zeigen ein weiches, romantisches Pastellrosa und besitzen ein zartes Parfum.
Wuchs: Der Strauch wächst stark buschig 70 bis 90 cm hoch und bildet bogig überhängende Triebe, die die romantische Note noch unterstreichen. In dekorativem Kontrast zur hellen Blüte steht das dunkelgrüne, glänzende Laub.
Tipp: Wegen der großen Blütenbüschel und dem kompakten Wuchs gut für Gruppenpflanzungen.

Ein Traum aus Farbe und Duft: 'Mariatheresia' bietet alles, was man von einer Alten Rose erwartet, und ist dennoch eine brandneue Beetrosen-Züchtung aus dem Jahr 2003.

'Marie de Blois'

Syn.: –
Gruppe: Moosrose
Blührhythmus: einmalblühend
Beschreibung: Sehr große, leuchtend rosafarbene Blüten mit lila Schattierungen nehmen kugelige Gestalt an. Sie verführen mit himmlischem Parfum und machen sich auch in der Vase gut. Von zusätzlichem Charme sind die adrett rötlich bemoosten Knospen. Die Rose blüht im Sommer lange und schafft unter günstigen Umständen sogar eine leichte Nachblüte im Herbst. Züchter: Robert (1852).
Wuchs: Auch die jungen Triebe sind mit feinem Moos überzogen. Der etwa 150 cm hohe Strauch wächst kräftig und aufrecht. Er entwickelt starke Triebe, die mit widerstandsfähigem Laub besetzt sind.

Die prachtvollen Blüten von 'Marie de Blois' entwickeln sich aus dekorativ rötlich bemoosten Knospen und erweisen sich als äußerst langlebig.

'Marie Louise' öffnet stark geviertelte Blüten, die hübsch geadert sind und herrlich duften.

'Marie Louise'

Syn.: –
Gruppe: Damaszener-Rose
Blührhythmus: einmalblühend
Beschreibung: Diese sehr romantische Sorte soll 1813 in der Rosensammlung Kaiserin Joséphines in Malmaison entstanden sein. Sie ist überaus reichblühend und trägt große, sehr flache, aber stark gefüllte und gewirbelte Blüten, die tiefrosa gefärbt und deutlich mauvefarben geadert sind. Sie verströmt hervorragenden Duft.
Wuchs: Die dekorativ belaubte Pflanze entwickelt unter der Last der vielen Blüten einen überhängenden Wuchs. Sie wird 120 cm hoch und ist auch gut als Kübelpflanze zu halten.

'Mary Rose'

Syn.: –
Gruppe: Moderne Strauchrose
Blührhythmus: öfterblühend
Beschreibung: Eine sehr beliebte Englische Rose. Sie blüht zuverlässig und unermüdlich bis zum Herbst. Die großen Schalenblüten tragen ein frisches Rosarot. Sie sind locker gefüllt mit etwas gekrausten Petalen, sodass sie wie ein Tuff aus rosa Rüschchen wirken. In ihrem Duft schwingen Honig- und Mandel-Komponenten mit. Die Sorte entstand bei Austin 1983.
Wuchs: Die Pflanze überzeugt durch ein dekoratives Erscheinungsbild. Sie gedeiht aufrecht, ist gut verzweigt und trägt hübsches, mittelgrünes Laub, das sich sehr robust und gesund präsentiert. Ihre Maße betragen etwa 120 bis 150 cm Höhe und etwa 120 cm Breite.
Tipp: Der pflegeleichte Strauch passt in Hecken ebenso wie in Kübel und toleriert auch halbschattige Standorte.

'Maxima'

Syn.: 'Jakobitenrose', 'Great Double White'
Gruppe: Alba-Rose
Blührhythmus: einmalblühend
Beschreibung: Ein echter Methusalem unter den Alten Rosen! Manche vermuten, dass sie schon im alten Rom bekannt war. Andere datieren ihre Entstehung auf das 15. Jahrhundert. Sie blickt auf eine lange Bauerngarten-Tradition zurück und war früher unter der Bezeichnung Jakobitenrose bekannt. Ihren jetzigen Namen erhielt sie zu Ehren von König Maximilian II. von Bayern. Die großen rundlichen Rosen sind anfangs zartrosa überhaucht, öffnen sich dann aber zu rahmweißen, gut gefüllten Blüten. Sie stehen in zahlreichen Büscheln an den langen Trieben und duften sehr reizvoll.
Wuchs: Der Strauch wächst zu einer stattlichen Erscheinung von 200 cm und mehr heran, wobei er auch etwa 150 cm breit wird. Er bildet die typischen graugrünen und sehr gesunden Alba-Blätter. Bild siehe Seite 67.
Tipp: Auf eigener Wurzel treibt er Ausläufer und eignet sich daher gut für die Pflanzung hoher Hecken. Eine ideale Rose für naturnahe, nur wenig gepflegte Gärten. Sie toleriert auch arme Böden sowie Halbschatten und ist ungeheuer frosthart.

Die Liste ihrer Vorzüge ist lang: 'Mary Rose' besticht durch unermüdlichen Blütenreichtum, dekorative und sehr robuste Blätter und vor allem durch eine phänomenal schöne Blüte.

Die remontierende Kletterrose 'Mme Alfred Carrière' gedeiht selbst in schattigen Lagen und ist erstaunlich frostfest, was sonst nicht auf alle Noisette-Rosen zutrifft.

'Mme Alfred Carrière'

Syn.: –
Gruppe: Noisette-Rose
Blührhythmus: remontierend
Beschreibung: Elegante, rahmweiße, locker gefüllte Blüten weisen den Hauch eines rosigen Schimmers auf. Sie sind groß, rund und duften zart teeartig. Unter günstigen Bedingungen erscheinen sie sogar den ganzen Sommer über. Diese vielseitige, dankbare Rose erschuf Schwartz 1879.
Wuchs: Das schöne, dichte, sattgrünes Laubwerk ist ausgesprochen robust und haftet im Winter noch lange an den Trieben. Mit 250 bis 500 cm langen Zweigen bedeckt diese Sorte mühelos ganze Hauswände, ist aber auch als frei stehender Strauch zu ziehen. Sie ist die frostfesteste Noisette-Rose und erstaunlich winterhart, außerdem erste Wahl für Nord- und Schattenlagen!

'Mme Boll'

Syn.: –
Gruppe: Portland-Rose
Blührhythmus: öfterblühend
Beschreibung: Viele halten sie für die beste Portland-Rose überhaupt. Sie hat alles, was eine typische Alte Rose braucht. Ihre sehr großen, leuchtend rosafarbenen Blüten hellen zum Rand hin auf und wirken dort fast transparent. Die üppigen Becher sind innen geviertelt und verströmen ein verschwenderisches, süßes Parfum. Natürlich ergeben die Schönheiten einen hervorragenden Vasenschmuck für das Zimmer! 'Mme Boll' entstand bei Boll und Boyau 1859.
Wuchs: Die Pflanze trägt gesundes, großes, hellgrünes Laub. Sie wächst aufrecht, aber buschig kompakt und erreicht Höhen von etwa 120 bis 140 cm.

'Mme Ernest Calvat'

Syn.: 'Fink Bourbon'
Gruppe: Bourbon-Rose
Blührhythmus: remontierend
Beschreibung: Diese berühmte alte Sorte aus dem Jahr 1888 stammt aus der Züchterwerkstatt von Schwartz. Die wunderschönen typischen Bourbonblüten machen dieser Rosenklasse alle Ehre. Sie öffnen sich groß, rosa, sehr dicht gefüllt und in der Mitte geviertelt. Erst wirken sie kugelig, später mehr schalenförmig. Sie verströmt ihren starken Duft großzügig in die Umgebung. Eine herrliche Vasenrose! Bei dieser Sorte handelt es sich um einen Sport von 'Mme Isaac Pereire'.
Wuchs: Dunkelgrüne, im Austrieb rötliche Blätter schmücken den buschigen, leicht überhängend wachsenden Strauch. Seine Triebe werden 150 bis 200 cm lang und können auch kletternd gezogen werden. Sie tragen Hakenstacheln. Der Strauch kommt auch mit Halbschatten und armen Böden zurecht.

'Mme Boll' ist wohl eine der berühmtesten Portland-Rosen. Sie entstand 1859.

Die knopfäugige Damaszener-Rose 'Mme Hardy' gehört zum Bezauberndsten, was die Rosenwelt zu bieten hat, und erweist sich dazu noch als äußerst pflegeleicht und robust.

'Mme Hardy'

Syn.: –
Gruppe: Damaszener-Rose
Blührhythmus: einmalblühend
Beschreibung: Wird zu Recht als eine der schönsten weißen Rosen bezeichnet und gehört zu den beliebtesten Alten Rosen überhaupt! 1832 entstand sie im Jardin du Luxembourg in Paris und wurde nach der Frau des damaligen Direktors Alexandre Jules Hardy benannt. Die zauberhaften, rein weißen Blüten mit dem berühmten hellgrünen Knopfauge erscheinen büschelweise. Sie sind dicht gefüllt und gehen zu flachen, perfekten Rosetten auf. Die Knospen zieren auffallend lange Kelchblätter. Die Rosen erscheinen reichlich, duften fantastisch mit einer leicht zitronigen Note und eignen sich hervorragend für den Vasenschnitt.
Wuchs: Der pflegeleichte Strauch wächst kräftig aufrecht und dicht verzweigt. Er wird 160 bis 180 cm hoch und entwickelt einzelne überhängende Zweige. Sein Laub ist kleinblättrig, hellgrün und sehr gesund. Auch in halbschattigen Lagen kommt er gut zurecht.

'Mme Isaac Pereire'

Syn.: –
Gruppe: Bourbon-Rose
Blührhythmus: remontierend
Beschreibung: Eine wunderbare Rose mit typisch nostalgischer Blütenform! Riesig große, leuchtend karminrosa Blüten, purpur überlaufen, öffnen sich zu sehr dicht gefüllten, in der Mitte geviertelten, becherförmigen Rosen. Sie stehen in Büscheln und verbreiten betörenden Duft. Sie ist unbekannter Abstammung. Garçon brachte sie 1881 auf den Markt.
Wuchs: Die ausgesprochen wuchsfreudige Pflanze bildet kräftige, bis 200 cm lange Triebe. Sie kann als frei stehender Strauch oder kletternd an Säulen gezogen werden. Kleine Stacheln und große dunkelgrüne Blätter stehen entlang der Zweige. In kühlen Lagen freut sich die Sorte über etwas Winterschutz.

'Mme Knorr'

Syn.: –
Gruppe: Portland-Rose
Blührhythmus: remontierend
Beschreibung: Der Inbegriff einer Alten Rose! Verdier brachte sie 1865 hervor. Die Knospen sind lang gezogen. Die lebhaft rosa gefärbten Blumen werden zum Rand hin heller, zeigen aber eine dunklere Aderung. Sie sind gut gefüllt, erscheinen sehr zahlreich und verströmen freizügig einen wunderbaren Duft.
Wuchs: Der Strauch bleibt mit 100 mal 100 cm schön kompakt und dichtbuschig. Dunkelgrünes, gesundes Laub unterstützt diese Wirkung noch. Er eignet sich daher hervorragend für niedrige Hecken und verträgt auch magere Böden.

'Mme Isaac Pereire' überzeugt durch ihre dicht gefüllten, geviertelten Blüten und betörenden Duft.

'Mme Knorr' ist eine der schönsten Portland-Rosen. Kräftig rosa gefärbte, dicht gefüllte Blüten und hervorragender Duft sprechen für sie. Sie ähnelt stark 'Mme Boll' und 'Comte de Chambord'.

'Mme Legras de St. Germain'

Syn.: –
Gruppe: Alba-Rose
Blührhythmus: einmalblühend
Beschreibung: Rahmweiße, flache, voll gefüllte Blütenschalen schimmern im Zentrum leicht gelblich. Sie erscheinen in Büscheln und sind mit zartem Parfum behaftet. Regen vertragen sie nicht sehr gut. Ihre Herkunft liegt im Dunkeln, sie wurde vor 1846 eingeführt.
Wuchs: An fast stachellosen Trieben wächst graugrünes Laub, das zusammen mit der weißen Blüte sehr romantisch wirkt. Der Strauch entwickelt sehr lange, überhängende Triebe von 180 bis 250 cm und kann daher auch kletternd gezogen werden. Er verträgt Halbschatten und starke Fröste.

'Mme Moreau'

Syn.: –
Gruppe: Moosrose
Blührhythmus: einmalblühend
Beschreibung: Mittelgroße bis große Blüten entfalten sich karminrosa und tragen weiße Linien und Streifen. Sie sind stark gefüllt und leicht bemoost. Ein angenehmer Duft haftet ihnen an. Unter günstigen Bedingungen remontiert die Sorte sogar leicht. Sie entstand 1872 bei Moreau-Robert, ihre Abstammung ist jedoch unbekannt.
Wuchs: Der Strauch wächst breitbuschig, aber aufrecht und wird etwa 120 bis 150 cm hoch.

'Mme Pierre Oger'

Syn.: –
Gruppe: Bourbon-Rose
Blührhythmus: öfterblühend
Beschreibung: Die Rose entstand 1878 bei Verdier als Sport von 'Reine Victoria'. Ihre voll gefüllten Blumen werden mittelgroß und nehmen kugelige, ballförmige Gestalt an. Sie schimmern transparent muschelrosa bis cremeweiß. Die Ränder sind lilarosa überhaucht. Angenehmer Duft haftet ihnen an.
Wuchs: Die Pflanze gedeiht schmal aufrecht und wird etwa 150 cm hoch. Sie trägt spitzblättriges Laubwerk und dunkle Stacheln.
Tipp: Setzen Sie sie nicht auf extrem heiße Standorte. Luftige Plätze im Halbschatten bekommen ihr besser, sonst erweist sie sich als etwas anfällig für Sternrußtau. Schöne Vasenrose!

'Mme Plantier'

Syn.: –
Gruppe: Alba-Rose
Blührhythmus: einmalblühend
Beschreibung: Der Franzose Plantier züchtete diese Sorte 1835. Sie blüht sehr zeitig und überreichlich. Die zunächst rahmweiß aufgehenden Blüten hellen später zu schneeweiß auf. Apart wirken die rosaroten Knospen, mit denen sie in großen Büscheln zusammenstehen. Die Rosen werden

'Mme Legras de St. Germain' brilliert mit den typischen Stärken der Alba-Rosen.

mittelgroß, sind stark gefüllt und von erlesenem Duft.
Wuchs: Die sehr starkwüchsige Sorte ist ausgesprochen pflegeleicht und vielseitig verwendbar. Höhen von 180 bis 200 cm erreicht sie mühelos. Manchmal werden die fast stachellosen Triebe auch noch länger, sodass 'Mme Plantier' auch als Kletterer Einsatz finden kann. Hervorragende Winterhärte und Halbschattentoleranz setzen die Liste der Vorzüge fort. Das Laub ist klein und hellgrün.

Die aparten Blüten der 'Mme Plantier' öffnen sich sehr zeitig in der Saison. Die vitale, halbschattenverträgliche Sorte kann auch kletternd gezogen werden.

'Moonlight'

Syn.: –
Gruppe: Moderne Strauchrose
Blührhythmus: öfterblühend
Beschreibung: Mit 4 bis 5 cm Durchmesser bleiben die einfachen bis locker gefüllten Blumen relativ klein, erscheinen dafür aber in üppigen Büscheln und duften verführerisch süß. Die Farbe changiert von cremegelb bis weißlich. In der Blütenmitte sind gelbe Staubgefäße sichtbar. Die Herbstblüte dieser Moschata-Hybride fällt oft besonders attraktiv aus. Pemberton züchtete diese Sorte 1913 aus 'Trier' und 'Sulphurea'.

'Moonlight' bildet große Büschel aus kleinen Blüten, die im Herbst besonders reichlich erscheinen.

Wuchs: Die rankenden Triebe werden 200 cm lang und tragen glänzend dunkelgrünes, sehr gesundes Laub – ein wirkungsvoller Kontrast zur hellen Blüte. Junge Triebe und Blätter leuchten rotbraun.
Tipp: Die buschige Pflanze kann durch Schnittmaßnahmen auch als Strauch gehalten werden, überzeugt aber sowohl als kleine Kletterrose oder Heckenrose als auch in gemischten Rabatten. Ihre zahlreichen Hagebutten haften im Winter lange Zeit am Strauch.

'Mousseux Ancien'

Syn.: –
Gruppe: Moosrose
Blührhythmus: einmalblühend
Beschreibung: Der gut bemooste Kelch und der zauberhaft herbe Duft weist sie als typische Moosrose aus. Die rosafarbenen, dicht gefüllten Blüten werden zum Rand hin heller,

das Zentrum schimmert karminrosa. Die Sorte stammt aus der Züchterwerkstatt von Vibert, aus dem Jahre 1825.
Wuchs: Der ausgesprochen frostharte Strauch wächst gut verzweigt und wird etwa 120 cm hoch. Er schmückt sich mit hellgrünem Laubwerk.

'Mrs John Laing'

Syn.: –
Gruppe: Remontant-Rose
Blührhythmus: remontierend
Beschreibung: Eine der schönsten Remontant-Rosen und nicht zufällig ein Klassiker im Sortiment! Die großen, stark gefüllten, becherförmigen Rosen strahlen silbrig rosa mit lavendelfarbenen Nuancen. Sie erscheinen zuverlässig in großer Zahl und duften intensiv. Die Sorte gelang Bennett 1887. Benannt wurde sie nach der Frau eines Londoner Gartenbauspezialisten.
Wuchs: Der anspruchslose, langlebige, gesunde Strauch wächst kräftig und wird 150 bis 200 cm hoch. Er trägt fast stachellose Stiele und helles, graugrünes Laub. Er macht auch in Höhenlagen und auf mageren Böden noch Freude.

'Muscosa'

Syn.: *Rosa muscosa, Rosa* × *centifolia* 'Muscosa', 'Old Pink Moss'
Gruppe: Moosrose
Blührhythmus: einmalblühend
Beschreibung: Die Ur-Moosrose, und für viele ist sie nach wie vor die Schönste ihrer Klasse! Sie entstand aus einer Knospenmutation von *R.* × *centifolia.* Ihre dicht gefüllten, manchmal geviertelten Rosen leuchten intensiv rosa. Der Rand scheint etwas heller. Charakteristisch ist ihr vorzüglicher, intensiver Duft, in dem sich die süßen Noten der Zentifolien

'Mrs John Laing': Ihre Blüten sind riesig, von frischem Rosa, und sie erscheinen zuverlässig und in großer Zahl. Dennoch erweist sich der stattliche Strauch als sehr anspruchslos.

Sie entstand vor mehr als 300 Jahren aus einer Knospenmutation; dennoch ist 'Muscosa' so attraktiv und beliebt wie eh und je. Diese erste Moosrose zeigt sich ausgesprochen wuchsfreudig.

mit den aromatisch harzigen Tönen des Mooses mischen. Blütenstiele, Knospen und Kelchblätter weisen einen dichten Besatz mit diesen Drüsenhaaren auf. Vermutlich entstand sie bereits 1696.
Wuchs: Der Wuchs fällt etwas überhängend aus. Es werden jedoch Höhen von 150 bis 200 cm mühelos erreicht, bei etwa 120 cm Breite. Das Laubwerk ist hell graugrün, die Pflanze ausgesprochen winterhart.
Tipp: Seine Wuchsfreudigkeit prädestiniert den Strauch auch als Heckenpflanze. Die Rosen ergeben einen hervorragenden Vasenschmuck.

'Mutabilis'

Syn.: 'Tipo ideale'
Gruppe: China-Rose
Blührhythmus: öfterblühend
Beschreibung: Wegen ihres farbenfrohen Auftritts könnte man sie auch als Harlekinrose bezeichnen. Die einfachen, mittelgroßen Blüten wechseln ihre Farbe täglich. Zunächst blühen sie gelb mit orangefarbener Außenseite auf. Dann färben sie sich zu einem kupfrigen Lachston um, um noch später in dunkel Karminrosa überzugehen. Die Farbwunder erscheinen reichlich und nahezu fortwährend über die ganze Saison verteilt. Ein nur leichter Duft haftet ihnen an. Die Sorte ist seit 1932 in Kultur und wurde in Italien entdeckt.
Wuchs: Der Strauch wächst schlank, aufrecht und ziemlich locker. Er erreicht Höhen von 100 bis 200 cm. Seine Jungtriebe, jungen Blätter und Stacheln sind purpurrot gefärbt und setzen das muntere Farbspiel der Blüten fort.

'Nahéma'

Syn.: –
Gruppe: Moderne Kletterrose
Blührhythmus: öfterblühend
Beschreibung: Eine kletternde Varietät der »Souvenir d' Amour« von Delbard. Sie blüht überreichlich, pudrig rosa, mitunter fleischfarbig rosé bis zum ersten Frost. Ihre großen Rosen öffnen sich dicht nostalgisch gefüllt und verbreiten einen sehr intensiven, rosig-fruchtigen Duft mit leichter Zitrusnote. Sie ähnelt der Englischen 'Constance Spry'.
Wuchs: Die sehr gesunde und robuste Pflanze bildet bis zu 300 cm lange Triebe und lässt sich gut an Spalieren ziehen.

Die nostalgische Edelrose 'Nostalgie' überrascht mit einem extravaganten Farbspiel.

'Nostalgie'

Syn.: –
Gruppe: Moderne Edelrose
Blührhythmus: öfterblühend
Beschreibung: Aus rundlichen, dunkelroten Knospen öffnen sich apart und extravagant gefärbte große, ballförmige Blüten. Sie sind im Inneren cremeweiß, während die äußeren Blütenblätter breit kirschrot gerandet sind. So ergibt sich eine romantisch dicht gefüllte, zweifarbige Blume, die außerdem durch guten Duft

Das Chamäleon unter den Chinarosen: 'Mutabilis' wechselt die Farbe täglich.

überzeugt. Die unermüdlich blühende Sorte aus der Kollektion »Nostalgische Blütenträume« brachte Tantau 1995 auf den Markt. Sie gehört heute bereits zu den Klassikern.

Wuchs: Sehr dunkelgrüne, glänzende, lederartige Blätter treiben zunächst rötlich aus. Die Pflanze wächst kräftig buschig 80 bis 90 cm hoch. Man könnte die Edelrose auch als Beet- oder kleine Strauchrose eingruppieren.

Tipp: Die Rosen sind sehr gut für den Schnitt geeignet!

'Nuits de Young'

Syn.: 'Old Black'
Gruppe: Moosrose
Blührhythmus: einmalblühend
Beschreibung: Diese berühmte Sorte entstand bei Laffay 1845. Zu ihrem Ruhm trug vor allem die ungewöhnliche, samtige, tief dunkelrote Farbe bei. Im Verblühen geht sie in Purpur-violett mit bräunlichen Schattierungen über und zeigt dann gelbe Staubgefäße. Die Knospen sind gut bemoost. Die Rosen erscheinen in Büscheln, sind gefüllt, mittelgroß und duften.

Nachtdunkle Schatten zwischen purpurnen Petalen geben 'Nuits de Young' etwas Geheimnisvolles.

Uralt und doch nach wie vor aktuell: Die Apothekerrose erweist sich als Dauerbrenner im Sortiment.

Wuchs: Der Strauch wächst buschig, aber locker etwa 120 cm hoch. Ihn schmückt üppiges, kleines, sehr dunkelgrünes Blattwerk mit bronzenem Schimmer. Die Triebe bleiben unbestachelt.

'Officinalis'

Syn.: 'Apothekerrose', 'Provinsrose', 'Red Rose of Lancaster'
Gruppe: Gallica-Rose
Blührhythmus: einmalblühend
Beschreibung: Diese Rose schrieb Geschichte. Sie ist der Methusalem unter den Alten Rosen und vermutlich die älteste Sorte, die in Europa je kultiviert wurde. Schon 79 v. Chr. beschrieb Plinius der Ältere eine Rose, bei der es sich vermutlich um *R. gallica* 'Officinalis' handelt. Historisch belegt wird sie erstmals um 1310. Denn Anfang des 14. Jahrhunderts baute man sie zur Gewinnung von Duftstoffen und Arzneien großflächig in Frankreich an, vor allem um die Ortschaft Provins herum. Sie gehörte als fester Bestandteil in jeden mittelalterlichen Klostergarten. Ihre Blüten öffnen sich halbgefüllt in leuchtendem Karminrosa bis Purpur. Die goldgelben Staubgefäße treten deutlich hervor. Ihr intensiver Duft lieferte schon vor Jahrhunderten den Input für Rosenwasser und Rosenöl.

Wuchs: Die Pflanze wächst kompakt und buschig, trägt wenig Stacheln, aber viel dunkelgrünes Laub und ergibt eine hervorragende Heckenpflanze. Sie toleriert arme Böden und Halbschatten, ist sehr robust und widerstandsfähig. Im Herbst erscheinen große, dunkelrote, fast ku-

gelige Hagebutten mit zahlreichen Samenkörnern. Deshalb kommt es mitunter zu Selbstaussaat – ideal für naturnahe Gärten. Mit Maßen von 80 bis 100 cm Höhe und 120 cm Breite eignet sie sich auch für die Kübelkultur.

'Old Blush'

Syn.: 'Parson's Pink China', 'Pallida', 'Monthly Rose'
Gruppe: China-Rose
Blührhythmus: öfterblühend
Beschreibung: Diese Sorte revolutionierte die Rosenwelt, als sie um 1790 als erste öfterblühende Rose nach Europa eingeführt wurde. In China blickt sie auf eine wesentlich längere Geschichte zurück. Ein Seidengemälde aus dem Jahre 1000 zeigt bereits ihre Schönheit. Sie trägt hell rosafarbene, mittelgroße, locker gefüllte Blüten von Becherform, die in Büscheln erscheinen. Ihnen haftet nur ein zarter, wickenähnlicher Duft an.
Wuchs: Sie wächst etwa 100 bis 150 cm hoch und wird rund 90 cm breit.
Tipp: Man sollte ihr etwas Winterschutz gewähren!

'Omar Khayyam'

Syn.: 'Omar Chaijam'
Gruppe: Damaszener-Rose
Blührhythmus: einmalblühend
Beschreibung: Aus fedrigen Knospen entfalten sich mittelgroße, hell rosafarbene, gefüllte Blüten, die in der Mitte oft geviertelt sind. Sie tragen angenehmes Parfum. In England brachte man die Sorte 1893 in den Handel. Sie soll aus den Samen einer Rose gezogen worden sein, die auf dem Grab des persischen Dichters

Eine Damaszener-Rose mit spannender Geschichte: 'Omar Khayyam' stammt aus dem Iran.

Omar Chaijam (1048 – 1131) gestanden haben soll.
Wuchs: Ihr Wuchs zeigt sich aufrecht und dicht. Der Strauch trägt kleine Blätter und wird etwa 100 cm hoch und 80 cm breit.

'Papi Delbard'

Syn.: –
Gruppe: Moderne Kletterrose
Blührhythmus: öfterblühend
Beschreibung: Eine faszinierende, kletternde Delbard-Rose aus der Reihe »Souvenir d' Amour«. Sehr große, üppig nostalgisch gefüllte Rosen in wunderbar warmen Farbtönen, von Orange über Pfirsich bis Apricot, blühen zahlreich und ununterbrochen bis in den Spätherbst hinein. Ihnen haftet ein verführerisches, ausgesprochen fruchtiges Parfum an.
Wuchs: Die Pflanze erweist sich als sehr gesund und robust. Sie treibt kräftige, starkwüchsige Triebe von bis zu 250 cm Länge. Sie macht am Rosenbogen eine bezaubernde Figur.

'Paul Bocuse'

Syn.: –
Gruppe: Moderne Strauchrose
Blührhythmus: öfterblühend
Beschreibung: Eine Köstlichkeit sowohl was den durchdringend intensiven, fruchtigen Duft angeht, als auch die bezaubernde Optik. Vielleicht wurde deshalb der berühmte Koch Namenspatron für diesen sinnlichen Genuss. Die großen, dicht gefüllten Blüten wirken durch ihr Farbspiel sehr plastisch. Hell pfirsichfarben an den Rändern, vertiefen sich die Töne zum Zentrum hin zu einem kräftigen Apricot. Diese reichblühende Sorte gehört in die Kollektion »Rosa generosa« des Züchterhauses Guillot. Sie entstand 1997.
Wuchs: Der Strauch wächst kräftig und vital 120 bis 150 cm hoch, bleibt dabei aber sehr kompakt. Das glänzend dunkelgrüne Laub erweist sich als sehr widerstandsfähig gegen Krankheiten.

'Paul Cézanne'

Syn.: –
Gruppe: Moderne Beetrose
Blührhythmus: öfterblühend
Beschreibung: Die wirklich außergewöhnlich gefärbte Sorte gehört in die Reihe der Malerrosen (»Roses des Peintres«) von Delbard. Gut gefüllte Blüten stehen in Büscheln zusammen. Sie zeigen sich zunächst fast rein gelb, später erscheinen zahlreiche orangefarbene sowie einige weiße und rosa Marmorierungen. Die frische, leuchtende Farbgebung erinnert an impressionistische Gemälde. Ihr intensiver Duft kombiniert Aromen von Zimt, Birne und Orange.
Wuchs: Die kompakte Beetrose bleibt handliche 60 cm klein und trägt attraktives, gesundes, hellgrünes Laub. Sie eignet sich auch gut für niedrige Einfassungen sowie für Kombinationen im Beet.

'Penelope'

Syn.: –
Gruppe: Moderne Strauchrose
Blührhythmus: öfterblühend
Beschreibung: Halbgefüllte, mittelgroße Blüten öffnen sich lachsrosa mit einem Hauch Gelborange. Im Verblühen werden sie fast weiß. Sie erscheinen reichlich in großen Ständen bis zum ersten Frost. Diese Moschata-Hybride schuf Pemberton

Links: 'Paul Cézanne' gehört zu den farbenfrohen Malerrosen von Delbard.
Rechts: Die Moschata-Hybride 'Penelope' blüht bis zum ersten Frost.

1924 aus 'Ophelia' und der berühmten 'Trier'.
Wuchs: Der Strauch entwickelt sich breitbuschig und aufrecht. Er erreicht Höhen von 120 bis 150 cm. Das Laub ist groß und attraktiv dunkelgrün.

'Perle d'Or'

Syn.: 'Yellow Cecile Brunner'
Gruppe: China-Rose
Blührhythmus: öfterblühend
Beschreibung: Sie ist das Ergebnis eines sehr frühen Versuchs, gelbe Polyantha-Rosen zu züchten. Vermutlich erschuf sie Rambaud aus einer *Rosa multiflora* und einer Teerose, verbreitet wurde sie jedoch durch Dubreuil ab 1884. Die Blüten entwickeln sich in riesigen Büscheln mit bis zu 30 kleinen Einzelblumen. Sie sind gefüllt, duften gut und zeigen die begehrte gelborange Farbe.
Wuchs: Der Strauch wirkt zart, ist fast stachellos und hat glänzende Blätter.
Tipp: Trotz seiner durchschnittlichen Größe von 120 cm eignet er sich auch gut für die Topfkultur. In warmen Regionen wächst die Pflanze auch höher und kann als Kletterer verwendet werden. Gute Schnittrose!

'Perle von Weißenstein'

Syn.: –
Gruppe: Gallica-Rose
Blührhythmus: einmalblühend
Beschreibung: Ebenfalls eine Rose von historischer Bedeutung: Es handelt sich um die erste deutsche Züchtung überhaupt. Sie entstand um 1773. Gezüchtet wurde sie von Schwartzkopf, dem Hofgärtner des Landgrafen Friedrich II. von Hessen, auf Schloss Weißenstein bei Kassel. Die Sorte überlebte fast zwei Jahrhunderte im Park Wilhelmshöhe, wo sie erst 1978 wiederentdeckt wurde. Ihre Blüten leuchten rosarot mit purpurfarbener Mitte, sind dicht gefüllt und duften. Leider öffnen sie mit ihren sehr feinen Petalen schwer und neigen bei Regenwetter zum Verkleben.
Wuchs: Der Strauch gedeiht ausgesprochen kräftig und stark, mit Höhen von 180 bis 200 cm.

'Petite de Hollande'

Syn.: 'Pompon des Dames', *R.* × *centifolia* 'Minor'
Gruppe: Zentifolie
Blührhythmus: einmalblühend
Beschreibung: Zierliche, mittelgroße Blüten leuchten kräftig rosa. Sie sind gefüllt und stehen in Büscheln zusammen. Sie verbreiten wunderbares Parfum. Die Sorte entstand in Holland und war bereits vor 1800 in Kultur.
Wuchs: Im Wuchs bleibt sie gedrungen mit Höhen von 100 bis 120 cm. Zweige und Blätter sind graugrün, die Stacheln rötlich.
Tipp: Eine ideale Rose für Töpfe und niedrige Hecken.

'Portlandica'

Syn.: 'Duchesse of Portland', 'The Portland'
Gruppe: Portland-Rose
Blührhythmus: remontierend
Beschreibung: Die Ur-Portland-Rose wurde nach der zweiten Herzogin von Portland benannt und tauchte um 1800 herum auf. Für Furore

Die Zentifolie 'Petite de Hollande' eignet sich auch hervorragend für die Kübelkultur.

sorgte damals ihre Fähigkeit zu einer zweiten Blüte im Herbst. Die Rosen strahlen kräftig rosarot, sind halbgefüllt und zeigen ihre gelben Staubgefäße. Sie überzeugen durch guten Duft.

Wuchs: Die dicht belaubte Pflanze wächst breitbuschig und gedrungen. Sie bleibt mit 90 mal 90 cm Höhe und Breite recht handlich und niedrig. Sie besitzt hellgrüne Blätter und viele hakenförmige Stacheln.

Tipp: Verblühtes regelmäßig entfernen, dann fällt die Nachblüte üppiger aus. Wegen seiner geringen Größe passt der Strauch gut in Beete und Töpfe.

'Président de Sèze'

Syn.: 'Mme Hébert'
Gruppe: Gallica-Rose
Blührhythmus: einmalblühend
Beschreibung: Eine hervorragende und vielseitige Rose. Sie färbt sich in der Mitte dunkel magentarosa und hellt zum Rand hin lilarosa auf. Die Blüten öffnen sich groß, stark gefüllt becherförmig und im Zentrum geviertelt. Sie stehen in Büscheln und verbreiten guten Duft. Hébert brachte die Sorte noch vor 1836 heraus.

Wuchs: Der Strauch erfreut durch Gesundheit und guten, locker aufrechten, mitunter leicht überhängenden Wuchs. Er wird 120 bis 150 cm hoch. Große, hellgrüne Blätter und viele kleine Stacheln stehen entlang der Triebe.

'Prosperity'

Syn.: –
Gruppe: Moderne Strauchrose
Blührhythmus: öfterblühend
Beschreibung: Eine überreichlich in großen Büscheln blühende Moschata-Hybride. Sie stammt aus der Züchterwerkstatt von Pemberton (1919). Gut gefüllt erblühen die cremeweißen, in der Mitte gelblich-fleischfarbenen Blumen und verbreiten ihren zarten Duft.

Wuchs: Glänzend dunkelgrünes Laub ziert die kräftigen, weit überhängenden Triebe. Sie erreichen 150 bis 180 cm Länge. Der Strauch wird ebenso breit, kann aber aufgrund seiner Langtriebigkeit auch an Säulen als Kletterer gezogen werden.

Die sehr alte Gallica-Sorte 'Président de Sèze' bildet hübsche, lockere Sträucher mit leicht überhängendem Wuchs. Die dunklen Blüten verströmen wunderbaren Duft.

Charakteristische runde Blütenkugeln kennzeichnen den herrlichen Rambler 'Raubritter'.

'Raubritter'

Syn.: –
Gruppe: Moderne Kletterrose
Blührhythmus: einmalblühend
Beschreibung: Ausgeprägt kugelförmige, »altmodische« Blüten sind das Markenzeichen dieser Sorte, die 1936 bei Kordes entstand. Sie sind nur locker gefüllt, mittelgroß und schimmern seidig rosa. Ihr Duft entwickelt sich nur sehr zart, umso üppiger dafür die Blütenbüschel. Leider sind sie nicht sehr regenfest.

Wuchs: Diese Ramblerrose gedeiht prächtig, mit kräftigen, teils überhängenden Trieben. Sie wird leicht 200 bis 300 cm hoch und trägt kleines, graugrünes, grobes Laub. Die Pflanze ist sehr winterhart, auf heißen Plätzen aber leider etwas mehltauanfällig.

'Red Eden Rose'

Syn.: –
Gruppe: Moderne Strauchrose
Blührhythmus: öfterblühend
Beschreibung: Eine Neuheit aus dem Jahre 2002 von Meilland aus der Reihe »Romantica-Rosen«. Herrlich dunkel johannisbeerrote Blüten von nostalgischer Fülle und Form öffnen sich und verströmen ihren intensiven, fruchtigen Duft. Sie erweisen sich als sehr regenfest.
Wuchs: 100 bis 150 cm Höhe erreicht der robuste, aufrechte Strauch. Er schmückt sich mit glänzend dunkelgrünen Blättern, die sich gegenüber Mehltau und Sternrußtau sehr widerstandsfähig zeigen.

'Red Leonardo da Vinci'

Syn.: –
Gruppe: Moderne Beetrose
Blührhythmus: öfterblühend
Beschreibung: Brandneu erschien diese rote »Romantica-Rose« 2003 bei Meilland. Auch sie glüht dunkel johannisbeerrot. Ihre nostalgisch geviertelten Rosettenblüten erscheinen sehr reichlich, sind regenfest und von gutem Duft.
Wuchs: Die kompakte Beetrose wird etwa 40 bis 60 cm hoch. Das dunkelgrüne Laub erweist sich als sehr robust und widerstandsfähig gegen Pilzkrankheiten.

Rot wie die Liebe leuchtet 'Red Eden Rose'.

'Reine des Violettes'

Syn.: 'Queen of Violets'
Gruppe: Remontant-Rose
Blührhythmus: remontierend
Beschreibung: Herrlich dunkelpurpur bis violett schimmern die Blüten. Ihre Oberfläche scheint samtig überzogen zu sein. Im Verblühen hellen die violetten Schattierungen auf. Die Rosen entfalten sich mittelgroß, flach, stark gefüllt und geviertelt. Sie zeigen meist ein kleines Auge in der Mitte und ähneln einer Gallica-Blüte. Ihr Duft erinnert an Flieder. Entstanden bei Millet-Malet 1860.

Macht ihrem Namen alle Ehre: 'Reine des Violettes', die Königin der Purpurfarbenen.

Wuchs: Dichtes graugrünes Laub bildet sich entlang der kräftigen, überhängenden, fast stachellosen Triebe. Der Strauch wirkt sehr rustikal und erweist sich als ausgesprochen winterhart. Er wird 120 bis 150 cm hoch und ebenso breit.
Tipp: Für eine reichliche zweite Blüte braucht die Sorte guten Boden.

'Reine Victoria'

Syn.: 'La Reine Victoria'
Gruppe: Bourbon-Rose
Blührhythmus: remontierend
Beschreibung: Die becherförmige, dunkel rosafarbene Blüte entfaltet sich dicht gefüllt mit zahlreichen seidigen Petalen. Sie duftet intensiv. Benannt wurde die von Schwartz 1872 gezüchtete Sorte nach Königin Victoria von England.

Wuchs: Der etwa 150 cm hohe Strauch gedeiht kräftig, aber schmal aufrecht. Das üppige Laubwerk ist spitzblättrig und mattgrün. Leider neigt es auf ungünstigen Standorten leicht zu Sternrußtau.

'Robert le Diable'

Syn.: –
Gruppe: Zentifolie
Blührhythmus: einmalblühend
Beschreibung: Der »teuflische Robert« verdankt seinen feurigen Namen wohl dem auffällig glühenden Farbspiel seiner Blüten. Sie changieren zwischen Karmin, Purpur, Weinrot, Violett und Mauve hin und her. In warmen, trockenen Lagen sind sie kräftiger gefärbt. Die mittelgroßen Rosen sind dicht gefüllt und erscheinen etwas später als bei den anderen Zentifolien. Sie duften süß. Die Sorte war bereits vor 1850 in Kultur.
Wuchs: Der robuste Strauch wächst eher locker und breit überhängend. Er erreicht 100 bis 120 cm Höhe und wird rund 100 cm breit. Kleine Blätter schmücken die weichen Triebe.

'Roger Lambelin'

Syn.: –
Gruppe: Remontant-Rose
Blührhythmus: remontierend
Beschreibung: Nelkenartig gerüscht wirken die stets in Büscheln erscheinenden Blüten. Der Sport von 'Fisher & Holmes' überrascht mit samtig bräunlich karminroter Farbe und säumt seine gewellten Petalen mit dünnen weißen Rändern und Streifen. Die Rosen sind groß, gut gefüllt und duften. Schwartz brachte die Sorte 1890 auf den Markt.
Wuchs: Der reich und groß belaubte Strauch wird rund 120 cm hoch. Für eine befriedigende zweite Blüte braucht er guten Boden.

Die Bourbon-Rose 'La Reine Victoria' wurde der einstigen Königin von England gewidmet. Die Sorte duftet intensiv; man sollte ihr einen günstigen Standort gönnen.

Raffiniert weiß gesäumt öffnen sich die dunkel karminroten Blüten von 'Roger Lambelin'. Die außergewöhnliche Sorte ist zudem reich und dekorativ belaubt.

'Rose de Resht'

Syn.: –
Gruppe: Damaszener-Rose
Blührhythmus: remontierend
Beschreibung: Ein berühmter Klassiker im Sortiment der Alten Rosen und ideal für Anfänger! Ihre Herkunft lässt sich nicht genau klären. Nancy Lindsay soll sie 1950 aus dem Iran eingeführt haben. Ihr Name leitet sich von einer nordpersischen Stadt ab. Die leuchtend hell purpurroten Blumen sind sehr dicht gefüllt. Sie entfalten sich mittelgroß, rosetten- bis pomponförmig und sitzen auf kurzen Blütenstielen dicht über dem Laub. Dies verleiht der Rose einen gewissen Portland-Charakter. Sie verströmen ausgezeichneten, intensiven Duft und erscheinen nahezu durchgehend bis zum ersten Frost.
Wuchs: Die dankbare und pflegeleichte Pflanze trägt gesundes, dichtes, dunkelgrünes Laub. Der Wuchs ist aufrecht und gedrungen, von den Ausmaßen 100 mal 100 cm.
Tipp: Die kompakte Sorte eignet sich prima für kleine Gärten, gemischte Beete und für die Kübelkultur. Sie gedeiht auch auf eigener Wurzel und bildet dann schöne niedrige Hecken.

'Rose des Peintres'

Syn.: 'Cabbage Rose', 'Provence-Rose', *R.* × *centifolia* 'Major'
Gruppe: Zentifolie
Blührhythmus: einmalblühend
Beschreibung: Ihre großen, dicht gefüllten Kugelblüten in silbrigem Rosa machten die üppige Zentifolie zum beliebten Motiv alter Maler. Daher ihr Name. Ihr Synonym 'Cabbage Rose' (= Kohlrose) verdankt sie wahrscheinlich den prall runden Blüten

Zauberhaft wie ein Märchen aus Tausendundeiner Nacht: die berühmte 'Rose de Resht'.

Sie war schon im 16. Jahrhundert ein beliebtes Malermotiv: die Zentifolie 'Rose des Peintres'.

mit den kohlartig übereinander gefalteten Petalen. Die Farbe hellt im Verblühen etwas auf. Die schweren Blumen nicken leicht und erscheinen immer in kleinen Büscheln. Typisch Zentifolie: Sie verströmen einen intensiven, süßen Duft, der an Wildrosen erinnert. Man kannte die Sorte vermutlich schon im 16. Jahrhundert.

Wuchs: Der ausgesprochen winterharte Strauch wächst kräftig und breit überhängend. Er erreicht mühelos Höhen von 180 bis 200 cm.

'Rose du Maître d' École'

Syn.: 'De la Maître École'
Gruppe: Gallica-Rose
Blührhythmus: einmalblühend
Beschreibung: Der Name hat weniger mit einem Schulmeister zu tun, als mit einem Ort Maître École in der Nähe von Angers. Aus runden rötlichen Knospen öffnen sich riesige, dicht gefüllte und geviertelte Rosen in Lilarosa mit purpurnen Schattierungen. Oft zeigt sich ein grünes Auge in der Mitte. Sie erscheinen in Büscheln und duften sehr intensiv. Entstanden bei Miellez 1840.

Wuchs: Dicht belaubt zeigen sich die fast stachellosen Triebe. Die Pflanze entwickelt sich kräftig. Die schweren Blumen ziehen die Zweige besonders nach Regen zum Boden herab. Der Strauch wird etwa 100 bis 120 cm hoch und ebenso breit.

'Rose du Roi'

Syn.: 'Rose Lelieur', 'Lee Crimson Perpetual', 'Königsrose'
Gruppe: Portland-Rose
Blührhythmus: remontierend
Beschreibung: Eine alte und berühmte Sorte mit fantastischem Duft! Sie hat kräftig karmin- bis weinrote Blüten, die sich groß, dicht gefüllt und becherförmig öffnen. Sie stehen in Büscheln zusammen. Mitunter wird die Sorte auch als erste Remontant-Rose eingestuft. In jedem Fall wurde sie zum Elternteil vieler nachfolgender Remontant-Hybriden. Sie gelang dem Züchter Escoffey 1819, eingeführt wurde sie jedoch von Souchet.

Wuchs: Die 90 bis 120 cm hohe Pflanze bildet stachelige Triebe mit zierlichem Laub. Sie entwickelt sich buschig, aufrecht, manchmal etwas sparrig.

'Salet'

Syn.: –
Gruppe: Moosrose
Blührhythmus: remontierend
Beschreibung: Ihre Blütenblätter sind auffallend schmal, rein rosa und oft geviertelt angeordnet. Die großen stark gefüllten Rosen erscheinen in der Regel in Büscheln. Sie duften hervorragend. Die Blütenkelche und Knospen sind leicht bemoost. Lacharme erschuf die Sorte 1854. Eine der wenigen Moosrosen, die von Juni bis zum Frost blühen.

Eine Gallica-Rose mit typischer Blütenfarbe und fast stachellosen Trieben: 'Rose du Maître d'École'.

Wuchs: Die nur wenig bestachelten Triebe schmückt spärliches rötliches Moos sowie hellgrünes Laub. Der Strauch entwickelt sich kräftig, dicht und gesund. Er wächst 120 bis 150 cm hoch, gedeiht auf allen Böden und ist ausgesprochen winterhart.

'Sangerhauser Jubiläumsrose'

Syn.: –
Gruppe: Moderne Beetrose
Blührhythmus: öfterblühend
Beschreibung: Eine herrliche Neuschöpfung in trendigem Apricot! 2003 ging die Sorte aus der Werkstatt W. Kordes' Söhne hervor. Sie gehört in die Reihe »Märchen-Rosen«. Die großen, zart apricotfarbenen Rosen gehen im Verblühen in Rosa über. Ihre üppig gefüllte, nostalgische Blütenform und der angenehme, zarte, süßliche Duft bestimmen ihren Charme. Die Sorte blüht überreich und meist in Dolden. Sie wurde anlässlich des 100-jährigen Bestehens dem Europa-Rosarium Sangerhausen gewidmet.
Wuchs: Der Wuchs wirkt kompakt. Dieser Eindruck wird durch dichtes, mittelgroßes und sehr dunkles Laub noch unterstrichen. Höhe: bis 70 cm.

'Sebastian Kneipp'

Syn.: –
Gruppe: Moderne Edelrose
Blührhythmus: öfterblühend
Beschreibung: Eine Rose mit zauberhaftem nostalgischen Flair! Obwohl sie erst 1997 bei W. Kordes' Söhne entstand. Heute gehört sie zu den »Märchen-Rosen« des Hauses. Aus grünlich-weißer Knospe entfaltet sich die cremeweiße, im Zentrum

Die noch junge 'Sebastian Kneipp' gehört zu den romantischsten Edelrosen, die der Markt kennt.

gelblich-rosafarbene Blume. Sie ist prall gefüllt und romantisch geviertelt. Auch der intensive, fast schon berauschende Duft steht dem Alter Rosen nicht nach. Die Blüten stehen meist in Dolden zusammen, was den Eindruck der Reichblütigkeit noch verstärkt. Die Namensgebung erfolgte zum 100. Todesjahr des berühmten, naturheilkundigen Pfarrers.
Wuchs: Bis 100 cm wird die Pflanze hoch. Sie entwickelt sich reich verzweigt, buschig, aber aufrecht. Dunkelgrüne, glänzende Blätter untermalen die pastellfarbene Blüte wirkungsvoll.

'Semiplena'

Syn.: –
Gruppe: Alba-Rose
Blührhythmus: einmalblühend
Beschreibung: Selbst unter den Alten Rosen gehört sie zu den »Fossilen«. Vermutlich ist sie schon seit dem 15. Jahrhundert in Kultur, eventuell stand sie auch schon im alten Rom. Sie machte als Bauerngarten-Rose Karriere. Ihre milchweißen Blü-

'Sangerhauser Jubiläumsrose' entstand erst 2003, aber diese Schönheit hat sicher eine große Zukunft.

ten werden mittelgroß und sind nur schwach gefüllt. Sie zeigen die gelben Staubblätter. Dafür erscheinen sie aber überreichlich und duften wunderbar.
Wuchs: Der Strauch macht den Alba-Rosen alle Ehre: Er wächst sehr stark und kann 200 bis 300 cm hoch werden, ist robust, pflegeleicht und extrem frosthart. Seine Triebe tragen das typische, graugrüne Laub und starke Stacheln. Im Herbst setzen dekorative rote Hagebutten an.
Tipp: Passt gut in ländliche Gärten, ergibt auch stattliche Hecken. Toleriert Halbschatten.

Die viel gerühmte Bourbon-Rose 'Souvenir de la Malmaison' mit ihrem Teerosenduft gehört zu Recht zu den populärsten Klassikern unter den Alten Rosen.

'Souvenir de la Malmaison'

Syn.: 'Queen of Beauty'
Gruppe: Bourbon-Rose
Blührhythmus: öfterblühend
Beschreibung: Ein Juwel unter den Alten Rosen und zu Recht eine Berühmtheit! Sie wurde nach der einzigartigen Rosensammlung der Kaiserin Joséphine auf Schloss Malmaison benannt, entstand jedoch erst 1843, also nach deren Tod. Die Blumen sind zart rosé bis fleischfarben koloriert, später werden sie fast weiß. Sie entfalten sich groß, flach und dicht gefüllt mit geviertelter Mitte. Sie verströmen atemberaubenden Teerosenduft und erscheinen während des ganzen Sommers. Béluze erschuf diese Kostbarkeit aus 'Mme Despréz' und einer unbekannten Teerose. Einziges Manko: Bei anhaltendem Regen mumifizieren die Blüten.
Wuchs: Sie bleibt 60 bis 80 cm klein, wächst breitbuschig und trägt hübsch gefiederte, hellgrüne Blätter. Das Holz ist erstaunlich winterhart.
Tipp: Eine wundervolle Beetrose für den Vordergrund von Rabatten oder für die Kübelkultur. Die Blüten machen sich auch gut in der Vase.

'Souvenir de Marcel Proust'

Syn.: –
Gruppe: Moderne Strauchrose
Blührhythmus: öfterblühend
Beschreibung: Ein warmtoniges, leuchtkräftiges Gelb ziert diese Delbard-Züchtung aus der nostalgisch-romantischen Reihe »Souvenir d' Amour«. Die großen Blüten öffnen sich zunächst kugelig, nehmen später aber eine flache, rosettig gefüllte Form an. Die ausgesprochen reich blühende Sorte besitzt einen angenehmen Duft, der von Zitrusaroma dominiert wird, was herrlich zur Blütenfarbe passt.
Wuchs: Hellgrünes, widerstandsfähiges Laub harmoniert dekorativ zur gelben Blüte. Der Strauch gedeiht kompakt und gut verzweigt. Er erreicht Höhen von 80 bis 90 cm.

'Souvenir du Docteur Jamain'

Syn.: –
Gruppe: Remontant-Rose
Blührhythmus: remontierend
Beschreibung: Sie gehört zu den ganz dunklen Alten Sorten. Ihre Blüten zeigen eine weinrote bis violette Farbe. Sie öffnen sich groß und gut gefüllt, später werden die gelben Staubgefäße sichtbar. Sie blüht reichlich und im Spätsommer ein zweites Mal. Starker Duft geht von ihr aus.

'Souvenir du Docteur Jamain' ist eine der dunkelsten Alten Rosen.

Die beliebte Rose entstand bei Lacharme 1865.

Wuchs: Die Größe der Pflanze hängt etwas von den Bodenverhältnissen ab. Meist wird sie um die 120 cm hoch. Unter günstigen Bedingungen erreichen die wenig bestachelten Triebe aber auch Längen um 180 cm und können dann auch Säulen oder Spaliere beranken. Das Laub schimmert im Austrieb braun-violett.

Tipp: Eine herrliche Rose, die jedoch guten Boden beziehungsweise entsprechende Düngung braucht. Wie die meisten Dunklen verträgt sie keine pralle Mittagssonne, darunter leidet die Farbe.

'Suaveolens'

Syn.: 'Nivea', 'White Rose of York'
Gruppe: Alba-Rose
Blührhythmus: einmalblühend
Beschreibung: Diese Sorte ähnelt 'Semiplena' sehr stark und tatsächlich streiten sich Experten manchmal darüber, ob es sich um ein und dieselbe Sorte handelt. 'Suaveolens' ist jedoch etwas stärker gefüllt. Ihre innersten Blütenblätter verdecken einen Teil der Staubgefäße. Ansonsten sind die Blüten ebenfalls milchweiß, mittelgroß und wenig gefüllt. Sie blüht überreich. Ihr Name bedeutet »Lieblich Duftende« und verspricht nicht zu viel. Sie wurde in Bulgarien sogar zur Gewinnung von Rosenöl angebaut. Bereits vor 1750 wurde die Sorte nachweislich kultiviert, wahrscheinlich gab es sie schon im antiken Rom.

Wuchs: Die Pflanze entwickelt sich zu einer typischen, stattlichen Alba-Rose von 200 cm Höhe und mehr, bei gleicher Breite. Sie erweist sich als absolut robust, pflegeleicht und extrem frosthart. Ab Spätsommer setzt sie zahlreiche längliche, rote Hagebutten an.

Tipp: Die Sorte eignet sich auch für kühle Höhenlagen sowie Halbschatten und bildet wirksame Sichtschutz-Hecken.

Die uralte Alba-Rose 'Suaveolens' bildet stattliche Sträucher, die sich wunderbar für Sichtschutzzwecke einsetzen lassen. Ihr Parfum verströmt sie verschwenderisch.

Ihre karminfarbenen Blüten gehen aus bräunlichen Knospen hervor – 'Surpasse Tout' duftet vortrefflich.

'Surpasse Tout'

Syn.: 'Cerisette la Jolie'
Gruppe: Gallica-Rose
Blührhythmus: einmalblühend
Beschreibung: Dunkel karminrote bis bräunliche Knospen öffnen sich zu großen, üppig gefüllten, etwas nickenden Rosen. Später hellen sie etwas auf und zeigen ein grünes Auge. Sie erscheinen sehr reichlich und verströmen ein ausgezeichnetes Parfum. Darauf bezieht sich wohl ihr Name, der übersetzt so viel bedeutet wie »übertrifft alles«. Sie war bereits vor 1832 im Handel.

Wuchs: Der Strauch wächst buschig und leicht überhängend. Wie viele Gallica-Rosen bleibt er mit etwa 100 bis 120 cm Höhe bei rund 100 cm Breite relativ kompakt. Er eignet sich auch für die Kübelkultur.

'Tchaikovski'

Syn.: –
Gruppe: Moderne Beetrose
Blührhythmus: öfterblühend
Beschreibung: Diese »Romantica-Rose« von Meilland aus dem Jahre 1999 versprüht zauberhaft nostalgisches Flair. Ihre rosettenförmig ge-

füllten Blüten strahlen zartgelb und hellen zu den Rändern hin bis cremefarben auf. Sie erscheinen in Büscheln und besitzen einen zarten Duft.
Wuchs: 40 bis 60 cm hoch wird diese charmante Beetrose. Sie schmückt sich mit gesundem, dunkelgrünem Laub, das herrlich zur hellen Blüte passt.
Tipp: Man sollte ihr einen nährstoffreichen, sonnigen Standort zuweisen. Auch als Schnittrose geeignet!

'Teasing Georgia'

Syn.: –
Gruppe: Moderne Strauchrose
Blührhythmus: öfterblühend
Beschreibung: Eine Austin-Rose (1998) von zarter Schönheit. Ihre großen, romantisch gefüllten Schalenblüten brillieren durch einen dekorativen Farbverlauf. Im Zentrum zeigt die Englische Rose Dunkelgelb,

'Tchaikovski': Das heitere Gelb der zierlichen Beetrose kontrastiert dekorativ mit dunkelgrünem Laub.

Samtiger Schimmer liegt auf den dicht gefüllten Blütenschalen der Englischen Rose 'The Prince'.

während die äußeren Blütenblätter fast weißlich schimmern. Teerosenduft geht von ihr aus.
Wuchs: Sehr gesundes, widerstandsfähiges Laub setzt die Liste ihrer positiven Merkmale fort. Der Strauch gedeiht kräftig breitbuschig mit leicht überhängenden Zweigen. Er wird 90 cm hoch und etwa 100 breit.

'The Prince'

Syn: –
Gruppe: Moderne Strauchrose/ Englische Rose
Blührhythmus: öfterblühend
Beschreibung: Dicht gefüllte, schalenförmige Rosetten öffnen sich zunächst in sattem, tiefem Dunkelpurpurrot, über dem ein samtiger Schimmer liegt. Später tendiert die Farbe leicht ins Violette. Die Blüten verströmen wunderbar intensiven Gallica-Duft. Diese Englische Rose entstand 1990 bei David Austin als Nachkomme der samtroten Blütenschönheit 'The Squire'.
Wuchs: »Der Prinz« schmückt sich mit tief dunkelgrünem Laub und beansprucht königliche Pflege, damit er seine ganze Pracht entfaltet. Er wächst locker und ausladend, eignet sich mit einer Höhe von etwa 80 cm jedoch auch für die Kübelkultur. Eine gute Rose für den Vasenschnitt!

'Tom Wood'

Syn.: –
Gruppe: Remontant-Rose
Blührhythmus: remontierend
Beschreibung: Eine aparte, extravagante Blüte: Sie ist groß, sehr dicht gefüllt und die Blütenblätter ordnen sich gedreht bis geviertelt an. Die Rosen öffnen sich kugelig kirschrot, im Verblühen legt sich ein bläulicher Hauch über die Petalen. Außerdem überzeugen sie durch hervorragenden Duft. Dickson erschuf sie 1896.
Wuchs: Der überaus reich belaubte und wenig bestachelte Strauch wächst zwar kräftig buschig, bleibt aber mit maximal 100 cm Höhe sympathisch klein. Daher eignet er sich auch für die Topfkultur. Er ist ausgesprochen gesund und robust.

'Tour de Malakoff'

Syn.: –
Gruppe: Zentifolie
Blührhythmus: einmalblühend
Beschreibung: Bei Soupert & Notting erschien diese Sorte 1856. Sie verblüfft mit einem ungewöhnlichen Farbspiel. Die Knospen schimmern lilarosa, geben aber im Öffnen sehr große, locker gefüllte Schalenblüten in kräftigem Purpurmagenta frei. Die äußere Reihe der Blütenblätter weist außen einen helleren Farbton auf und ist hell gerandet. Innen zeigt sie eine leichte purpurne und graue Marmorierung. Im Verblühen hellt die ganze Rose zu Mauve oder Lilagrau auf und zeigt ihre Staubgefäße. Sie blüht reich und duftet wunderbar.
Wuchs: Die Sorte wächst kräftig, aber offen. Ihre weichen, langen Triebe tragen kleine Blätter und hängen weit über. Mit Höhen von 180 bis 200 cm kann sie auch aufgebunden werden und als Kletterer Verwendung finden.

'Tricolore de Flandre'

Syn.: –
Gruppe: Gallica-Rose
Blührhythmus: einmalblühend
Beschreibung: Aus rundlichen Knospen entfalten sich mittelgroße, dicht gefüllte, marmorierte Rosen. Auf zartrosa Blütenblättern zeichnen violette und karminrosa Streifen ein wildes Muster. Ein angenehmes, zartes Parfum haftet der »Dreifarbigen aus Flandern« an. Sie wurde ab 1846 durch van Houtte verbreitet.
Wuchs: Ziemlich kratzbürstig gibt sich der stark bestachelte und dicht belaubte Strauch. Er wird etwa 120 cm hoch und ist unter guten Bedingungen auch zum Beranken von Säulen geeignet. Eine gute Kübelpflanze!

'Tricolore de Flandre' mit ihren lebhaft gemusterten Blüten macht sich auch gut im Kübel.

Eine Zentifolie mit spannendem Farbspiel: 'Tour de Malakoff' changiert in vielen Lila- und Purpurtönen. Die Sorte wächst sehr stattlich und kann daher auch kletternd gezogen werden.

'Trigintipetala'

Syn.: 'Rose von Kazanlik', 'Bulgarische Ölrose'
Gruppe: Damaszener-Rose
Blührhythmus: einmalblühend
Beschreibung: 1689 wurde diese Sorte erstmals erwähnt. Sie diente der Herstellung von Rosenöl und wurde vor allem um die bulgarische Stadt Kazanlik herum großflächig angebaut. Ihre rosa Blüten sind mittelgroß und halbgefüllt, sie zeigen im Zentrum die goldenen Staubgefäße. Ihre Petalen wirken zart und seidig. Extrem starker Duft geht von ihr aus.
Wuchs: Die Sorte bildet kräftige Sträucher von bis zu 200 cm Höhe. Die langen, hell graugrün belaubten Zweige hängen weit über.
Tipp: 'Trigintipetala' braucht viel Platz im Garten. Am besten entwickelt sie sich da, wo sie verwildern darf.

'Tuscany Superb'

Syn.: 'Superb Tuscan'
Gruppe: Gallica-Rose
Blührhythmus: einmalblühend
Beschreibung: Bei dieser Rose handelt es sich um einen Sport der uralten Sorte 'Tuscany', die auch als 'Old Velvet Rose', also als Alte Samtrose bezeichnet wurde und seit 1596 in Kultur war. 'Tuscany Superb' gibt es seit Anfang des 19. Jahrhunderts. Sie fällt in Wuchs, Laub und vor allem der Blüte etwas größer aus als ihre Stammform. Die Blüten sind stärker, aber dennoch nur halb gefüllt. Sie verdecken die Staubgefäße etwas mehr. Das Markenzeichen beider Sorten ist die samtige, dunkel purpur-bräunliche Farbe und ein zarter Duft.
Wuchs: Der rund 150 cm hohe Strauch gedeiht aufrecht und trägt dunkelgrüne Blätter.

'Ulrich Brunner Fils'

Syn.: 'Ulrich Brunner'
Gruppe: Remontant-Rose
Blührhythmus: remontierend
Beschreibung: Aus kugeligen Knospen entstehen leuchtend hellrote Blüten von berühmter Remontant-Größe. Sie sind becherförmig, gut gefüllt und von herrlich intensivem Duft. Die zuverlässige Sorte blüht reichlich und recht früh. Sie entstand bei Lefet 1882 und wurde nach einem bekannten Rosengärtner aus Lausanne benannt.
Wuchs: Das Laub steht in seiner Attraktivität der Blüte nicht nach. Es ist groß und glänzend, die Triebe hellgrün. Sie wachsen lang und kräftig, tragen zwar nur ganz wenige, dafür aber starke Stacheln. Der vielseitig verwendbare, unkomplizierte Strauch wird 160 cm bis 180 cm hoch.
Tipp: Die Sorte gehörte um die vorletzte Jahrhundertwende zu den beliebtesten und verbreitetsten Schnittrosen. Probieren Sie sie in der Vase aus!

Man sieht ihr die Abstammung von der »Samtrose« noch an; 'Tuscany Superb' blüht sehr früh.

Die zweifarbige Italienerin 'Variegata di Bologna' verwöhnt mit verschwenderischer Blütenfülle.

'Variegata di Bologna'

Syn.: –
Gruppe: Bourbon-Rose
Blührhythmus: remontierend
Beschreibung: Eine fein duftende Sorte. Aus kugeligen Knospen entfalten sich mittelgroße, dicht gefüllte, typische Bourbon-Schalenblüten von extravagantem Muster. Auf weißem Grund zeigen sich hellrosa und purpurne Streifen. Die Rosen erscheinen in Büscheln und in verschwenderischer Fülle. Sie remontieren im Herbst allerdings nur spärlich. Die Sorte entstand bei Bonfiglioni & Sohn 1909 in Italien.
Wuchs: Das spitze, längliche, nicht sehr dicht stehende Laub ist leider etwas anfällig für Sternrußtau. Helle Triebe schießen aufrecht in die Höhe und erreichen etwa 150 bis 160 cm. Die Rose ist auch als kleiner Kletterer verwendbar.
Tipp: Die Sorte braucht einen luftigen Standort und gute Ernährung, dann ist sie jedoch ausgesprochen zuverlässig und dankbar. Die Blüten kommen in der Vase toll zur Geltung.

'Versicolor'

Syn.: 'Rosa mundi'
Gruppe: Gallica-Rose
Blührhythmus: einmalblühend
Beschreibung: Dieser bezaubernde Sport von *R. gallica* 'Officinalis' existiert bereits seit 1583 und gehört damit zu den historischen Uralt-Sorten. Die seidigen, fast transparent wirkenden Blütenblätter tragen auf weißem bis zartrosa Grund karminrosa Streifen und Marmorierungen. Sie sind groß und nur locker gefüllt, in der Mitte erkennt man die gelben Staubgefäße. Ein guter Duft geht von den Rosen aus, die früher gerne von Malern porträtiert wurden. Ihr Synonym geht auf Fayre Rosamunde zurück, die Geliebte des englischen Königs Heinrich II.

'Versicolor', ein Sport von *Rosa gallica* 'Officinalis', gab es bereits im Jahre 1583.

Wuchs: Im Wuchs ähnelt sie sehr ihrer Ausgangsform. Der dichtbuschige Strauch entwickelt sich üppig und überhängend. Er erreicht oft nur knapp 100 cm, manchmal 120 cm.
Tipp: Die Sorte ist sehr pflegeleicht und dankbar, extrem frosthart und toleriert sogar Halbschatten. Sehr hübsch als niedrige Hecke!

'Versigny'

Syn.: –
Gruppe: Moderne Strauchrose
Blührhythmus: öfterblühend
Beschreibung: Die reichblühende Sorte entstand 1998 und gehört in die Reihe »Rosa generosa« von Guillot. Ihr Name würdigt Schloss Versigny, wo sich alljährlich im Oktober zahlreiche französische Gartenliebhaber treffen. Die Blüten tragen ein duftiges, hochmodernes Apricot-Rosa. Das Zentrum wirkt fast orange, die Ränder schimmern eher fleischrosa. Sie sind zauberhaft dicht gefüllt und besitzen einen guten Duft.
Wuchs: Die Pflanze wächst buschig kompakt bis 120 cm hoch. Das dunkelgrüne, glänzende Laub zeigt sich gesund und sehr robust.

'Viridiflora'

Syn.: 'Grüne Rose'
Gruppe: China-Rose
Blührhythmus: öfterblühend
Beschreibung: Wenn die Natur Kapriolen schlägt, dann kommen mitunter so interessante Geschöpfe dabei heraus! Die sehr kleinen, gefüllten »Blüten« bestehen streng genommen eigentlich aus Hochblättern, die sich aus normalen Laubblättern entwickelt haben. Sie sind grün und am Rand gefranst. Im Abblühen färben sie rotbraun, erweisen sich aber als lange haltbar. Die Rose blüht stets in Büscheln. Angenehm ist ihr zarter, auffallend würziger Duft. Mit der Blütenpracht einer Alten Rose hat sie wenig zu tun, aber sie ist ein extravagantes Sammlerstück!
Wuchs: Die Pflanze gedeiht aufrecht, wird 60 bis 80 cm hoch und mindes-

'Versigny' aus der Reihe »Rosa generosa« von Guillot changiert in trendigem Apricot-Rosa.

Intensiv in Duft und Farbe: die neue 'Walzertraum' aus der Reihe »Nostalgische Blütenträume«.

tens so breit. Hagebutten werden nicht gebildet. Die »Blüten« ergeben aber einen dekorativen Schmuck für die Vase.

'Walzertraum'

Syn.: –
Gruppe: Moderne Edelrose
Blührhythmus: öfterblühend
Beschreibung: Die brandaktuelle Neuheit ergänzt erst seit 2003 die Tantau-Reihe »Nostalgische Blütenträume«. Die sehr großen, stark gefüllten Blüten zeigen ein intensives, kräftiges Rosa, das sehr farbstabil bleibt. Die Rosen stehen einzeln am Ende starker Stiele und verbreiten einen intensiven Duft. Leider sind sie etwas empfindlich gegenüber Nässe.
Wuchs: Die Pflanze bildet einen gesunden, kräftigen und aufrechten kleinen Busch von 80 bis 100 cm Höhe.

'William Allen Richardson'

Syn.: –
Gruppe: Noisette-Rose
Blührhythmus: remontierend
Beschreibung: Eine anspruchsvolle Rose, die für eine prachtvolle Blüte optimale Bedingungen braucht. Dann jedoch bezaubert sie mit pfirsich- bis gelb-orangefarbenen, mittelgroßen, hübsch geviertelten Blumen, die deutlich aufhellen. Anfangs geht wunderbarer Teerosenduft von ihnen aus, im Verblühen lässt er jedoch schnell nach. Die Sorte erschuf Ducher 1878. Es handelt sich dabei um einen Sämling von 'Reve d'Or'.
Wuchs: Die langen, etwas steifen, kletternden Triebe erreichen 200 bis 250 cm Höhe. Sie sind reichlich und dicht mit kleinem dunkelgrünen Laub beblättert. Im Herbst zieren große runde, rote Hagebutten den weitgehend winterfesten Strauch.

'William Lobb'

Syn.: 'Duchesse d'Istrie', 'Old Velvet Moss'
Gruppe: Moosrose
Blührhythmus: einmalblühend
Beschreibung: 1855 entstand diese Sorte bei Laffay. Ihre Knospen und Blütenstiele überzieht dekoratives, dichtes grünes Moos. Die Rosen öffnen sich groß und locker gefüllt in Karmin- bis Purpurrosa. Später verblassen sie zu Lilagrau mit weißlicher Mitte, verströmen aber betörenden Duft.
Wuchs: Diese äußerst wüchsige Rose trägt reichlich kleines, gesägtes, grünes Laub. Sie braucht sehr viel Platz. Mit ihren Trieblängen von 200 bis 300 cm »lehnt« man sie am besten an einen hohen Gartenzaun oder lässt sie Säulen, Bögen oder Spaliere beranken.

'William Shakespeare 2000'

Syn.: –
Gruppe: Moderne Strauchrose
Blührhythmus: öfterblühend
Beschreibung: Viele Rosenfreunde halten sie für die beste rot blühende Englische Rose, die es derzeit gibt. Sie entstand bei Austin im Jahre 2000. Ihre großen dicht gefüllten Blüten öffnen sich anfangs schalenförmig, werden später flach und zeigen eine geviertelte Mitte. Die Farbe leuchtet kräftig karmesinrot und geht später in purpurrot über. Die Rosen verströmen einen ausgesprochen intensiven Duft.
Wuchs: Der Strauch wächst schmal aufrecht. Einer Höhe von 100 bis 120 cm steht eine Breite von nur etwa 75 cm gegenüber. Das Laub gilt als herausragend widerstandsfähig gegen Krankheiten. Diesen Shakespeare können Sie auch im Kübel halten.

Die Englische Rose 'Winchester Cathedral' duftet süß nach Honig und Mandeln.

'Winchester Cathedral'

Syn.: –
Gruppe: Moderne Strauchrose
Blührhythmus: öfterblühend
Beschreibung: Eine der bezauberndsten neuen weißen Romantikrosen! Sie stammt aus der Züchterwerkstatt von Austin (1988). Es handelt sich um eine Mutation von 'Mary Rose' und sie hat deren positive Eigenschaften geerbt. Die nostalgisch gut gefüllten Blüten dieser Englischen Rose strahlen rein weiß und erscheinen überreichlich. Ihr zarter Duft

'William Shakespeare 2000': eine herrliche nostalgische Rose in seltenem leuchtenden Rot.

'Yolande d'Aragon': stolz und aufrecht im Wuchs, aber anspruchslos in der Kultur.

erinnert an Honig und Mandeln. Er fällt in wärmeren Regionen intensiver aus.

Wuchs: Der Strauch wächst kräftig, aber kompakt buschig und erreicht 100 bis 120 cm Höhe. Dabei wird er etwa ebenso breit. Die Sorte lässt sich auch im Kübel halten und spendet hübschen Vasenschmuck.

'Yolande d'Aragon'

Syn.: –
Gruppe: Portland-Rose
Blührhythmus: remontierend
Beschreibung: Die Namenspatronin Yolande d'Aragon war die Frau von König Ludwig II. von Anjou und Sizilien. Vibert benannte 1843 seine kräftig rosarote Neuzüchtung nach ihr. Die Rosen sind groß, dicht gefüllt und stehen in üppigen Büscheln zusammen. Sie verströmen wunderbaren, intensiven Duft.
Wuchs: Der aufrechte, kräftige Strauch besitzt sehr großes, hellgrünes Laub. Er wird etwa 100 bis 120 cm groß und rund 90 cm breit. Die Sorte stellt deutlich weniger Ansprüche als andere dunkle Portland-Rosen.

'York and Lancaster'

Syn.: *Rosa* × *damascena* 'Versicolor'
Gruppe: Damaszener-Rose
Blührhythmus: einmalblühend
Beschreibung: Mit dieser Sorte wurden die Rosenkriege beendet. In England stritten sich die Häuser York (im Wappen eine weiße Rose) und Lancaster (eine rote Rose im Familienwappen) um den Thron. Heinrich VII. beendete schließlich den Konflikt. Er verband beide Häuser und wählte als Ausdruck dafür die zweifarbige *R. damascena* 'Versicolor' als Wappenrose, die damit ihren neuen Namen bekam. Ihre Blüten zeichnet eine weiß, rosa und karminfarbene Maserung. Mitunter erscheinen auch rein weiße oder rein rosafarbene Blumen. Sie sind groß, halbgefüllt und stehen in großen Büscheln zusammen. Eine ausgesprochen reich blühende Sorte, die ein intensives, verführerisches Parfum verströmt. Man kennt sie seit 1551. Wird häufig mit *Rosa gallica* 'Versicolor' verwechselt!
Wuchs: Die Pflanze bildet buschige, gut verzweigte, aber weichtriebige Sträucher von 100 bis 150 cm Höhe. Sie sind mit graugrünen Blättern besetzt. Auch Halbschatten wird vertragen.

'Zéphirine Drouhin'

Syn.: 'Charles Bonnet', 'Mme Gustave Bonnet', 'Ingegnoli Prediletta'
Gruppe: Bourbon-Rose
Blührhythmus: öfterblühend
Beschreibung: Eine herrlich vitale und üppig blühende Bourbon-Rose! Die Blüten öffnen sich mittelgroß und locker gefüllt. Die Schalenblüten sind hell karminrot bis pink gefärbt und erstaunlich regenfest. Hervorragender Duft geht von ihnen aus. Die Sorte entstand bei Bizot 1868.

Die geschichtsträchtige Sorte 'York and Lancaster' verströmt das typische intensive Damaszener-Parfum. Der Strauch bildet biegsame Triebe und kommt auch im Halbschatten zurecht.

'Zéphirine Drouhin' macht als vitale Kletterrose viel Freude. Dazu ist sie ausgesprochen frosthart.

Üppige scharlachrote Blüten verleihen der gesunden und robusten 'Zigeunerknabe' Temperament.

Wuchs: Der ungestüme Kletterer, der 300 cm und höher werden kann, eignet sich ideal für Höhenlagen! Er ist sehr frosthart, braucht jedoch einen luftigen Platz, sonst besteht Mehltaugefahr! Die Blätter schimmern häufig bronzefarben, die Triebe tragen keine Stacheln.

'Zigeunerknabe'

Syn.: 'Gipsy Boy'
Gruppe: Bourbon-Rose
Blührhythmus: einmalblühend
Beschreibung: Diese Rose züchtete Geschwind, verbreitet wurde sie ab 1909 durch Lambert. Zarter Duft umgibt die mittelgroßen, locker gefüllten, scharlach-karminroten Blüten, in deren Zentrum gelbe Staubgefäße durchblitzen. Sie erscheinen überreichlich und in Büscheln.
Wuchs: Üppiges, dunkelgrünes Laub schmückt die überhängenden Triebe der sehr gesunden und frostharten Pflanze. Sie eignet sich auch für Halbschatten und erreicht Höhen um 180 cm. Im Herbst bilden sich dekorative orangerote Hagebutten.

Rosenpflege in der Praxis

Die Königin der Blumen steht im Ruf, etwas kapriziös und pflegeintensiv zu sein. Aber gerade die Rosen, denen dieses Buch gewidmet ist, gehören in der Mehrzahl zu den eher robusteren Vertretern ihres Geschlechts. Historische Sorten, insbesondere Gallica-, Alba- und Damaszener-Rosen, sind hart im Nehmen und gedeihen auch unter weniger idealen Bedingungen. Und die neuen Romantikrosen wurden gezielt auf Gesundheit und Widerstandskraft gezüchtet. Aber jenseits von Stammbaumqualitäten hängt der Erfolg der Rosenkultur ohnehin in erster Linie vom richtigen Standort und der Auswahl der dazu passenden Sorte ab. Nehmen Sie sich also vor dem Kauf Ihrer Rose entsprechend Zeit in Katalogen und Büchern zu blättern, um die Möglichkeiten zu sondieren und sich über Sorteneigenschaften zu informieren. Aber Vorsicht: Diese kurzweilige und inspirierende Beschäftigung legt oft den Grundstein zu hemmungsloser Sammelleidenschaft!

Der Einkauf

Rosen gibt es grundsätzlich überall zu kaufen, in Gartencentern, Gärtnereien oder Baumschulen. Ja sogar Supermärkte und Discounter bieten mitunter Pflanzware an. Häufig beschränkt sich das Sortenangebot dort jedoch schon aus Platzgründen auf die gängigsten und nachgefragtesten Varietäten. Wer bestimmte Spezialitäten oder ausgefallenere Charaktere sucht, tut gut daran, sich an Rosen-Spezialbetriebe zu wenden. Insbesondere die historischen Sorten findet man in großer Auswahl nur in wenigen Betrieben, die sich gezielt der Sammlung der alten Schönheiten verschrieben haben. Im Anhang finden Sie eine Reihe von bewährten Adressen, die große Sortimente pflegen. Keine in Ihrer Nähe? Macht nichts, denn die Profis versenden ihre Rosen bundesweit und teilweise auch ins Ausland per Post. Die Pflanzen werden in der Regel im Frühjahr und Herbst im laublosen Zustand verschickt und so perfekt verpackt, dass sie beim Transport keinen Schaden nehmen. Kauft man Rosen im Supermarkt oder bei anderen Nicht-Fachhändlern, hängt ihre Pflanzenqualität maßgeblich von der fachgerechten Behandlung und Lagerung auf ihrem Weg vom Erzeuger bis zum Endabnehmer ab.

Verschiedene Angebotsformen

Pflanzware wird in unterschiedlichen Formen angeboten. Die traditionsreichste und gleichzeitig preiswerteste Variante sind so genannte **wurzelnackte Rosen.** Sie werden ohne Erdballen verkauft und bestehen nur aus einigen laublosen Trieben und nacktem Wurzelholz. In diesem Zustand kann man Rosen nur zu den Hauptpflanzzeiten im Herbst und Frühjahr setzen, solange sich die Pflanzen in der Vegetationsruhe befinden. Die ungeschützten Wurzeln trocknen leicht aus, deshalb sollte

Die Qual der Wahl! Pflanzware wird in verschiedenen Formen angeboten. Containerrosen kann man rund ums Jahr setzen.

schnell gepflanzt werden. Ist das nicht möglich, sollte man sie zum Zwischenlagern in einem Eimer mit feuchtem Sand einschlagen.
Im Zwischenhandel, vor allem in Supermärkten, sieht man häufig wurzelnackte Rosen in Folienbeutel verpackt im Angebot. Achten Sie beim Kauf darauf, dass die Knospen noch nicht austreiben.
Als wurzelschonend und außerdem praktisch erweisen sich Verkaufsverpackungen, die sich in den letzten Jahren stark auf dem Vormarsch befinden. Darin wird **wurzelballierte Ware** angeboten, d. h. , ein kleiner mit feuchter Erde gefüllter Behälter schützt die Wurzeln vor Trockenschäden und erlaubt die Bildung erster Saugwurzeln. Meist bestehen die Behälter aus Karton oder anderem verrottbarem Material und können einfach mitgepflanzt werden. Manchmal hält auch einfach ein Drahtgeflecht das Substrat zusammen, das im Boden dann einfach durchwurzelt wird. Weiterer Vorteil: Die Rosen sind fix und pflanzfertig und benötigen keinen Pflanzschnitt mehr. Deshalb können sie auch noch im Mai in die Erde kommen, da sie ohne Unterbrechung weiterwachsen dürfen. Die grünen, oberirdischen Triebe sind häufig mit einer Wachsschicht vor Verdunstung geschützt. Diese sollte man keinesfalls entfernen. Beim weiteren Wachstum springt sie von alleine ab.

Manche Verkaufsverpackungen bestehen aus verrottbarem Material und kommen mit in die Erde.

Containerrosen stellen zwar die teuerste Variante dar, allerdings bieten sie dem Käufer viele Vorteile:

- Sie können rund um das Jahr gepflanzt werden.
- Aus diesem Grunde kann man sich seine Lieblingsrose also auch im Sommer, in blühendem Zustand aussuchen und sich von ihrem Aussehen und ihrer Wirkung vor dem Kauf überzeugen.
- Die Pflanzen sind bereits gut durchwurzelt, da sie in einem größeren Kunststofftopf von mindestens zwei Liter Inhalt verkauft werden.

Veredelte Rosen unterscheidet man im Handel, unabhängig von ihrer Angebotform, nach zwei Güteklassen. Rosen der **Güteklasse A** müssen neben einem gut verzweigten Wurzelwerk mindestens drei kräftige Triebe aufweisen. Zwei davon müssen der Veredelungsstelle entspringen. Ware der immer seltener angebotenen **Güteklasse B** muss ebenfalls über ein gut verzweigtes Wurzelwerk verfügen, braucht aber nur zwei der Veredlungsstelle entspringende Triebe vorweisen. Pflanzware guter Qualität sollte in jedem Fall glatte, grüne, feste Triebe zeigen. Das Wurzelwerk sollte frisch und beim Anschneiden weißlich aussehen.

Der Standort

Licht und Luft

Rosen lieben die Sonnenseiten des Lebens. Wachstum, Blütenreichtum und Gesundheit hängen maßgeblich von der Wahl des passenden Standorts ab, beziehungsweise von der Wahl der passenden Rosensorte für die vorhandenen Standortbedingungen. Idealerweise bietet ein Rosenplatz sonnige, warme, aber dennoch luftige Verhältnisse. Mehrere Stunden Sonneneinstrahlung am Tag sind ein Muss für gute Prachtentfaltung. Dennoch erweisen sich ost- oder westexponierte Lagen meist als förderlicher als reine Südseiten. Insbesondere vor Mauern oder gepflasterten Terrassen entstehen dort in der Mittagszeit oft schädliche Hitzestaus, die die Blätter regelrecht verbrennen und den Befall mit Spinnmilben (Rote Spinne) fördern. Eine gute Belüftung muss stets gewährleistet sein, deshalb sollten auch Beetnachbarn nicht zu dicht gepflanzt werden. Der wahre Rosenkavalier hofiert die Königin, steigt ihr aber nicht auf die Füße! Der beste Schutz gegen Pilzkrankheiten besteht in einer guten Luftzirkulation, die ein schnelles Abtrocknen der Rosenblätter nach Niederschlägen und Taubildung sicherstellt. Zugige, windgepeitschte Lagen sind ihr jedoch ebenso wenig zuträglich. Auch den Traufbereich hoher Bäume gilt es zu meiden.

Der Boden

Neben den richtigen Lichtverhältnissen stellt der Boden den wichtigsten Standortfaktor dar. Hier lohnt es sich, ihre Majestät etwas zu verwöhnen, sie wird es mit gutem Wachstum und Blütenfülle danken. Als Tiefwurzler bevorzugt sie tiefgründig lockere, wasserdurchlässige, aber nährstoffreiche, humose Böden, die sie für die Kräfte zehrende Blütenbildung braucht. Ideale Bedingungen bieten humusreiche, sandige Lehmböden mit einem pH-Wert zwischen 6 und 7.

Volle Prachtentfaltung (im Bild: 'Constance Spry') über Jahre hinweg hängt vor allem von der Wahl des richtigen Standorts ab.

Verbesserungsmaßnahmen

Was aber tun, wenn man diesen königlichen Boden nicht zu bieten hat? Kein Grund zu verzagen. Mit einigen Verbesserungsmaßnahmen vor der Pflanzung kann man viel erreichen. Heben Sie auf problematischen Standorten möglichst große Pflanzgruben aus, etwa 70 mal 70 Zentimeter und mindestens ebenso tief. Lockern Sie Boden und Ränder mit einer Grabegabel gut auf und vermischen Sie den Aushub mit Verbesserungsmitteln entsprechend der Bodenart:

- **Sandböden** bringen zwar die erforderliche Durchlässigkeit und Lockerheit mit, können aber Wasser- und Nährstoffe schlecht halten. Setzen Sie dem Aushub deshalb Gesteinsmehle wie Bentonit zu, die im Fachhandel erhältlich sind. Auch das Untermischen toniger Erde verbessert die Bindigkeit des Substrates. Vor allem aber bedeutet der Zusatz organischen Materials in Form von Kompost eine wahre Wellnesskur für den Boden. Der Anteil sollte allerdings 30 Prozent des Aushubs nicht übersteigen und nur bis 40 Zentimeter Tiefe untergemischt werden.
- **Schwere Böden** verfügen zwar in der Regel über viele Nährstoffe, lassen es aber an Durchlässigkeit und Belüftung mangeln. Auch diese Eigenschaften verbessert der Zusatz von Kompost. Außerdem fördert die Beigabe von Sand, Kies oder Perlite den Wasserabfluss, lockert das Substrat und verbessert die Luftzufuhr.
- **Verdichteter Untergrund** stellt eine Wachstumssperre für Rosenwurzeln dar. Außerdem staut sich dort Bodenwasser auf, ebenso tödlich für die Rosen. Besonders in Neubaugebieten tritt dieses Problem häufig auf, weil dort schwere Baumaschinen den Untergrund stark belastet haben. Solche verdichteten Schichten müssen vor der Pflanzung unbedingt aufgebrochen werden.
- **Bodenmüdigkeit** ist ein rosenspezifisches Phänomen, dessen Ursachen noch immer nicht restlos geklärt sind. Es tritt auf, wenn man an Stellen, auf denen bereits Rosen standen, neue Rosenexemplare nachpflanzt. Dann kommt es häufig zu Kümmerwuchs oder gar zum Absterben der ganzen Pflanze. Wahrscheinlich tragen Wurzelausscheidungen der Vorgänger und einseitiger Nährstoffentzug zu dieser Entwicklung bei. Möchte man dennoch am selben Platz neue Rosen setzen, kommt man um einen Bodenaustausch nicht herum. Verteilen Sie den Aushub des Pflanzloches an anderer Stelle im Garten, anderen Pflanzen schadet er ja nicht, und füllen Sie die Rosengrube mit frischer Gartenerde und Kompost auf.

Spezialisten für problematische Plätze

Je stärker der vorhandene Gartenstandort vom Ideal-Rosenstandort abweicht, desto sorgfältiger muss die Sorte ausgewählt werden. Auf Rosen verzichten braucht man deswegen nicht. Schon die Gruppenzugehörigkeit gibt Anhaltspunkte zur Verwendung. So kommen zum Beispiel Alba-Rosen noch mit extrem frostigen Wintern zurecht, wie sie in Höhenlagen oder Gegenden mit stark kontinental geprägtem Klima auftreten. Dagegen reagieren China-Rosen oft kälteempfindlich und eine 'Maréchal Niel' entfaltet ihre volle Pracht allenfalls in Weinbauregionen oder im Gewächshaus.

Die Urahnen der Gartenrosen, wie Gallica-, Alba-, Damaszener-Rosen und die Zentifolien, entwickeln meist auch noch im Halbschatten ein dekoratives Aussehen. Kleinlaubige und kleinblütige Rosen sind dagegen in aller Regel hitzeresistenter als andere Sorten und behaupten sich auch noch auf heißen, sonnigen Plätzen. Viele Wildrosen gedeihen, je nach ursprünglicher Heimat, sogar auf kargeren Böden. So gibt es eine ganze Reihe von Spezialisten, die sich auch mit weniger optimalen Bedingungen arrangieren.

Sorten für schwierige Standorte

- **Rosen für frostige Lagen:** 'Félicité Parmentier', 'Frau Karl Druschki', 'Königin von Dänemark', 'Mme Plantier', 'Mrs John Laing', 'Zéphirine Drouhin'.
- **Rosen für relativ schattige Plätze:** 'Boule de Neige', 'Camaieux', 'Celestial', 'Charles de Mills', 'Commandant Beaurepaire', 'Louise Odier', 'Mme Alfred Carrière', 'Mme Hardy', 'Mme Plantier', 'Souvenir du Docteur Jamain', 'Trigintipetala'.
- **Rosen für karge Böden:** *Rosa spinosissima, R. canina, R. rubiginosa, R. rugosa* und ihre Hybriden sowie 'Constance Spry', 'Félicité Parmentier', 'Mme Alfred Carrièrre'.

'Charles de Mills' gehört zu denjenigen Sorten, die den guten Ruf der Alten Rosen begründen: robust, widerstandsfähig, relativ schattenverträglich, blühwillig.

Die Pflanzung

Ist die Wahl getroffen und die passende Rose gekauft worden, geht es endlich ans Pflanzen. Mitte Oktober bis Ende November gilt als optimaler Termin, um Rosen in die Erde zu bringen. Sie haben dann noch ausreichend Zeit, im Boden einzuwurzeln, und können im Frühjahr mit dem oberirdischen Austrieb durchstarten. Solange der Boden frostfrei ist, darf man aber auch noch später pflanzen. Wer es im Herbst nicht geschafft hat, kann im März/April noch problemlos Rosen nachpflanzen. Für raue Frostlagen und auf schweren Böden ist die Frühjahrspflanzung generell vorzuziehen. Wurzelballierte Ware darf auch noch im Mai gepflanzt werden und Containerrosen ohnehin während der ganzen Saison.

Das Pflanzloch

In guter, humoser Gartenerde genügt ein Pflanzloch von etwa 40 mal 40 mal 40 Zentimetern Größe. Auf problematischen Standorten lohnt sich die Mühe, eine größere Grube auszuheben und die Erde mit entsprechenden Verbesserungsmitteln (siehe Seite 143) zu versetzen. In jedem Fall sollte man beim Graben sorgfältig alle Wurzelunkräuter entfernen. Es ist nie mehr so einfach wie jetzt! Lockern Sie mit der Grabegabel die Ränder und den Boden des Pflanzloches gut auf.

Pflanzschnitt bei wurzelnackten Rosen

Bei wurzelnackten Rosen kürzt man die oberirdischen Triebe sowie die Wurzeln auf circa 20 bis 30 Zentimeter ein und schneidet verletzte sowie geknickte Wurzeln oberhalb der

Containerrosen pflanzen: Ausreichend großes Loch ausheben, vorsichtig austopfen, Pflanze mittig hineinhalten, Erde anfüllen, leicht andrücken und angießen.

Schadstelle ab. Anschließend stellt man die Pflanzen für mindestens zwei bis drei Stunden in einen Eimer mit Wasser oder legt sie in eine gefüllte Wanne. Dabei sollen alle Triebe und Wurzeln unter Wasser tauchen. Erst nach diesem Erfrischungsbad bringt man sie in die Erde.

In den Boden setzen

Am besten hält ein Helfer den Strauch in die Pflanzgrube. Die Wurzeln sollten frei in der Luft hängen und zu den Rändern noch mindestens eine Hand breit Abstand halten. Die empfindliche Veredlungsstelle sollte fünf Zentimeter unter die Erdoberfläche zu liegen kommen. Das schützt sie vor Frösten und verringert zugleich die Bildung von Wildtrieben. Ein quer über das Pflanzloch gelegter Stab erleichtert das Abschätzen der richtigen Tiefe. Anschließend den mit Kompost verbesserten Aushub wieder anfüllen, leicht antreten und mit Schlauch oder Gießkanne kräftig einschlämmen. Ein Gießrand hindert das Wasser am Wegfließen und hält es im Wurzelbereich. Zuletzt häufelt man die Rose mit Gartenerde an, sodass nur noch die Triebspitzen herausschauen. Diese Maßnahme setzt die Verdunstung herab und schützt die Pflanze in der kritischen Anwachsphase vor dem Austrocknen. Bei der Herbstpflanzung wirkt sie außerdem als winterlicher Frostschutz. Erst Ende März wird dann wieder abgehäufelt. Bei der Frühjahrspflanzung entfernt man den Erdhügel acht Wochen nach der Pflanzung.

Pflanzung von Containerrosen

Bei wurzelballierter Ware und Containerrosen entfällt der Pflanzschnitt. Man taucht die Ballen vor dem Setzen in einem Eimer so lange ganz unter Wasser, bis keine Luftblasen mehr aufsteigen. Bei Containerrosen entfernt man den Kunststofftopf und reißt gegebenenfalls verfestigte Ballen etwas auf. Der restliche Pflanzvorgang erfolgt wie bei den Wurzelnackten.

Stammrosen pflanzen

Stammrosen tragen ihre Veredlungsstelle in der Krone. Beim Pflanzen braucht man auf ihre Platzierung daher nicht zu achten. Dafür weist die Stammbasis die so genannte Zapfenschnittstelle auf. Sie soll nach dem Pflanzen eine Hand breit oberhalb der Erdoberfläche liegen. Die Pflanze im Garten so ausrichten, dass Krone und Stamm später, für Winterschutzzwecke, über die Zapfenschnittstelle hinweg umgelegt werden können (siehe Seite 149). In dieser Richtung muss also Platz sein. Biegt man entgegen der natürlichen Krümmung, bricht das Holz aus! Vor dem Einsetzen der Pflanze schlägt man einen Stützpfahl in den Boden der Grube, an dem die Rose mit Jute oder Bast zweimal befestigt wird, einmal am Stamm und einmal in der Krone. Darauf achten, dass die Bänder nicht zu eng sitzen und die Rinde abschnüren!

TIPP

Damit **Kletterrosen** von Anfang an in die richtige Richtung wachsen und sich später gut aufbinden lassen, pflanzt man sie leicht gegen die Rankhilfe geneigt ein. Sie sollten 20 bis 30 Zentimeter Abstand dazu halten.

Die weitere Pflege

Im ersten Jahr nach der Pflanzung erübrigen sich weitere Düngergaben. Der mit Kompost verbesserte Aushub bietet ein ausreichendes Nährstoffangebot für die erste Saison. Auf keinen Fall dürfen Mineraldünger zugesetzt werden. Sie würden den jungen Rosenwurzeln eher schaden. Dagegen benötigen frisch gepflanzte Rosen in der Anwachsphase, bis sie ausreichend Saugwurzeln gebildet haben, häufigere Wassergaben. Sie erschließen sich erst im Lauf der Zeit tiefere Bodenschichten.

Gießen

Gut eingewachsene Rosen überstehen als Tiefwurzler auch längere Trockenperioden in der Regel unbeschadet. Erst bei mehrwöchigen Hitzeperioden empfiehlt sich zusätzliches Gießen. Natürlich spielt auch die vorhandene Bodenart für die Wasserversorgung eine entscheidende Rolle. Auf Sandböden stellt sich schneller Trockenheit ein als auf bindigen Böden. Behalten Sie Ihre Pflanzen in niederschlagsarmen Zeiten daher im Auge und machen Sie sich bewusst: Durstige Rosen sind anfälliger für Mehltau und Rote Spinne.

Ein durchlöcherter Gartenschlauch (»Porous Pipe«) ist die schonendste Art, Rosen zu gießen.

Ein hilfreicher Grundsatz für das Gießen in Trockenperioden lautet: Selten, aber reichlich. Das heißt, anstelle täglicher kleiner Wassergaben lieber nur ein- oder zweimal wöchentlich wässern, dann aber mindestens 50 Liter pro Rosen-Wurzelscheibe ausbringen. Nur so kann das Wasser in größere Tiefen vordringen, wo es den Wurzeln nachhaltig zur Verfügung steht.

Am besten legt man einen perforierten Gartenschlauch an die Pflanzenbasis, der das Wasser sanft in den Boden sickern lässt, oder man lässt es mit schwachem Druck aus dem Schlauchende laufen. Ein scharfer Strahl führt nur zu Verkrustungen der Bodenoberfläche. In jedem Fall gilt es sorgfältig zu vermeiden, dass das Laub unnötig benetzt wird. Feuchte Blätter laden Sternrußtau-Pilze geradezu ein. Aus diesem Grunde gießt man am besten frühmorgens. Dann können die Pflanzen schnell abtrocknen.

Boden lockern

Sowohl der Wasser- wie der Nährstofftransport im Boden profitiert von einer lockeren Erdstruktur. Die Rosenwurzeln brauchen außerdem viel Luft zum Atmen. Deshalb sollte ihr Fußraum stets offen und feinkrümelig gehalten werden. Zum Saisonstart im Frühjahr, nach dem Abhäufeln, empfiehlt es sich daher, mit Hacke oder Grubber den Boden im Wurzelbereich etwas aufzulockern. Man sollte allerdings nicht tiefer als zehn Zentimeter arbeiten, um keine Wurzeln zu beschädigen. Für eine tiefgehendere Lockerung sticht man mit der Grabegabel alle 15 bis 20 Zentimeter in den Boden und bewegt den Stiel hin und her.

Mulch als Bodenschutz

In sommertrockenen, niederschlagsarmen Regionen kann eine **Mulchschicht** eine sinnvolle und Arbeit sparende Maßnahme sein. Zum Mulchen eignen sich Rindenmulch, Laub, Stroh oder Rasenschnitt. Die Schicht reduziert die Wasserverdunstung, hält die Bodenoberfläche krümelig, schützt sie vor dem Verkrusten und unterdrückt das Auflaufen von Unkräutern. Im Frühjahr verteilt man das organische Mulchmaterial zwischen den Pflanzen. Eine Schichthöhe von vier Zentimetern sollte dabei nicht überschritten werden. Die laufende Zersetzung der Mulchschicht aktiviert das Bodenleben zusätzlich. Allerdings gilt es neben optischen Aspekten auch zu bedenken, dass es durch den Mulch zunächst zu einer Bindung des für die Rosen wichtigen Stickstoffs kommen kann. Denn zersetzende Mikroorganismen vermehren sich zunächst stark und verbrauchen Stickstoff für den eigenen Körperaufbau. Erst nach ihrem Absterben steht er den Pflanzen wieder zur Verfügung. Diesen erhöhten Startbedarf muss man vor dem Ausbringen des Materials durch gezielte Düngung, etwa mit Hornspänen, ausgleichen.

Düngen

Eine jährliche Kompostgabe im April ist die beste Starthilfe in die Saison, auch für eingewachsene Rosen. Reifer Kompost ist der billigste und einer der wirksamsten organischen Pflanzendünger, der zugleich als Bodenverbesserer wirkt. Er aktiviert das Bodenleben und regt die mikrobielle Umsetzung an. Wie alle **organischen Düngemittel** muss er in der Erde erst aufgeschlossen werden. Die Nährstoffe fließen deshalb langsam und werden erst nach und nach freigesetzt. Dies entspricht auch dem tatsächlichen, kontinuierlichen Bedarf der Rose. Die Gefahr der Überdüngung und Auswaschung ins Grundwasser ist dadurch geringer. Neben den Wurzeln profitiert davon auch die Umwelt.

Ein anderer natürlicher, organischer Dünger ist zum Beispiel **Stallmist**. Er sollte mindestens ein Jahr abgelagert sein, bevor er auf das Rosenbeet kommt. Der Fachhandel bietet jedoch auch fertig aufbereitete organische Düngemittel an.

Hornspäne dienen vor allem der Stickstoffversorgung und leisten, im Frühjahr zusätzlich zum Kompost ausgebracht, wertvolle Dienste. Sie unterstützen die Rosen beim Austrieb und Aufbau der grünen Blattmasse. Beachten Sie unbedingt die Dosierungsanleitungen. Zu viel Stickstoff führt zu mastigen, weichen Pflanzen mit erhöhter Krankheitsanfälligkeit.

Nach Mitte Juli dürfen keinerlei stickstoffhaltige Düngemittel mehr ausgebracht werden! Sie gefährden sonst das Ausreifen des Holzes und verringern dadurch die Frosthärte.

Weitere Düngerformen

Wer keinen Kompost hat, sollte so genannte **Langzeit- oder Depotdünger** verwenden. Bei diesen Präparaten ummantelt eine Hülle die eigentlichen Nährstoffe und bremst deren Freisetzung. Sie werden in Abhängigkeit von der Bodentemperatur gelöst, bei Wärme schneller, bei Kälte langsamer. Da auch die Stoffwechselprozesse und das Wachstum der Pflanzen temperaturabhängig verlaufen, ist eine bedarfsgerechte Versorgung ohne schädliches Überangebot sichergestellt.

Akute Nährstoffmängel beheben **Mineraldünger** am schnellsten und wirkungsvollsten. Dabei handelt es sich um wasserlösliche Nährstoffkonzentrate, die im feuchten Boden den Pflanzenwurzeln umgehend zur Verfügung stehen und daher sofort aufgenommen werden können. Sie müssen jedoch exakt dosiert werden (Angaben auf der Packung unbedingt einhalten), da ein Zuviel Wurzelverbrennungen verursachen kann. Etwaige Überschüsse gehen durch Auswaschung schnell verloren und belasten das Grundwasser unnötigerweise.

Der Fachhandel bietet gebrauchsfertig gemischte **Rosendünger** an. Dabei handelt es sich in der Regel um Mehrnährstoffpräparate, die sich aus organischen und mineralischen Komponenten zusammensetzen. Die ge-

Eine Mulchschicht unterdrückt Unkraut, hält den Boden länger feucht und krümelig und schützt ihn damit vor der Verkrustung der Oberfläche.

TIPP

Öfter blühende Rosen schätzen eine zweite Volldüngergabe zur Hauptblüte im Juni. Etwas Patentkali Anfang September fördert bei allen Rosen die Winterfestigkeit, da Kalium den Wasserhaushalt der Pflanzen reguliert.

TIPP

Welche Stoffe ihr Rosenbeet wirklich braucht, erfahren Sie am besten durch eine Bodenanalyse, wie sie verschiedene Untersuchungsinstitute für Hobbygärtner anbieten (Adressen siehe Anhang). Mit den Ergebnissen erhalten Sie in der Regel auch gleich konkrete Düngeempfehlungen.

naue Mischung orientiert sich am spezifischen Bedarf der Rosen. Ob jedoch jeder Gartenboden alle Nährstoffkomponenten nötig hat, ist fraglich. Hierzulande sind beispielsweise fast alle Kulturböden mit Phosphaten überversorgt.

Raureifüberzuckerte Blüten liefern faszinierende Ansichten. Mit den Frösten sterben sie zwar ab, das Holz aber widersteht Minusgraden problemlos.

Verwelkte Blüten entfernen

Bei öfterblühenden Sorten sollte man im Laufe des Sommers immer wieder verblühte Rosen abschneiden. Sonst verbraucht die Pflanze zu viel Kraft für die Fruchtbildung, was zu Lasten der Entwicklung neuer Blüten geht. Am besten setzt man den Schnitt oberhalb des nächsten voll ausgebildeten Laubblattes an. Bei den einmalblühenden Alten Rosen erübrigt sich diese Maßnahme, es sei denn, man entschließt sich aus optischen Gründen für die Entfernung verwelkter Blüten. Möchte man jedoch im Herbst Hagebutten genießen, darf man auf keinen Fall zur Schere greifen.

Winterschutz

Die meisten der in diesem Buch vorgestellten Rosen sind gut winterhart. Dennoch empfiehlt es sich, die nur knapp unter der Bodenoberfläche liegenden empfindlichen Veredlungsstellen, etwa ab Mitte Dezember, durch **Anhäufeln** vor allzu frostigen Temperaturen zu schützen. Dazu schüttet man Gartenerde oder Kompost am Fuß der Pflanze zu einem 20 bis 25 Zentimeter hohen Hügel an. Die holzigen oberirdischen Triebe halten Minusgrade ohne Probleme aus. Allerdings reagieren sie empfindlich gegenüber starken Temperaturschwankungen, wenn etwa auf frostige Januarnächte klare, sonnige Tage folgen. Deshalb kann es in sehr kalten Lagen sowie bei sensiblen Sorten notwendig werden, den oberirdischen Trieben etwas Sonnenschutz zu gewähren. Beet- und Edelrosen deckt man am besten mit etwas Fichtenreisig ab. Hohe Strauchrosen brauchen wirklich nur in extremen Lagen Schutz. Man kann sie

mit Schilfmatten oder Drahtgeflecht umstellen und diese mit Herbstlaub auffüllen. Kletterrosen deckt man am besten mit Leinensäcken oder Fichtenreisig ab. Wachsen sie am Bogen, verschnürt man das Ganze zusammen mit der Kletterhilfe. Bei Rosenstämmchen sitzt die Veredelungsstelle in der Krone. Man kann sie durch einen übergestülpten Jutesack schützen oder durch das Einbinden von Reisig. Jüngere Exemplare biegt man über die Zapfenschnittstelle hinweg um und legt Stamm und Krone am Boden ab. Dort werden sie mit Haken befestigt und die Krone mit Gartenerde zugedeckt.

Rosenschnitt

Für viele ein Buch mit sieben Siegeln. Und die Fülle der verschiedenen Anleitungen, Tipps und Expertenratschläge trägt oft mehr zur Verwirrung als zur Klärung bei. Nehmen Sie den Rosenschnitt als das, was er ist: ein Mittel, Ihren Pflanzen zu mehr Blütenreichtum und einem schöneren Wuchs zu verhelfen. So viel kann man dabei gar nicht falsch machen, und selbst von groben »Schnitzern« stirbt die Rose nicht. Sie ist erstaunlich regenerationsfreudig. Schlimmstenfalls muss man ein Jahr Blütenausfall verkraften. Ein paar grundlegende Zusammenhänge sollte man sich bewusst machen. Das hilft, den Überblick zu bewahren.

Immer scharf und sauber

Generell gilt für alle Schnittmaßnahmen: Verwenden Sie stets scharfes, sauberes Werkzeug und führen Sie den Schnitt immer einen halben Zentimeter oberhalb eines gut entwickelten Auges, leicht schräg zum Trieb durch. Das Holz soll schließlich nicht gequetscht, sondern klar durchtrennt werden und es dürfen keine absterbenden Stummel stehen bleiben. Sie bieten Pilzkrankheiten sonst willkommene Eintrittspforten. Sämtliches Schnittgut muss aus den Beeten entfernt werden. Lassen Sie nichts auf dem Boden liegen. Es stellt ein unnötiges Infektionsrisiko dar, denn pilzliche Erreger können auf den Pflanzenteilen überwintern.

Pflegeschnitt im Frühjahr

Im Frühjahr vor dem Austrieb erfolgt bei allen Rosen ein Pflegeschnitt. Der beste Zeitpunkt dafür liegt, je nach Region und Witterung, um Ende März/Anfang April, etwa zeitgleich mit dem Beginn der Forsythienblüte. Am besten verbindet man den Schnitt mit dem Abhäufeln des Winterschutzes. Warten Sie dazu einen bedeckten, aber trockenen Tag ab. Denn die Triebe sollten nicht gleich der prallen Sonne ausgesetzt sein. Nässe jedoch erleichtert Pilzsporen das Eindringen. Zunächst entfernt man erfrorenes, abgestorbenes und beschädigtes Holz sowie alle paar Jahre einen alten Trieb (am Ansatz in der Basis kappen), damit die Rose nicht vergreist, sondern immer wieder junges, Blüten tragendes Holz bildet. Außerdem schneidet man aus dem Pflanzeninneren störende, sich aneinander reibende Triebe heraus. Denn Verletzungsstellen sind ebenfalls Eintrittspforten für Krankheitserreger.

Schnitt öfterblühender Rosen

Alle modernen, öfterblühenden Rosen schneidet man im Frühjahr stark zurück. Sie verdanken ihre wiederholte Blüte der Tatsache, dass sie nicht nur am alten Holz blühen, sondern in der Lage sind, schon an diesjährigen Trieben neue Knospen anzusetzen. Ziel der Schnittmaßnahmen ist es also, die Pflanze zum Austrieb frischer, kräftiger Zweige anzuregen. Erfahrungsgemäß zieht ein starker Rückschnitt einen starken Neuaustrieb nach sich. Lässt man der Pflanze nur wenige Augen pro Trieb, entwickelt sie zwar weniger, dafür aber kräftigere neue Zweige. Ein schwacher Rückschnitt dagegen bringt auch nur einen schwächeren Neuaustrieb, dessen Einzelzweige zwar zahlreicher sein können, dafür aber weniger vital sind.

Bei modernen, öfterblühenden **Strauchrosen** kürzt man die Haupttriebe im Frühjahr um rund ein Drittel ein. Schwache Triebe können auch um zwei Drittel reduziert werden. Bei dieser Gruppe ist das regelmäßige Entfernen verblühter Rosen besonders wichtig, weil dieser Som-

Öfterblühende Strauchrosen kürzt man im Frühjahr um rund ein Drittel ein, schwache Triebe auch um zwei Drittel, überalterte schneidet man am Ansatz heraus.

Bei öfterblühenden Beetrosen ist ein regelmäßiger Frühjahrsschnitt am wichtigsten, aber auch am einfachsten: Man kürzt sie auf Drittel ihrer Höhe ein.

merschnitt die Bildung neuer Triebe und Blütenknospen anregt. Nostalgiesorten mit malerisch überhängendem Wuchs, kann man auch, soweit der nötige Platz dazu vorhanden ist, einige Jahre ohne Schnitt sich frei in ihrer typischen Wuchsform entfalten lassen. Irgendwann werden sie jedoch nur noch in den äußeren Bereichen weiterwachsen und von innen her verkahlen. Dann wird ein stärkerer Rückschnitt oder sogar ein Verjüngungsschnitt (siehe Seite 151) notwendig.

Öfterblühende **Beet- und Edelrosen** erhalten den kräftigsten Rückschnitt. Regelmäßig stutzt man sie vor dem jährlichen Austrieb auf ein Drittel ihrer Höhe zurück. So verbleiben an den Trieben, je nach Größe und Wüchsigkeit der Sorte, drei bis fünf Augen für den Neuaustrieb. Die Pflanzen sind nach dem Schnitt nur noch etwa 20 bis 40 Zentimeter hoch.

Bei **Hochstammrosen** handelt es sich in der Regel um Beet- und Edelrosensorten, deshalb werden sie ganz ähnlich wie diese geschnitten. Man entfernt dünne und nach innen wachsende Triebe und kürzt den Rest auf 20 bis 30 Zentimeter ein. Das entspricht etwa drei Augen pro Trieb. Man sollte dabei auf eine gleichmäßige Kronenform und eine gute Verteilung der Zweige achten.

Kaskadenrosen mit ihren überhängenden Kletterrosentrieben bringt man nur leicht in Form und be-

Bei einmalblühenden Strauchrosen entfernt man vor dem Austrieb im Frühjahr nur überalterte Triebe sowie krankes und zu dicht stehendes Holz.

schränkt sich ansonsten auf das Entfernen überalterten oder beschädigten Holzes.

Kletterrosen unterscheidet man ebenfalls nach ihrem Blührhythmus. In den ersten zwei bis drei Jahren lässt man alle Sorten zunächst ungestört wachsen. Später lichtet man Öfterblühende im Frühjahr wenn nötig etwas aus. Seitentriebe kürzt man im Sommer nach der Blüte auf zwei bis vier Augen ein. Verblühtes wird regelmäßig abgeknipst. Wichtiger als der Schnitt ist für die Blütenfülle das geschickte **Aufleiten der Triebe** an der Rankhilfe. An Mauern empfiehlt sich eine fächerförmig gleichmäßige Verteilung der Triebe. Aber auch an Bögen und Pergolen sollten beizeiten einige Triebe in die Waagerechte gezogen werden, da sich an diesem Holz besonders viele Blüten tragende Seitentriebe entwickeln. Sind größe-

Bei öfterblühenden Rosen sollte man verwelkte Blüten laufend entfernen. Das fördert den Ansatz neuer Knospen.

re Korrekturen fällig, empfiehlt es sich, die Rose ganz von der Unterlage zu lösen und nach erfolgtem Schnitt neu aufzubinden. Nie sollte das Befestigungsmaterial zu eng sitzen oder in die Rinde einschneiden.

Schnitt einmalblühender Rosen

Alle einmalblühenden Rosen, also ein Großteil der Alten Rosen sowie einige Englische, aber auch einzelne Nostalgierosen, brauchen eine andere Behandlung. Sie blühen ausschließlich am alten Holz. Das heißt, Langtriebe, die im ersten Jahr wachsen, entwickeln frühestens im Jahr darauf Seitentriebe, die Blüten hervorbringen. Würde man sie, wie die Öfterblühenden, im Frühjahr vor dem Austrieb zurückschneiden, ginge der größte Teil ihrer Blüte verloren. Deshalb schneidet man im Frühjahr, wie bei allen Rosen, nur abgestorbenes, krankes und vergreistes Holz heraus. Eventuell kann man zu dicht stehende Zweige auslichten. Formkorrekturen erfolgen jedoch, sofern überhaupt nötig, erst nach der Blüte im Sommer.

Bei einmalblühenden **Strauchrosen** kürzt man dann zu lang gewordene Triebe etwas ein. Im Großen und Ganzen kann man sie aber frei und natürlich wachsen lassen. Verblühte Rosen können am Strauch bleiben. Wen der Anblick aber stört, kann sie auch abschneiden, dann geht allerdings der Hagebuttenschmuck verloren. Ein Kompromiss: Nur die verwelkten Blütenblätter abstreifen, den Fruchtknoten aber belassen. Aus ihm entwickelt sich die Hagebutte. Befriedigt das Erscheinungsbild der Pflanze nach einigen Jahren nicht mehr, vertragen die Sträucher auch einen starken Verjüngungsschnitt, der dann jedoch nur in der winterlichen Ruhephase durchgeführt werden darf und ein Jahr Blütenausfall nach sich zieht.

Auch einmalblühende **Kletterrosen** dürfen sich ebenfalls frei entfalten. Achten Sie auf eine gleichmäßige Verteilung an der Rankhilfe. Für den Schnitt gelten dieselben Grundsätze wie für einmalblühende Strauchrosen. Beschädigte und zu alte Triebe im Frühjahr auslichten, im Sommer erfolgt der Rückschnitt eventuell aus der Form geratener Seitentriebe auf wenige Augen. Starkwüchsige Rambler, die in Bäume wachsen, kann man viele Jahre sich selbst überlassen. Auch Kletterrosen können zum Neuaufbau »auf den Stock« gesetzt, das heißt verjüngt werden.

Verjüngungsschnitt

Wenn die Rosensträucher nach einigen Jahren von unten her verkahlen oder ihr Gesamterscheinungsbild aus anderen Gründen nicht mehr zufrieden stellt, kann man die Pflanzen auch einem radikalen Verjüngungsschnitt unterziehen. Man spricht auch von »auf den Stock setzen«. Dazu schneidet man alle alten Triebe auf 20 bis 30 Zentimeter Höhe zurück. Nur einjährige, frischgrüne Triebe dürfen stehen bleiben. Die Rose baut sich dann in den Folgejahren völlig neu auf. Diese Maßnahme stellt natürlich einen starken Eingriff in das Wachstum der Pflanze dar und sollte nicht zu häufig wiederholt werden. In jedem Fall darf sie nur während der absoluten Vegetationsruhe durchgeführt werden. Am besten im Frühjahr vor dem Austrieb, wenn sich die Rosen im laublosen Zustand befinden.

Wildtriebe

Unterziehen Sie aus dem Boden sprießende Neutriebe stets einer genauen Inspektion. Alle veredelten Rosen stehen auf einer Wildlingsunterlage, häufig *Rosa canina* oder andere Wildrosen. Mitunter treiben aus dieser Wurzel auch oberirdische Triebe aus, so genannte Wildtriebe. Bei Stammrosen können sie auch dem Stamm entspringen. Sie sind oft von hellerer Farbe und tragen andere, meist kleinere oder mehrzähligere Blätter. Im Wuchs sind sie jedoch in der Regel ungleich stärker als die Edelsorte und können diese mit der Zeit völlig überwuchern. Deshalb sind Wildtriebe beizeiten zu entfernen. Dazu genügt es nicht, sie oberirdisch abzuschneiden. Das würde nur den Neuaustrieb anregen. Graben Sie den Boden etwas auf und reißen Sie den Wildtrieb an der Entstehungsstelle komplett ab. Anschließend die Erde wieder anfüllen.

So sollte man es nicht machen! Wildtriebe freilegen und direkt am Ansatz abreißen.

Gesunde Rosen

Jeder wünscht sie sich. Gesundheit gilt inzwischen sogar als Züchtungsziel Nummer eins. Dennoch wird es die absolut krankheitsfreie Rose niemals geben. Wie alle anderen Pflanzen und alle anderen Bestandteile der Natur steht sie in ständiger wechselseitiger Beziehung zu ihrer Umwelt. Und dabei gilt: Nichts ist so beständig wie der Wandel. Kein Jahr gleicht in seinem Witterungsverlauf genau dem anderen. Bodenverhältnisse können sich ändern, durch Humusabbau oder -zufuhr, Verdichtung durch Begehung, niederschlagsarme oder -reiche Zeiten. Der Befallsdruck durch kranke Pflanzen in der Umgebung variiert ebenfalls. Und schließlich unterliegen die Erregerstämme selbst einem Wandel, da sie sich durch rasche Generationsfolgen neuen Bedingungen schnell anpassen können. Dies ist im Übrigen häufig ein Grund dafür, warum Sorten, die einst als sehr widerstandsfähig galten, diesem Ruf nach Jahren oft nicht mehr gerecht werden. Die Umweltbedingungen haben sich verändert.

Vorbeugende Maßnahmen

Das Beste, was man für gesunde Rosen tun kann, ist, Widerstands- und Abwehrkräfte zu fördern. Dazu empfehlen sich folgende Maßnahmen:

- Wählen Sie beim Einkauf kräftige, unbeschädigte Exemplare aus. Schwächelnde Pflanzen erweisen sich als krankheitsanfälliger.
- Suchen Sie einen möglichst optimalen Standort für Ihre Sorte aus. Der Platz sollte in jedem Fall sonnig und luftig sein, sodass Nässe schnell abtrocknen kann. Empfindliche Sorten nicht vor hitzestauende Wände oder heißes Pflaster setzen.

In gemischter Gesellschaft erweisen sich Rosen meist als gesünder. Lavendel sagt man eine schädlingsabwehrende Wirkung nach.

- Für eine ausreichende und ausgewogene Ernährung sorgen. Mangelernährte Sträucher sind ebenso empfindlich wie mastige, weiche, überdüngte Triebe.
- Nie über Blatt gießen, etwa mit dem Sprenger; Wasser immer nur in den Wurzelraum fließen lassen.
- Befallenes Laub, aber auch Schnittgut sofort aus dem Beet entfernen. Es könnte zur Quelle für Neuinfektionen werden. Aus diesem Grund darf es auch nicht auf den Kompost! Es sollte vernichtet oder mit der Mülltonne entsorgt werden.
- Pflanzen Sie in die Nähe Ihrer Rosen Lavendel, Knoblauch oder andere Kräuter. Sie helfen Krankheiten und Schädlinge fern zu halten.
- Fördern Sie in Ihrem Garten die Lebensbedingungen für Nützlinge, wo immer es geht. Vögel, Igel, Käfer, Spinnen leisten wertvolle Dienste bei der Schädlingsbekämpfung. Bieten Sie ihnen Lebensraum und Unterschlupf durch Hecken, Laub- oder Holzhaufen, umgestürzte Tontöpfe oder Ähnliches und Ihnen steht eine effektive Gesundheitspolizei zur Verfügung. Marienkäfer, Flor- und Schwebfliegen sowie die Larven dieser Insekten gehören zu den wirksamsten Blattlausvertilgern. Eine einzige Marienkäferlarve frisst während ihrer kurzen Entwicklungsphase bis zu 600 Blattläuse! Schlupfwespen legen ihre Eier direkt in die Blattläuse, die von den jungen Larven dann aufgezehrt werden.

Stärkungsmittel

Viele Rosenliebhaber schwören auf den Einsatz vorbeugender **Pflanzenstärkungsmittel.** Aus dem biologischen Landbau kennt man vor allem die Behandlung mit Pflanzenbrühen und -jauchen. Brennnessel- und Beinwell-Jauche sollen gegen Blattläuse und Spinnmilben helfen. Man setzt ein Kilogramm frisches Kaut mit zehn Litern Wasser an und lässt das Ganze vergären. Die gärende Jauche wird stark verdünnt (etwa 1 : 50) über Blätter und Triebe gespritzt. Die Abwehrkräfte gegen Pilzkrankheiten sollen Ackerschachtelhalm-Jauche (ein Kilogramm Kraut in zehn Liter Wasser 24 Stunden ziehen lassen, dann kochen) und Zwiebelschalen-Jauche (ein Pfund Schalen in fünf Liter Wasser ziehen lassen) stärken. Beide verdünnt man zum Spritzen etwa 1 : 5. Auch das Ausbringen von Algenkalk und Gesteinsmehl bremst den Befall mit Pilzen und Schädlingen. Darüber hinaus bietet der Handel inzwischen eine Reihe fertig gemixter Pflanzenstärkungspräparate an. Auch sie bestehen aus natürlichen Inhaltsstoffen, wie Algenextrakten, Proteinen, Spurenelementen und Aminosäuren, und sind frei von toxischen Substanzen. Sie müssen vorbeugend gespritzt werden. Man beginnt mit dem Austrieb und wiederholt den Vorgang alle zehn Tage.

Einsatz von Chemie

Der Griff zu **chemischen Pflanzenschutzmitteln** sollte stets die letzte Alternative, quasi die Notbremse bleiben. Zum einen wirken viele Präparate nicht nur auf die Schaderreger toxisch, sondern auch auf den Anwender. Zum anderen töten sie häufig auch viele Nützlinge ab und bringen das natürliche Gleichgewicht der Organismen im Garten nachhaltig durcheinander. Gibt es keine Marienkäfer mehr im Beet, kann die nächste Blattlausinvasion

Mit selbst angesetzten Pflanzenjauchen kann man die Abwehrkräfte der Rosen steigern. Es gibt jedoch auch fertige Stärkungspräparate zu kaufen.

auch nicht mehr natürlich bekämpft werden. Man sollte stets sorgfältig abwägen, ob der Rosenbestand wirklich ernsthaften Schaden nimmt. Nicht jede Blattlauskolonie bedroht die Schönheit oder gar die Existenz der Königin. Streift man die ersten Ansammlungen mit den Fingern ab, unterbindet man die allzu starke Ausbreitung. Mit Fortschreiten des Sommers und Zunahme der Nützlinge erübrigt sich das Problem dann in der Regel von selbst. Hält man den Einsatz von Chemie für unabwendbar, erhält man im Fachhandel eine Reihe von Präparaten mit verschiedenen Wirkstoffen. Fungizide bekämpfen Pilzkrankheiten, Insektizide tierische Schädlinge. Solche Mittel dürfen nur nach eingehender Beratung durch geschultes Personal abgegeben werden. Wichtig: Bei häufigerem Einsatz immer wieder mal das Präparat wechseln.

Die häufigsten Schadinsekten

Blattläuse

- **Schadbild:** Meist grüne (manchmal auch gelbe oder rote), stecknadelkopfgroße Sauger sitzen bevorzugt an jungen, saftigen Triebspitzen, Knospen oder der Unterseite junger Blätter. Dort legen sie auch ihre schwarzen Eier ab. Bei starkem Befall deformieren sie durch ihre saugende Ernährungsweise die Triebspitzen und kräuseln die Blätter. Klebrige Ausscheidungen (Honigtau) überziehen die betroffenen Pflanzenteile. Blattläuse treten vor allem im Frühjahr und Frühsommer auf. Bei anhaltend trocken-warmem Wetter kann es zu explosionsartiger Vermehrung kommen.
- **Vorbeugung/Bekämpfung:** Überschaubarer Befall schadet nicht. Im Laufe der Saison wandern die Läuse häufig von alleine auf andere Wirte ab. Erste Kolonien mit den Fingern abstreifen oder mit scharfem Wasserstrahl entfernen. Auch das Spritzen von Schmierseifen-Lösung, Brennnessel- oder Beinwell-Jauche kann wirksam sein. Nur bei hohem Befallsdruck mit nützlingsschonenden, chemischen Mitteln vorgehen.

Spinnmilben (Rote Spinne)

- **Schadbild:** Die orangeroten Organismen sind so winzig, dass man sie mit bloßem Auge kaum erkennt. Meist nimmt man ihr Auftreten erst an feinen Gespinsten wahr, die die Blattunterseiten überziehen. An den Oberseiten zeigen sich zunächst gelbe Sprenkel, später vergilbt das ganze Blatt und fällt vorzeitig ab. Spinnmilben treten vor allem an trocken-heißen Standorten auf, etwa an Kletterrosen vor Südwänden. Sie saugen blattunterseits. Die roten Weibchen überwintern.
- **Vorbeugung/Bekämpfung:** Hitzestauende Standorte meiden. Eine gute Wasserversorgung der Pflanzen sicherstellen. Befallene Triebe beizeiten ausschneiden und vernichten, ebenso das Schnittholz des Frühjahrsschnitts.

Blattrollwespen

- **Schadbild:** Rosenblätter rollen sich ab Mai zu schmalen »Zigarren« auf. Die Wespe selbst ist nur drei bis vier Millimeter klein und kaum sichtbar. Sie legt ihre Eier von Ende April bis Anfang Juni ab. In den Blattrollen entwickeln sich bis zu neun Millimeter lange, grünliche Larven, die sich vom Blattgewebe ernähren und zum Teil nur skelettartig die Blattadern zurücklassen. Sie lassen sich ab Juli zu Boden fallen, spinnen sich in einen Kokon und verpuppen darin im Frühjahr.
- **Vorbeugung/Bekämpfung:** Triebteile mit eingerollten Blättern möglichst frühzeitig abzwicken und vernichten. Larven absammeln.

Rosenzikaden

- **Schadbild:** Kleine weiß-grünliche, hüpfende oder auffliegende Insekten saugen an den Blattunterseiten und verursachen an der Oberseite eine weißliche Sprenkelung. Die Blätter wirken dadurch scheckig.
- **Vorbeugung/Bekämpfung:** Die Schädlinge bevorzugen sonnige, trocken-warme Lagen. Die gilt es zu meiden. Befallene Triebe gründlich zurückschneiden und das Schnittgut entfernen. Zur biologischen Bekämpfung eignet sich Brennnesselbrühe.

Links außen: Blattlausbefall an den jungen Triebspitzen.
Links: Eingerollte »Blatt-Zigarren« werden durch die Blattrollwespe verursacht.

Links: Sternrußtau ist die am häufigsten auftretende Pilzkrankheit an Rosen. Sie zeigt sich meist am Saisonende.
Rechts: Mehltau überzieht die Blätter mit einem weißen Belag.

Die häufigsten Pilzkrankheiten

Echter Mehltau

- **Schadbild:** Weißer, mehliger Belag auf Triebspitzen, Knospen und Blättern, manchmal sogar auf Blütenblättern. Bei starkem Befall rollt sich das Laub ein. Die Pilzkrankheit tritt gern im Spätsommer auf, wenn trocken-heißes Tageswetter mit taureichen, kühlen Nächten wechselt.
- **Vorbeugung/Bekämpfung:** Nicht stickstoffbetont düngen! Schlecht belüftete Plätze meiden. Für eine gute Luftzirkulation sorgen, etwa durch Auslichten des Beetes sowie der Rosensträucher selbst. Erkrankte Triebe im Herbst abschneiden und entsorgen, Falllaub ebenso vernichten. Nicht auf den Kompost geben, sonst besteht die Gefahr der Neuinfektion! Ackerschachtelhalm-Jauche oder Pflanzenstärkungsmittel können zur biologischen Bekämpfung herangezogen werden.

Sternrußtau

- **Schadbild:** Gilt als die verbreitetste Pilzkrankheit an Rosen. Gegen Ende der Saison treten auf den Blattoberseiten braune bis schwarz-violette, unregelmäßige Flecken auf. Das befallene Laub vergilbt mit der Zeit und fällt ab. Das kann bis zur völligen Entlaubung der Pflanze führen. Diese geht geschwächt in den Winter und leidet von Jahr zu Jahr mehr. Sternrußtau tritt besonders bei feuchter Witterung auf.
- **Vorbeugung/Bekämpfung:** Gute Belüftung gewährleisten. Krankes Laub sowie Schnittgut entfernen und vernichten, denn die Erreger überwintern ansonsten problemlos. Ackerschachtelhalm-Jauche und Pflanzenstärkungsmittel fördern die Abwehr. Bei massivem Befall chemische Mittel spritzen.

Rosenrost

- **Schadbild:** Man erkennt den Befall an orangefarbenen bis bräunlichen Flecken auf der Blattoberseite. Unterseits erscheinen zunächst gelbe, im Herbst schwarze Pusteln, die ihre Sporen verstäuben. Rosenrost kann sich deshalb sehr rasch über den Wind verbreiten. Befallene Blätter fallen sehr schnell ab. Diese Krankheit tritt besonders bei kühl-feuchtem Wetter auf.
- **Vorbeugung/Bekämpfung:** Sträucher auslichten und für eine gute Belüftung sorgen. Erkrankte Pflanzenteile ausschneiden und sorgfältig entsorgen. Der Erreger überwintert sonst in infizierten Trieben. Ackerschachtelhalm-Jauche oder andere Stärkungsmittel zur Abwehrförderung einsetzen.

Falscher Mehltau

- **Schadbild:** Gräulich-weißer Belag zeigt sich meist zuerst auf den Blattunterseiten. Die Oberseiten weisen dunkle, bräunliche Flecken auf. Später können die Blätter ganz abfallen. Befall tritt meist erst im Spätsommer auf und wird durch starke Temperaturschwankungen gefördert.
- **Vorbeugung/Bekämpfung:** Angegriffene Pflanzenteile sofort ausschneiden und entsorgen. Zur Blattstärkung Ackerschachtelhalm-, Knoblauchbrühe oder fertige Stärkungsmittel spritzen.

Anhang

Bezugsquellen

Flora Magica
Daniela Schoel
In der Remise
24321 Gut Panker
Tel.: 0 43 81 / 97 05
www.flora-magica.de
(Alte und Englische Rosen sowie moderne Sorten und Accessoires)

Rosen Jensen
Am Schloßpark 2b
24960 Glücksburg
Tel.: 0 46 31 / 60 10-0
www.rosenjensen.de
(riesiges Sortiment an Alten Rosen, Englischen Rosen und modernen Sorten sowie großes Clematis-Sortiment, Begleitpflanzen und Rankhilfen)

BKN Strobel GmbH & Co.KG
Pinneberger Str. 238
25488 Holm-Kreis Pinneberg
Tel.: 0 41 03 / 12 12-0
www.bkn.de
Versand über:
Rosarot Pflanzenversand
Gerd Hartung
Besenbek 4b
25335 Raa-Besenbek
Tel.: 041 21 / 42 38 84
www.rosarot-pflanzenversand.de
(viele moderne Nostalgierosen, Romantica-Rosen, Englische Rosen und etliche Alte Rosen)

W. Kordes' Söhne Rosenschulen GmbH & Co.KG
Rosenstraße 54
25365 Klein Offenseth-Sparrieshoop
Tel.: 0 41 21 / 4 87 00
www.kordes-rosen.com
(führt die Kollektion »Märchen-Rosen«, der Schwerpunkt des Sortiments liegt jedoch auf modernen Sorten)

Rosen Tantau
Tornescher Weg 13
25436 Uetersen
Tel.: 0 41 22 / 70 84
www.rosen-tantau.com
(führt die Kollektion »Nostalgische Blütenträume«, der Schwerpunkt des Sortiments liegt jedoch auf modernen Sorten)

Karl Otto Schütt, Inh. Ute Preuß
Vorder-Neuendorf 16
25554 Neuendorf/Wilster
Tel.: 0 48 23 / 91 95
www.historische-rosen-schuett.de
(viele Alte Rosen, Englische Rosen, Wildrosen sowie etliche moderne Sorten)

Garden of Roses
Jeanette Griese
Nordstraße 10
32139 Spenge
Tel.: 0 52 25 / 87 27 72
www.garden-of-roses.de
(Alte und Englische Rosen sowie Rankgerüste, Gartengeräte und Kosmetik)

Karl Zundel Rosenkulturen
Wartburger Str. 2
34246 Vellmar
Tel.: 05 61 / 82 15 82
www. rosen-zundel.de
(viele Alte Rosen und einige Englische Rosen sowie moderne Sorten)

Gärtnerei Dahlmann
Osttor 250
48165 Münster
Tel.: 0 25 01 / 37 55
(Englische Rosen und moderne Romantiksorten)

Baumschule
Paul und Eva Schwieters
Schlee 8
48720 Rosendahl – Holtwick
Tel.: 0 25 66 / 44 44
www.schwieters.de
(Alte Rosen und Englische Rosen sowie einige moderne Sorten)

Moor-Baumschule
Venegerts
Torfabfuhrweg
49828 Georgsdorf
Tel.: 0 59 46 / 5 33
www.moorbaumschule.de
(viele Alte und Englische Rosen)

Bioland Rosenschule Ruf
Zum Sauerbrunnen 35
61231 Bad-Nauheim – Steinfurth
Tel.: 0 60 32 / 8 18 93
www.rosenschule-ruf.de
(Rosen aus kontrolliert ökologischem Anbau: viele Alte Rosen, Englische Rosen und moderne Romantikrosen, aber auch moderne Sorten, zudem Accessoires, Kosmetik und Delikatessen)

Rosen-Union
Steinfurther Hauptstraße 27
61231 Bad Nauheim-Steinfurth
Tel.: 0 60 32 / 96 53 01
oder 8 20 68
www.rosen-union.de
(führt die Kollektion »Old Master- Rosen«, etliche Alte und Englische Rosen sowie moderne Sorten)

Rosenhof Schultheis
61231 Bad Nauheim-Steinfurth
Tel.: 0 60 32 / 8 10 13
www.rosenhof-schultheis.de
(riesiges Sortiment Alter Rosen, Romantica-Rosen, Englische Rosen und zahlreiche neue Nostalgiesorten)

Rosenschule Weihrauch
Steinfurther Hauptstr. 53
61231 Bad Nauheim-Steinfurth
Tel.: 0 60 32 / 86 99 96
www.rosen-weihrauch.de
(viele Alte Rosen)

Lacon GmbH
J.-S.-Piazolo Str. 4°
68766 Hockenheim
Tel.: 0 62 05 / 40 01 oder 70 33
www.lacon-rosen.de
(viele Alte Rosen sowie moderne Nostalgiesorten, auch Delbard- und Guillot-Rosen sowie einige Englische Rosen, darüber hinaus Rankelemente, Garten-Handwerkszeug, Wellnessprodukte, Kosmetik und Rosen-Delikatessen)

Baumschule Goos
Wieslocher Str. 26
69168 Wiesloch-Baiertal
Tel.: 0 62 22 / 7 34 34
(zahlreiche Alte Rosen)

Rosengärtnerei Kalbus
Hagenhausener Hauptstr. 112
90518 Altdorf / Hagenhausen
Tel.: 0 91 87 / 57 29
Fax: 0 91 87 / 57 22
www.rosen-kalbus.de
(riesiges Sortiment an Alten Rosen sowie moderne Nostalgiesorten aus Deutschland, aus Frankreich, sowohl von Delbard als auch »Rosa generosa« von Guillot, wofür Kalbus die Generalvertretung für Deutschland hat, dazu viele Englische Rosen)

Österreich

Grumer Rosen
Raasdorfer Str. 28-30
A-2285 Leopoldsdorf
Tel.: +43 / 22 16 /2 22 30
www.grumer.at
(umfangreiches Rosensortiment)

Schweiz

Richard Huber AG
Rothenbühl 8
CH-5605 Dottikon AG
Tel.: +41 / 56 / 6 24 18 27
www.rosen-union.de
(viele Alte Rosen, Englische, Romantica- sowie moderne Sorten)

Großbritannien

David Austin Roses
Bowling Green Lane
Albrighton
GB Wolverhampton, WV7 3HB
Tel.: 0 08 00-77 77 67 37 oder 00 44 / 19 02 / 37 63 71
www.davidaustinroses.com
(alle Sorten Englischer Rosen sowie zahlreiche Alte Rosen)

Staudengärtnereien

Staudengärtner Klose
Rosenstr. 10
34253 Lohfelden
Tel.: 05 61 / 51 55 55

Arends Maubach
Stauden & Gartenkultur
Monschaustr. 76
42369 Wuppertal
Tel.: 02 02 / 46 46 10
www.arends-maubach.de

Kayser & Seibert
Odenwälder Pflanzenkulturen
Wilhelm-Leuschner-Str. 85
64380 Rossdorf
Tel.: 0 61 54 / 90 68
www.kayserundseibert.de

Staudengärtnerei
Gräfin von Zeppelin
79295 Sulzburg-Laufen
Tel.: 0 76 34 / 6 97 16
www.graefin-v-zeppelin.com

Blumenschule
Rainer Engler & Sabine Friesch
Augsburger Str. 62
86956 Schongau
Tel.: 0 88 61 / 73 73
www.blumenschule.de

Staudengärtnerei
Dieter Gaissmayer
Jungviehweide 3
89257 Illertissen
Tel.: 0 73 03 / 72 58
www.staudengaissmayer.de

Klettergerüste und Rankgitter

Classic Garden Elements
Goethestraße 27
65719 Hofheim / Ts.
Tel.: 0 61 92 / 90 04 75
www.classic-garden-elements.de

Country Garden Versand GmbH
Nagolderstraße 23
72119 Ammerbuch
Tel.: 0 70 73 / 23 72
www.country-garden.de

Bewässerungshilfen

Porous Pipe
zu beziehen z.B. bei
Hermann Meyer KG
Baumschulbedarf
Halstenbeker Weg 100
D-25462 Rellingen
Tel.: 0 41 01 / 4 90 90
www.hermann-meyer.de
Allgemeine Informationen über
www.porouspipe.co.uk

Adressen

Interessante Internet-Adressen

www.welt-der-rosen.de
www.namen-der-rosen.de

Vereine

Verein Deutscher
Rosenfreunde e.V. (VDR)
Waldseestr. 4
76530 Baden-Baden
www.rosenfreunde.de

Bodenuntersuchung

Adressen für Bodenuntersuchungsstellen erhalten Sie bei:
VDLUFA
Bismarckstraße 41a
64293 Darmstadt
www.vdlufa.de

Literatur

»Alte Rosen und Wildrosen« von Anny Jacob, Hedi & Wernt Grimm, Bruno Müller, Ulmer Verlag, Stuttgart 1992

»Rosen – Rosen – Rosen« von Gerd Krüssmann, Parey Verlag, Berlin und Hamburg, 1986

»Die BLV Rosen-Enzyklopädie« von Robert Markley, BLV Verlag, München 2004

»Gärtnern mit Alten Rosen« von John Scarman, Christian Verlag, München 1996

»Rosen – Die besten Arten und Sorten für den Garten« von Heinrich Schultheis, Ulmer Verlag, Stuttgart 1996

Stichwortverzeichnis

Seitenzahlen mit * verweisen auf Abbildungen, fett gesetzte Seitenzahlen sind Hauptverweise

Ein besonderes Dankeschön möchte ich an dieser Stelle Frau Eva Schwieters aussprechen, die mir bei der Fotomotiv-Suche für dieses Buch stets hilfreich und einfühlsam zur Seite stand. Ihre Unterstützung und der Freiraum, den sie meiner Arbeit vor Ort einräumte, trugen wesentlich zur Bebilderung dieses Buches bei.

Ursel Borstell

Bildnachweis:

Alle Bilder von Ursel Borstell, außer:

Baumjohann: 151, 155r
Eddison: 69u
Krohme: 146
Oppenländer: 136o
Reinhard: 79, 86u, 99r, 153
Schultheis: 102, 131o

Grafiken: Heidi Janiček

Der Dank der Fotografin gilt folgenden privaten und öffentlichen Gärten und Gärtnereien:

Kasteel Tuinen, Arcen (NL)
Privatgarten Bach (D)
Privatgarten Borstel-Jonkhans (D)
Gärtnerei Dahlmann (D)
Privatgarten Dingemans (NL)
Privatgarten Ehmanns (D)
Arborteum Ellerhoop-Thiensen (D)
Flora Magica (D)
Privatgarten Frieling (D)
Privatgarten Folschette (L)
Privatgarten Göwert (D)
Garden of Roses, Griese (D)
Privatgarten Heinze (D)
Hidcote Manor Gardens (GB)
Prrivatgarten Sir Hardy Amies (GB)
Privatgarten Hobijn, Beelden aan de Vecht (NL)
Privatgarten Imig (D)
Privatgarten Kappen (D)
Privatgarten Kloeg (NL)
Privatgarten Kopel (D)
Rosen Kordes (D)
Privatgarten Lorenz (D)
Privatgarten Maas (L)
Insel Mainau (D)
Privatgarten Meijer (NL)
Mottisfond Abbey (GB)
Privatgarten Rombach (D)
Rosarium Sangerhausen (D)
Privatgarten Seliger (D)
Privatgarten Scholz (D)
Baumschule Schütt (D)
Baumschule Schwieters (D)
Rosen Tantau (D)
Privatgarten Terwan (B)
Privatgarten Timmermans (NL)
Rosarium Uetersen (D)
Rosengärtnerei Vennegerts (D)
Privatgarten Voigt (D)
Privatgarten Weber (D)
Westfalenpark Dortmund (D)

Bibliographische Information Der Deutschen Bibliothek

Die Deutsche Bibliothek verzeichnet diese Publikation in der Deutschen Nationalbibliografie; detaillierte bibliografische Daten sind im Internet über http://dnb.ddb.de abrufbar.

BLV Buchverlag GmbH & Co. KG
80797 München

Umschlaggestaltung: Anja Masuch, Puchheim bei München

Umschlagfotos: Borstell

Lektorat: Dr. Thomas Hagen
Herstellung: Hermann Maxant

Layout: Anton Walter, Gundelfingen
DTP: agentur walter, Gundelfingen

Gedruckt auf chlorfrei gebleichtem Papier

Printed and bound in Germany ·
ISBN 3-405-16713-2